भाषायी स्वत्त्वबोध और हिन्दी

भाषायी स्वत्वबोध और हिन्दी

प्रो. सदानन्दप्रसाद गुप्त

लोकभारती प्रकाशन

लोकभारती प्रकाशन
पहली मंजिल, दरबारी बिल्डिंग, महात्मा गाँधी मार्ग
प्रयागराज-211 001
वेबसाइट: wwW.lokbhartiprakashan.com
ईमेल : info@lokbhartiprakashan.com

शाखाएँ : 1-बी, नेताजी सुभाष मार्ग, दरियागंज
नई दिल्ली-110 002
अशोक राजपथ, साइंस कॉलेज के सामने
पटना-800 006
1, अनमोल सोराबजी सन्तुक लेन, मरीन लाइंस
मुम्बई-400002

प्रथम संस्करण : 2024

ग्राफिक आफसेट
प्रयागराज द्वारा मुद्रित

BHASHAYI SWATVABODH
AUR HINDI
by Sadanand Prasad Gupta

ISBN : 978-81-19996-39-1

मूल्य: ₹ 600

भाषायी स्वत्त्वबोध जागृत करनेवाले
सभी मनीषियों के प्रति

अनुक्रम

अपनी बात

भाषा मनुष्य की अन्यतम उपलब्धि है। भाषा के माध्यम से ही मनुष्य ने विकास के विभिन्न सोपान पार किए हैं। मानव सभ्यता के विकास की दृष्टि से संचार के क्षेत्र में भाषा को पहली क्रान्ति के रूप में स्वीकार किया जा सकता है। इस क्षेत्र में लिपि दूसरी बड़ी क्रान्ति है, जिसके माध्यम से भाषा को रूपायित किया जाता है। भाषा का मनुष्य जीवन में बुनियादी महत्त्व है। भाषा संस्कार निर्माण का सबसे महत्त्वपूर्ण उपकरण है। वह केवल विचारों के सम्प्रेषण मात्र का साधन नहीं है अपितु वह सभ्यता एवं संस्कृति का वाहक भी है। निर्मल वर्मा का यह कथन समीचीन है कि, "भाषा आत्म अन्वेषण का सबसे सक्षम आयुध है। भाषा मनुष्य की देह का अदृश्य अंग है जो उसे आत्मदृष्टि देता है। भाषा और आत्मबोध का यह सम्बन्ध मनुष्य को समस्त जीव जन्तुओं से अलग एक अद्वितीय श्रेणी में ला खड़ा कर देता है।" निर्मल जी का यह कथन भी ध्यातव्य है कि, "भाषा एक जाति की अस्मिता, उसकी चारित्रिक विशेषता को निर्धारित करती है और उस जाति के सामूहिक अनुभव, स्मृतियाँ और संस्कार उसकी भाषा के अनूठे स्वरूप को निर्मित करते हैं।" अज्ञेय भी भाषा के महत्त्व को रेखांकित करते हुए कहते हैं कि, "भाषा अपने आप को पहचानने का माध्यम है। भाषा के बिना अस्मिता की पहचान नहीं होती और भाषा उससे जुड़ी हुई होती है। आज यदि किसी समाज को भाषा से काट दिया जाए तो इतना ही नहीं है कि उससे एक भाषा छीनकर हम उसको कोई दूसरी भाषा देते हैं, हम उसकी अस्मिता को खंडित कर देते हैं।" किसी भी समाज के लिए उसकी अपनी भाषा का क्या महत्त्व है, उसको लेकर अज्ञेय के मन में कोई दुविधा नहीं है। उनके विचार एकदम स्पष्ट हैं कि एक समाज का निर्माण उसकी भाषा में ही सम्भव है। कोई भी समाज पराई भाषा में जी नहीं सकता, जीना आरम्भ भी नहीं कर सकता, किसी भी समाज को अनिवार्यतः अपनी भाषा में ही जीना होगा नहीं तो उसकी अस्मिता कुंठित होगी ही, उसमें आत्म बहिष्कार या अजनबियत के विकार प्रकट होंगे ही।"

भाषा का संस्कृति के साथ गहरा सम्बन्ध है। किसी भी देश की संस्कृति उस देश की भाषा में ही अभिव्यक्त होती है। महादेवी वर्मा का मानना है कि, "संस्कृति किसी भी देश के लिए अत्यधिक महत्त्वपूर्ण होती है और संस्कृति तब तक गूँगी रहती है जब तक किसी भी देश के पास भाषा नहीं होती। राष्ट्र नदी, पहाड़ के भूगोल से नही बनता, यह संस्कृति और भाषा से बनता है। भाषा कोई परिधान नहीं है कि आप उसे बदल देंगे या उतार देंगे—वह व्यक्तित्व है, राष्ट्रीय व्यक्तित्व।"

हर देश की अपनी भाषा होती है, जिसमें वह अपने को व्यक्त करता है। वह भाषा उस देश की भौगोलिक स्थिति, सांस्कृतिक और आध्यात्मिक परिवेश के सम्बद्ध होती है। इसी कारण हर देश की अपनी शब्द परम्परा और अर्थ परम्परा होती है। भारतवर्ष की प्राचीनतम भाषा संस्कृत रही है। इसलिए उसकी शब्द परम्परा और अर्थ परम्परा संस्कृत की रही है। संस्कृत सामान्य बोलचाल की, रचना की, विचार की और विज्ञान की भाषा रही है। इसी भाषा परम्परा से पालि, प्राकृत और अपभ्रंश का विकास हुआ और अपभ्रंश के विभिन्न रूपों से हिन्दी तथा अन्य भारतीय भाषाओं का। सामान्यतया यह माना जाता है कि दसवीं शताब्दी में हिन्दी अपने अस्तित्व में आ गई थी। उसने मध्यकाल में अवधी और ब्रजी के रूप में अपना विकास किया। इस बीच खड़ीबोली हिन्दी के रूप भी धीरे-धीरे विकसित होते रहे। हिन्दी तथा अन्य भारतीय भाषाएँ उस समय रचना की भाषाएँ थीं, विचार, दर्शन, विज्ञान तथा चिकित्सा की भाषा संस्कृत थी। इस्लामी सत्ता के प्रसार के समय भी यही स्थिति बनी रही। यूरोपीय आक्रमण ने परिस्थिति में परिवर्तन किया विशेषतः ईस्ट इंडिया कम्पनी के बंगाल विजय ने राजनीतिक स्थिति के साथ-साथ सांस्कृतिक स्थिति में मूलभूत परिवर्तन किया। अँग्रेजी राज की स्थापना तथा व्यवस्था में भारत का राजनीतिक पराभव सांस्कृतिक पराभव का कारण बना। भारतीय शिक्षा पद्धति में बदलाव किया गया। अँग्रेजी भाषा ने संस्कृत भाषा को अपदस्थ किया। अँग्रेजी शिक्षा पद्धति ने भारत में एक ऐसा नकलची आभिजात्य वर्ग उत्पन्न किया, जो रूप रंग से भारतीय था, पर विचार से पूर्णतया अभारतीय। यह ब्रिटिश शिक्षा नीति के निर्माता मैकॉले की इच्छा के अनुरूप ही था। मैकॉले ने ब्रिटिश साम्राज्य के उद्‌देश्यों का बड़ी स्पष्टता के साथ प्रतिपादन किया, "हमें अपने लाखों भारतीयों के बीच दुभाषिए के रूप में एक ऐसे वर्ग को तैयार करने का भरसक प्रयत्न करना चाहिए जो रंग रूप में भारतीय होगा, लेकिन रुचि, विचार, वाणी और बुद्धि में अँग्रेज होगा।" ब्रिटिश शिक्षा पद्धति का लक्ष्य ऐसे शिक्षित वर्ग

का निर्माण करना था जो स्वभावत: अँग्रेजी में सोचे और बोले, जिसे ब्रिटिश साम्राज्य का निवासी होने पर गर्व हो, जिसकी बौद्धिक और नैतिक क्षमताएँ पूर्णत: पश्चिम के ज्ञान-विज्ञान के नियन्त्रण में हो। फलत: ब्रिटिश सरकार की इस दुरभि सन्धि ने अँग्रेजी शिक्षा और संस्कार में दीक्षित पीढ़ी ने भारतीय परम्परा का ताना-बाना छिन्न-भिन्न कर दिया— उसने मूल से कटे, बौद्धिक रूप से लावारिस एक ऐसे भारतीय को उत्पन्न किया जो न पूर्व का है न पश्चिम का। वस्तुत: अँग्रेजी शिक्षा-व्यवस्था ने भारतीय जीवन की निरन्तरता को भंग कर दिया। प्रसिद्ध दर्शन तत्त्ववेत्ता डॉ. कृष्णचन्द्र भट्टाचार्य ने अपने महत्त्वपूर्ण निबन्ध 'स्वराज इन आइडियाज' में गम्भीरता से रेखांकित किया था कि वास्तविक पराधीनता सांस्कृतिक पराधीनता से आती है और सांस्कृतिक पराधीनता का आरम्भ भाषायी पराधीनता से होता है। अपनी भाषा से कट जाना कैसे अपनी परम्परा से, जातीय अस्मिता से कट जाना होता है, अपनी समृद्ध विरासत से, अपने गौरवपूर्ण इतिहास से कट जाना होता है, इसे अँग्रेजी शिक्षा प्रणाली ने सिद्ध कर दिया।

सन् 1857 ई. के प्रथम स्वतन्त्रता संग्राम तथा उसके बाद सामाजिक-सांस्कृतिक सुधार के क्षेत्र में आए जागरण से परिस्थितियाँ बदलीं। साहित्य के क्षेत्र में भारतेन्दु हरिश्चन्द्र के आगमन से स्थिति में व्यापक बदलाव आया। भारतेन्दु बाबू ने भारतीय भाषाओं की उन्नति का आह्वान किया। उनका भाषा सम्बन्धी यह कथन एक प्रकार से मन्त्र बन गया—

निज भाषा उन्नति अहै सब उन्नति को मूल।
बिन निज भाषा ज्ञान के मिटत न हिय को सूल।।

उनका स्वदेशी और स्वभाषा का यह नारा सामान्य जनता की चेतना का अंग बना, ''परदेसी वस्तु और परदेसी भाषा का भरोसा छोड़ो और अपने देश में अपनी भाषा में उन्नति करो।'' उसने न केवल तत्कालीन साहित्यकारों को प्रेरित किया अपितु बाद के साहित्यकारों को भी अनुप्राणित किया। भारतेन्दु बाबू ने हिन्दी प्रदेश में अपनी भाषा के माध्यम से जागरण का जो मन्त्र फूँका उसने हिन्दी भाषा के विकास में अभूतपूर्व योगदान किया। भारतेन्दु युग से आधुनिक हिन्दी के विकास की जो यात्रा आरम्भ हुई वह स्वतन्त्रता प्राप्ति तक इस प्रकार गतिमान रही तथा विविध राजनीतिक, सामाजिक, सांस्कृतिक, साहित्यिक क्षेत्र में कार्य करनेवालों ने जो प्रयत्न किए उसने यह वातावरण निर्मित किया कि हिन्दी भाषा ने संवैधानिक दर्जा प्राप्त किया। हिन्दी भाषा के लिए बहुत से मनीषियों से संघर्ष किया, हिन्दी के विकास में अपना योगदान दिया। इनकी

सूची बहुत लम्बी है। उन्हीं में से कुछ लोगों के योगदान की चर्चा इस पुस्तक में की गई है। आशा है, सहृदय पाठकों को रुचिकर लगेगा। यदि ऐसा हुआ तो मैं अपना प्रयास सार्थक समझूँगा।

मैं लोकभारती प्रकाशन के स्वत्त्वाधिकारी श्री आमोद माहेश्वरी का आभारी हूँ कि उन्होंने इस पुस्तक के प्रकाशन में रुचि ली। मैं श्री रमेश ग्रोवर और श्री राम सिंह के प्रति भी धन्यवाद ज्ञापित करता हूँ।

गोरखपुर —**सदानन्दप्रसाद गुप्त**
शरद पूर्णिमा संवत् 2080 वि. 28
अक्टूबर, 2023 ई.

भाषायी अस्मिता और भारतेन्दु हरिश्चन्द्र

भारतीय नवजागरण के वैतालिक, खड़ीबोली गद्य के वास्तविक पुरस्कर्ता, भारतवर्ष में हिन्दी भाषा के उन्नयन के लिए अपना सर्वस्व न्योछावर करनेवाले भारतेन्दु के नाम से ख्यात बाबू हरिश्चन्द्र जातीय चेतना और भाषायी अस्मिता जागृत करनेवाले अप्रतिम व्यक्तित्व और व्यापक दृष्टि सम्पन्न पत्रकार, निबन्धकार, नाटककार तथा कवि थे। भारत में स्वदेशी आन्दोलन के जन्मदाता के रूप में स्वभाषा के प्रति निष्ठा जागृत करनेवाले व्यक्तित्व के रूप में उनका अनन्य महत्त्व है। डॉ. हेमन्त शर्मा ने बहुत सही रेखांकित किया है कि शायद ही हिन्दी का कोई ऐसा रचनाकार हो जिसने अपने युग की चेतना को इतनी सशक्त वाणी दी हो। भारतेन्दु का व्यक्तित्व लगभग उस सूरज जैसा है जो शीत से ठिठुरते कुहरे भरे भोर में तह-पर-तह ढँके बादलों को चीरता हुआ निकलता है जिससे धरती अपना अँधेरा पोंछती है (भूमिका/भारतेन्दु समग्र/हिन्दी प्रचारक संस्थान, वाराणसी, संस्करण 1989)।

भारतेन्दु हरिश्चन्द्र को यदि आधुनिक हिन्दी साहित्य का पितामह कहा जाए तो अत्युक्ति नहीं होगी। रामविलास शर्मा ने बिलकुल सही लिखा है कि अगर हम कहें कि भारतेन्दु का व्यक्तित्व महान था तो 'महान' शब्द 'प्यारे हरिश्चन्द्र' के व्यक्तित्व के आगे घटिया मालूम होगा— तब से अब तक जितने महान साहित्यकार हिन्दी में हुए हैं, उनमें कोई भी दूसरे लेखकों के हृदय में और पाठकों में भी वह स्थान नहीं बना सका, जो हमारे हरिश्चन्द्र ने पैंतीस साल की मामूली अवस्था में बना लिया था (भारतेन्दु युग और हिन्दी भाषा की विकास परम्परा / राजकमल प्रकाशन, नई दिल्ली, संस्करण 1975, पृ. 127)।

यद्यपि भारतेन्दु की मृत्यु पैंतीस वर्ष की आयु के पहले ही हो गई फिर भी उन्होंने जिस प्रकार आधुनिक हिन्दी की मजबूत नींव डालकर उन पर भाषा-साहित्य का सुन्दर भवन निर्मित किया वह अप्रतिम है। भारतेन्दु हरिश्चन्द्र का

हिन्दी भाषा और साहित्य के क्षेत्र में किया गया कार्य भारत के स्वाभिमान और स्वत्त्व के जागरण का कार्य है। भारतेन्दु हरिश्चन्द्र ने 1868 ई. में मात्र अठारह वर्ष की अवस्था में 'कविवचन सुधा' पत्रिका का प्रकाशन आरम्भ किया जिसका ध्येय वाक्य अत्यन्त महत्त्वपूर्ण है—

खल गनन सों सज्जन दुखी मति होहिं हरि पद रति रहै।
उपधर्म छूटैं स्वत्त्व निज भारत गहै, कर दुख बहै।।
बुध तजहिं मत्सर नारि नर सम होहिं सब जग सुख लहै।
तजि ग्राम कविता सुकविजन की अमृत बानी सब कहै।।

उपर्युक्त छन्द में दो पद 'स्वत्त्व निज भारत गहै' और 'नारि नर सम होहिं' अत्यन्त महत्त्वपूर्ण हैं। भारतेन्दु की कामना है कि भारत अपना स्वत्त्व प्राप्त करे अर्थात् अपने वास्तविक स्वरूप को प्राप्त करे— वह जाने कि उसका इतिहास क्या है? वह कहाँ से आरम्भ होता है? वह अपनी अस्मिता के प्रति सजग हो। इसी का विस्तार 'भारतवर्षोन्नति कैसे हो सकती है, नामक निबन्ध में मिलता है जहाँ वे कहते हैं, ''परदेसी भाषा और परदेसी वस्तु का भरोसा मत करो, अपने देश में अपनी भाषा में उन्नति करो।'' डॉ. रामविलास शर्मा उचित ही लिखते हैं कि, ''हरिश्चन्द्र के मन में साहित्य की उन्नति देश और समाज की उन्नति से जुड़ी है। सामाजिक उन्नति का एक महत्त्वपूर्ण सूत्र था—'नारि नर सम होहिं'। यह बात रुढ़िवादियों को वैसे ही पसन्द न थी जैसे भारत के स्वत्त्व प्राप्त करने की बात अँग्रेजों को।'' (भारतेन्दु युग और हिन्दी भाषा की विकास परम्परा, पृ. 332)। भारतेन्दु बाबू के प्रथम जीवनीकार और उनके आश्रय में पले-बढ़े राधाकृष्ण दास लिखते हैं—'जैसा ही अँग्रेज हाकिमों को 'स्वत्त्व निज भारत गहै' कर (टैक्स) दुख बहै कहना कर्णकटु था, उससे अधिक 'नारि नर सम होहिं' कहना हिन्दुस्तानी भद्र समाज को चिढ़ाना था। परन्तु वीर हरिश्चन्द्र ने जो जी में ठाना उसे कह ही डाला और जो कहा उसे आजन्म निबाहा भी (उद्धृत वही, पृ. 333)। भारतेन्दु हरिश्चन्द्र के स्वत्त्व बोध की व्याख्या करते हुए डॉ. रामविलास शर्मा की टिप्पणी महत्त्वपूर्ण है, ''अँग्रेजों की न्याय व्यवस्था, टैक्स सम्बन्धी नीति, शिक्षा, भाषा और साहित्य में उनका हस्तक्षेप, औद्योगीकरण, व्यापार आदि के सम्बन्ध में ब्रिटिश नीति-प्रत्येक घटना का विवरण देते हुए अपनी आलोचना को ठोस रूप देना—यह 'कविवचन सुधा' में भारतेन्दु और उनके सहयोगियों का काम था। उस आलोचना को देखने से ही 'स्वत्त्व निज भारत गहै' इस बात का अर्थ समझ में आता है (वही, पृ. 338)। 'स्वत्त्व निज भारत गहै' का एक महत्त्वपूर्ण पक्ष

था-अपनी भाषा में अपनी उन्नति करने का मन्त्र। भाषा के विषय में भारतेन्दु की अवधारणा एकदम स्पष्ट थी। वे निज भाषा की उन्नति एवं विकास के पक्षपाती थे। यह तथ्य एकदम स्पष्ट है कि हिन्दी भाषी क्षेत्र में स्वभाषा की महत्ता एवं चेतना जागृत करने का श्रेय भारतेन्दु हरिश्चन्द्र को है। जून 1877 ई. में उन्होंने प्रयाग की 'हिन्दीवर्द्धिनी सभा' में एक भाषण दिया था, वह पूरा भाषण दोहों में था। इसमें उन्होंने पहली बार भाषा के विषय में अपना स्पष्ट और व्यापक दृष्टिकोण प्रस्तुत किया। यह भारतेन्दु की दूरदृष्टि और अपनी भाषा के प्रति लोगों के उपेक्षापूर्ण रवैये के प्रति बेचैनी को भी प्रकट करता है। इसी व्याख्यान में भारतेन्दु का प्रसिद्ध कथन है जो आज भी मन्त्र की तरह उच्चरित होता है—

निज भाषा उन्नति अहै सब उन्नति को मूल।
बिन निज भाषा ज्ञान के मिटत न हिय को सूल।।

भारतेन्दु यह जानते थे कि अपनी भाषा का निरादर कर कोई भी समाज वास्तविक उन्नति नहीं कर सकता—

अँग्रेजी पढ़ि के जदपि सब गुन होत प्रवीन।
पै निज भाषा ज्ञान बिन रहत हीन के हीन।।

भारतेन्दु ने यह अनुभव किया और सबको अनुभव कराना चाहा कि कोई समाज अपनी भाषा में ही सम्पूर्णत: शिक्षित हो सकता है क्योंकि वह भाषा उसे माँ से घुट्टी के रूप में मिल जाती है—

निज भाषा उन्नति बिना कबहुँ न ह्वै है सोय।
लाख अनेक उपाय यों भले करो किन कोय।।
और एक अति लाभ यह यामैं प्रगट लखात।
निज भाषा में कीजिए जो बिद्या की बात।।
तेहि सुनि पावै लाभ सब बात सुनु जो कोय।
यह गुन भाषा और महँ कबहूँ नाहीं होय।।

भारतेन्दु शिक्षित समाज से आग्रह करते हैं कि वह विविध स्रोतों से ज्ञानार्जन कर उसको अपनी भाषा में प्रकट करे जिससे समाज की शिक्षा का स्तर ऊपर उठे, वह ज्ञान सम्पन्न हो सके। भारतेन्दु का यह दृढ़ विश्वास था कि पराई भाषा से समाज समर्थ नहीं हो सकता, वह अपने देश और अपनी संस्कृति से कट जाएगा, आत्महीनता की भावना से ग्रस्त हो जाएगा, इसलिए भारतेन्दु अन्य

सब कार्यों को छोड़कर अपनी भाषा की उन्नति के लिए लोगों का आह्वान करते हैं—

तासों सब मिलि छाँड़ि कै दूजे और उपाय।
उन्नति भाषा की करहु अहो भ्रात गन आय।।

अपनी भाषा के विकास के लिए भारतेन्दु एकत्र और एकनिष्ठ भाव से कार्य करने की अपील करते हैं। वे अपनी भाषा के विकास हेतु पत्र-पत्रिकाओं के प्रकाशन की भी इच्छा व्यक्त करते हैं—

भाषा सोधहु आपनी होइ सबै एकत्र।
पढ़हु पढ़ावहु लिखहु मिलि छपवावहु कछु पत्र।।

भाषा का समाज की संस्कृति से भी गहरा सम्बन्ध है इसलिए भाषा की उन्नति संस्कृति की भी उन्नति है—

निज भाषा निज धरम निज मान करम ब्यौहार।
सबै बढ़ावहु बेगि मिलि कहत पुकार पुकार।।

भारतेन्दु की यह दृढ़ मान्यता है कि देश की उन्नति भाषा उन्नति पर ही आश्रित है इसलिए वे सभी लोगों से अपनी भाषा की उन्नति के लिए सर्वात्मना प्रयत्न करने के लिए कहते हैं—

करहु बिलम्ब न भ्रात अब उठहु मिटावहु सूल।
निज भाषा उन्नति करहु प्रथम जो सब को मूल।।

यह है भारतेन्दु का भाषा को लेकर व्यापक दृष्टिकोण। भारतेन्दु जब 'निज भाषा' की बात करते हैं तो उसका अर्थ केवल हिन्दी भाषा के विकास की बात करना नहीं है। इसका अर्थ सम्पूर्ण भारतीय भाषा है। भारतेन्दु हिन्दी भाषी क्षेत्र के थे तो वहाँ वे हिन्दी की बात कर रहे थे। हिन्दी भाषी क्षेत्र में वे खड़ी बोली गद्य पर बल दे रहे थे पर साथ ही स्थानीय बोलियों को भी समृद्ध करना चाहते थे। रामविलास शर्मा इस ओर संकेत करते हैं कि "भारतेन्दु ने हिन्दी लेखकों के सामने इस बात का प्रस्ताव रखा कि वे उत्तर भारत की उन भाषाओं में भी राजनीतिक और सामाजिक चेतना फैलानेवाला साहित्य रचें। अर्थात् भारतेन्दु खड़ीबोली के साथ स्थानीय भाषा में राजनीतिक और सामाजिक चेतना फैलानेवाला साहित्य रचने की बात करते हैं" (भारतेन्दु युग और हिन्दी भाषा की विकास परम्परा, पृ. 124)।

भारतेन्दु हरिश्चन्द्र ने भाषा के विषय में केवल सिद्धान्त के रूप में बातें नहीं कीं अपितु उन्होंने सक्रिय रूप से हिन्दी भाषा को आन्दोलन का रूप दिया। उन्होंने हिन्दी की उन्नति के लिए अनेक प्रयत्न किए।

ऐसे प्रयत्नों में उनका निबन्ध 'हिन्दी भाषा' का अपना महत्त्व है। भारतेन्दु ने अपने इस निबन्ध में अपने समय में भाषाओं के प्रचलित रूपों का वर्णन किया है और एक मानक भाषा का स्वरूप भी सामने रखा है। पहली बार भारतेन्दु ने खड़ीबोली हिन्दी के व्यवस्थित रूप को प्रत्यक्ष किया है। भारतेन्दु बाबू ने हिन्दी भाषा के तीन रूप बताए—बोलने की भाषा, कविता की भाषा और लिखने की भाषा अर्थात् गद्य की भाषा। भारतेन्दु ने बोलचाल की भाषा के कई रूप सामने रखे। जहाँ तक कविता की भाषा की बात है, भारतेन्दु यह अनुभव कर रहे थे कि कविता के लिए ब्रजभाषा ही उपयुक्त है, "जो हो मैंने आप कई बार परिश्रम किया कि खड़ीबोली में कुछ कविता बनाऊँ, पर वह मेरे चित्तानुसार नहीं बनी, इससे यह निश्चय होता है कि ब्रजभाषा ही में कविता करना उत्तम होता है और इसी से कविता ब्रजभाषा में ही उत्तम होती है (भारतेन्दु समग्र, पृ. 1099)। भारतेन्दु बाबू ने हिन्दी भाषा के बारह रूप बताए, जिसमें संस्कृत के शब्द बहुत हैं, जिसमें संस्कृत के शब्द थोड़े हैं, जो शुद्ध हिन्दी है, जिसमें किसी भाषा के शब्द मिलाने का नियम नहीं है, जिसमें अँग्रेजी शब्द हिन्दी हो के मिल गए हैं, जिसमें पुरबियों की बोली या काशी की देशभाषा है, जो काशी के अर्धशिक्षित बोलते हैं, दक्षिण के लोगों की हिन्दी, बंगालियों की हिन्दी, अँग्रेजों की हिन्दी, रेलवे की भाषा। अन्त में उन्होंने भाषा-विवाद पर अपना महत्त्वपूर्ण निष्कर्ष दिया है, "हम इस स्थान पर वाद नहीं करना चाहते कि कौन भाषा उत्तम है और वही लिखनी चाहिए, पर हाँ, मुझसे कोई अनुमति पूछे तो मैं यह कहूँगा कि नम्बर दो और तीन लिखने योग्य है (भारतेन्दु समग्र, पृ. 1051)।" इसका तात्पर्य यह है कि भारतेन्दु हरिश्चन्द्र उस हिन्दी भाषा के प्रचलन के समर्थक थे जिसमें संस्कृत के शब्दों का आश्रय कम लिया गया है अर्थात् तद्भव प्रधान हिन्दी। भारतेन्दु यह जानते थे कि हिन्दी भाषी समाज में तद्भव प्रधान हिन्दी का प्रचलन है इसलिए यदि इसका आश्रय लिया जाए तो यह सर्वस्वीकार्य भाषा होगी। वस्तुतः भारतेन्दु हरिश्चन्द्र का यह युगान्तकारी महत्त्व है कि वे जो भाषा लिखते थे और जिसके प्रसार के पक्षपाती थे, वह जनपदीय बोलियों तथा शहरी बोलचाल के बहुत पास थी।

भारतेन्दु हरिश्चन्द्र के समय गद्य की भाषा खड़ी बोली हो चुकी थी, कविता की भाषा मुख्यतया ब्रजभाषा थी, पर भारतेन्दु के मन में यह द्वन्द्व था कि गद्य-पद्य की भाषा में द्वैत हो या नहीं। यद्यपि आरम्भ में भारतेन्दु कविता में ब्रजभाषा के प्रयोग को महत्त्व दे रहे थे। उन्होंने सितम्बर 1881 के 'भारतमित्र' में खड़ीबोली में अपनी रचना प्रकाशनार्थ भेजी, "प्रचलित साधु भाषा में कुछ

कविता भेजी है। देखिएगा कि इसमें क्या कसर है और किसके अवलम्बन करने से इसमें काव्य सौन्दर्य बन सकता है। इस सम्बन्ध में सर्व-साधारण की सम्मति ज्ञात होने से आगे वैसा परिश्रम किया जाएगा (भारतेन्दु युग और हिन्दी भाषा की विकास परम्परा, पृ. 116)।''

भारतेन्दु ने जो कविता भेजी थी, उसकी कुछ पंक्तियाँ निम्नांकित हैं—

बरसा सिर पर आ गई, हरी हुई सब भूमि।
बागों में झूले पड़े, रहे भ्रमर गण झूमि।।
करके याद कुटुम्ब की फिरे बिदेसी लोग।
बिछड़े प्रीतमवालियों के सिर छाया सोग।। (उद्धृत, वही)

डॉ. रामविलास शर्मा ने रेखांकित किया है कि भारतेन्दु ने खड़ी बोली में नए प्रयोग करके इस बात का प्रमाण दिया था कि वे कविता की भाषा में परिवर्तन चाहते हैं। इन प्रयोगों से नई पीढ़ी का मार्ग प्रशस्त हुआ।

भारतेन्दु हरिश्चन्द्र ने तेईस वर्ष की अवस्था में 1873 ई. में 'हरिश्चन्द्र मैगजीन' नामक पत्रिका निकाली जो बाद में 'हरिश्चन्द्र चन्द्रिका' हो गई। हिन्दी भाषा के विकास के लिए किया गया यह युगान्तरकारी प्रयत्न था। आचार्य रामचन्द्र शुक्ल ने स्पष्ट रूप से भारतेन्दु को हिन्दी गद्य का परिष्कृत रूप सामने रखने का श्रेय दिया है, ''हिन्दी गद्य का ठीक परिष्कृत रूप पहले-पहल इसी चन्द्रिका में प्रकट हुआ। हिन्दी गद्य को परिष्कृत रूप में प्रस्तुत करने का श्रेय भारतेन्दु हरिश्चन्द्र को ही है।''

रामविलास जी ने भी भारतेन्दु द्वारा हरिश्चन्द्र मैगजीन निकालने और उसके माध्यम से हिन्दी भाषा के परिष्कृत स्वरूप को सामने रखने को महत्त्व दिया है, ''हिन्दी भाषा और साहित्य की कठिनाइयों को दूर करने के लिए भारतेन्दु ने यह पत्रिका निकाली। भारतेन्दु ने कालचक्र नामक अपनी पुस्तक में नोट किया, ''हिन्दी नई चाल में ढली सन् 1873 ई. ।'' यह वह वर्ष है जब भारतेन्दु ने हरिश्चन्द्र मैगजीन निकाली (भारतेन्दु युग और हिन्दी भाषा की विकास परम्परा, पृ. 127)

हिन्दी के पुराने स्वरूप को नए परिष्कृत रूप में भारतेन्दु ने कैसे ढाला, तथा पुराने रूप और नए रूप में क्या अन्तर था, इसका संक्षिप्त विवरण आचार्य रामचन्द्र शुक्ल ने अपने हिन्दी साहित्य के इतिहास में इस प्रकार दिया है, ''मुंशी सदासुख लाल की भाषा साधु होते हुए भी पंडिताऊपन लिए हुए थी, लल्लूलाल में ब्रजभाषापन और सदल मिश्र में पूरबीपन था। राजा शिवप्रसाद का उर्दूपन शब्दों तक ही परिमित नहीं था, वाक्य विन्यास तक

में घुसा था। राजा लक्ष्मण सिंह की भाषा विशुद्ध और मधुर तो अवश्य थी पर आगरे की बोलचाल का पुट उसमें कम न था। भाषा का निखरा हुआ शिष्ट सामान्य रूप भारतेन्दु की कला के साथ ही प्रकट हुआ (हिन्दी साहित्य का इतिहास, पृ. 397, सस्ता साहित्य मंडल प्रकाशन, नई दिल्ली, संस्करण 2020)।''

यह सही है कि भारतेन्दु के पूर्व हिन्दी भाषा का रूप विद्यमान था और उसका व्यापक प्रचलन भी था पर उसे नए स्वरूप में ढालने का श्रेय भारतेन्दु हरिश्चन्द्र को ही जाता है। 'हिन्दी नई चाल में ढली' कथन का यही तात्पर्य है। डॉ. रामविलास शर्मा की महत्त्वपूर्ण टिप्पणी इस सम्बन्ध में ध्यातव्य है, ''हिन्दी भाषा थी, उसका व्यापक चलन भी था। कमी यह थी कि देश और समाज की नई परिस्थितियों के अनुकूल उसमें नए साहित्य की रचना न हुई थी। यह काम न लल्लूलाल के किए हो सकता था, न राजा शिवप्रसाद के, इसे किया भारतेन्दु हरिश्चन्द्र ने (भारतेन्दु युग और हिन्दी भाषा की विकास परम्परा, पृ. 199)।''

भारतेन्दु हरिश्चन्द्र द्वारा हिन्दी भाषा की प्रतिष्ठा, उसके विकास और संवर्धन तथा उसे सरकार द्वारा मान्यता दिलाए जाने हेतु प्रयत्न किए जाने का एक बहुत बड़ा उदाहरण है अस्वस्थता की स्थिति में भी अँग्रेज सरकार द्वारा गठित शिक्षा आयोग के समक्ष पत्र के माध्यम से दी गई उनकी गवाही। अपने पत्र में उन्होंने भारतीय भाषाओं के महत्त्व एवं उपयोगिता को सामने रखा था। भारतेन्दु बाबू ने आयोग के समक्ष यह तथ्य रखा कि पश्चिमोत्तर प्रदेश (आज का उत्तर प्रदेश) में अनेक बोलियाँ प्रचलित हैं—पूर्वी, कन्नौजी, ब्रजभाषा और खड़ीबोली (भारतेन्दु समग्र, पृ. 1054)। भारतेन्दु बाबू ने इस बात की ओर ध्यान दिलाया कि पश्चिमोत्तर प्रान्त की काव्यभाषा ब्रजभाषा है और आम बोलचाल की भाषा खड़ीबोली। उन्होंने आयोग का इस ओर भी ध्यान आकृष्ट किया कि इसे ही हिन्दी और उर्दू कहा जाता है। हिन्दी के लिए नागरी लिपि और उर्दू के लिए फारसी लिपि का प्रयोग किया जाता है। भारतेन्दु बाबू ने इसे जोर देकर कहा कि हिन्दी और उर्दू में लिपि के अतिरिक्त और कोई अन्तर नहीं है—"Thus we come to the conclusion that there is no real difference between Urdu and Hindi" (वही, पृ. 1056)।

हिन्दी भाषा के साथ किए जानेवाले षड्यन्त्र से भारतेन्दु बाबू पूरी तरह अवगत थे। इसलिए उन्होंने आयोग के समक्ष अपनी बात को स्पष्ट रूप से रखते हुए कहा कि अँग्रेजों के आने के पहले मुसलमानी शासन के दौरान उर्दू

को अधिक महत्त्व मिला। उर्दू के प्रयोग को उस समय अच्छा माना जाता था। इसी कारण हिन्दू जमीन्दार व्यापार में, सार्वजनिक सभाओं में उर्दू का प्रयोग आभिजात्य प्रकट करने के उद्देश्य से फैशन के अन्तर्गत करते थे जिसमें फारसी के भारी-भरकम शब्दों का प्रयोग किया जाता था (वही)। भारतेन्दु के अनुसार उर्दू का वर्चस्व बनाए रखने के लिए मुस्लिम समुदाय द्वारा हिन्दी का विरोध किया जाता था (वही)। भारतेन्दु हरिश्चन्द्र ने अरबी-फारसी से लदी उर्दू भाषा को हिन्दू जनता के प्रति अन्याय बताया। उन्होंने आयोग का ध्यान इस ओर भी दिलाया कि अरबी-फारसी से लदी उर्दू केवल दरबारों की भाषा है, सामान्य जनता की भाषा नहीं है। भारतेन्दु बाबू ने इस बात पर भी जोर दिया कि किसी भी सभ्य देश में शासन और जनता की भाषा में अन्तर नहीं होता है। केवल भारत ही ऐसा देश है जिसमें कचहरियों की भाषा वह है जो न तो जनता की भाषा है और न शासक की।

मुसलमानों का एक वर्ग, जिसे अशरफ़ वर्ग कहा जाता रहा है, अरबी-फारसी मिश्रित उर्दू की हिन्दी पर श्रेष्ठता सिद्ध कर रहा था। इस वर्ग के अगुआ थे सैय्यद अहमद खाँ। सैय्यद अहमद ने भाषा आयोग के समक्ष उर्दू को सभ्य लोगों की भाषा कहा था और हिन्दी को असभ्य लोगों की। भारतेन्दु बाबू ने इसका तीखा प्रतिकार किया—"I am sorry to learn that the Honourable Sayyid Ahmad Khan Bahadur, C.S.I. in his evidence before the education commission, says that Urdu is the language of gentry and Hindi that of the vulgar. The statement is not only incorrect but unjust to the Hindus with the exception of a few kayasthas, the remaining Hindus, eg. Kshatriyas mahajans, zamindars - may the revered Brahmins, who speak Hindi are supposed to be vulgar. Inspite of this though the Lala Sahib (Kayastha) will with the Sayyid Bahadur in Urdu yet when writing to his wife he must use the Hindi character.' (वही, पृ. 1056)। भारतेन्दु बाबू ने दृढ़तापूर्वक अपनी बात रखी कि कुछ कायस्थों को छोड़ दिया जाए तो ब्राह्मण, क्षत्रिय, वैश्य सभी हिन्दी भाषा और नागरी लिपि का प्रयोग करते हैं। भारतेन्दु बाबू ने उर्दू में लिखित साहित्य पर यह आरोप भी लगाया कि वह चरित्र-निर्माण के उद्देश्य से दूर है (वही, पृ. 1058)। उन्होंने उर्दू पर गम्भीर आरोप लगाते हुए उसे 'dancing girl' और 'Prostitutes' की भाषा कहा। भारतेन्दु उस हिन्दी की स्वतन्त्र सत्ता स्थापित करना चाहते हैं जिसमें तद्भवता की प्रधानता हो तथा जनपदीय शब्दावली का योग हो। उन्होंने स्पष्ट

किया कि संस्कृत तथा अरबी-फारसी शब्दों से लदी भाषा इस क्षेत्र की भाषा नहीं है। भारतेन्दु ने तद्भव प्रधान हिन्दी को आर्य भाषा या साधु भाषा की संज्ञा दी (वही, 1058)।''

भारतेन्दु के स्वभाषा अभिमान का एक बड़ा उदाहरण यह है कि उन्होंने हिन्दी को लेकर घर कर गई हीनता की ग्रन्थि को निकाल फेंका। उन्होंने इसकी तीव्र भर्त्सना की, ''प्राय: लोग कहते हैं कि हिन्दी कोई भाषा ही नहीं है। हमको इस बात को सुनकर बड़ा शोक होता है। यदि कोई अँग्रेज कहता तो हम जानते कि वह अज्ञानी है, इस देश का समाचार भलीभाँति नहीं जानता। पर अपने स्वदेशियों को क्या कहें? हम नहीं जानते कि उनकी ऐसी हत बुद्धि क्यों हो गई है कि वे अपने प्राचीन भाषा का तिरस्कार करते हैं (वही, पृ. 1088)।

साहित्य और भाषा की दुनिया में भारतेन्दु बाबू के जन्म के पहले से ही उर्दू और हिन्दी का द्वन्द्व चल रहा था। खड़ीबोली हिन्दी के अरबी-फारसीकरण का प्रयास हो रहा था और इसमें जॉन गिलक्राइस्ट का योगदान सर्वाधिक था। गिलक्राइस्ट ने जिस हिन्दुस्तानी शब्द का प्रयोग किया वह वस्तुत: अरबी-फारसी से लदी खड़ीबोली ही थी। भारतेन्दु के आगमन के बाद इसमें परिवर्तन आया। इस परिवर्तन में भारतेन्दु हरिश्चन्द्र और उनके समय के रचनाकारों का अप्रतिम योगदान है। उर्दू भाषा के प्रति भारतेन्दु की अरुचि उसके भीतर निहित साम्प्रदायिकता के कारण भी थी। वे उर्दूवालों की साम्प्रदायिकता की प्रवृत्ति से बहुत खिन्न थे। लिपि के सम्बन्ध में भी भारतेन्दु एकदम स्पष्ट थे। उन्होंने हिन्दी भाषा के लिए नागरी लिपि का पक्ष लिया। उन्होंने निर्भीकता के साथ कहा कि फारसी लिपि को बहुत कम लोग समझ पाते हैं और देवनागरी लिपि को अधिकांश लोग समझते हैं। यहाँ तक कि पटवारी गाँव के दस्तावेज (खतियान) हिन्दी में रखते हैं और ग्रामीण विद्यालयों में अध्यापन का माध्यम हिन्दी है।

भारतेन्दु बाबू के हिन्दी भाषा-साहित्य के उत्थान के प्रयत्न का एक उदाहरण यह भी है कि वे चाहते थे कि हिन्दी साहित्य विशेषत: गद्य साहित्य हर प्रकार से समुन्नत हो। बांग्ला भाषा के नाटक और कथा-साहित्य की उन्नति को उन्होंने देखा था। हिन्दी में भी उपन्यास साहित्य के विकास के लिए वे चिन्तित थे। इस सन्दर्भ में उन्होंने किन्हीं सन्तोष सिंह को पत्र लिखा था, ''जैसे भाषा में अब कुछ नाटक बन गए हैं अब तक उपन्यास नहीं बने हैं। आप या हमारे पत्र के योग्य सहकारी सम्पादक जैसे बाबू काशीनाथ खत्री, गोस्वामी राधाचरण जी कोई उपन्यास लिखें तो उत्तम है। यदि ऐसी इच्छा हो तो 'दीप निर्वाह' नामक

उपन्यास का अनुवाद हो। यह उपन्यास केवल उपन्यास ही नहीं, भारतवर्ष का इससे बड़ा सम्बन्ध है।''

भारतेन्दु बाबू हिन्दी को समग्रता की भाषा बनाना चाहते थे। उन्होंने साहित्य के अतिरिक्त साहित्येतर विषयों-विज्ञान, पुरातत्त्व, राजनीति की पुस्तकें हिन्दी भाषा में लाने का प्रयास किया। वे चाहते थे कि हिन्दी में कानून की भी पत्रिका प्रकाशित हो। उन्होंने स्वयं 'नीति प्रकाश' नाम के कानून की पत्रिका हिन्दी में निकालने का निर्णय लिया, हालाँकि भारतेन्दु बाबू उसे क्रियान्वित नहीं कर पाए।

भारतेन्दु हरिश्चन्द्र ने बहुत ही गम्भीरता के साथ हिन्दी भाषा में ज्ञान के विविध अनुशासन की पुस्तकें तैयार कराने के लिए प्रयत्न किए। उन्होंने बनारस कॉलेज के गणित के अध्यापक से हिन्दी में त्रिकोणमिति की पुस्तक तैयार करवाई और उसकी समीक्षा जून 1874 ई. को 'हरिश्चन्द्र चन्द्रिका' में की, ''हिन्दी भाषा में विज्ञान, दर्शन, अंकादि के ग्रन्थ थोड़े हैं और जो दस-पाँच छोटे-मोटे हैं भी, वे पुरानी चाल के हैं और उनके पारिभाषिक शब्द ठीक नहीं हैं। इस ग्रन्थ के अन्त में एक निघंटु भी है जिसमें पारिभाषिक शब्दों के पर्यायवाचक अँग्रेजी शब्द भी दिए हैं। यह इस विधा के नए-नए ग्रन्थ बनानेवालों के बहुत उपयोगी होंगे, पर हम यह कहना चाहते हैं कि लोग त्रिकोणमिति के नए ग्रन्थ रचें वे उन्हीं शब्दों का प्रयोग करें क्योंकि बहुत से पारिभाषिक शब्द होने से भ्रम होता है। इसके सिवाय जब सब लोग यही शब्द लिखने लगेंगे तो हिन्दी में इसका प्रचार हो सकेगा।'' यह हिन्दी भाषा के प्रति उनकी निष्ठा और लगन का अनुपम उदाहरण है।

यह सर्वज्ञात तथ्य है कि भारतेन्दु हरिश्चन्द्र तथा उनके युग के अन्य साहित्यकार पत्रकार भी थे। भारतेन्दु हरिश्चन्द्र ने साहित्य की विधाओं को समृद्ध करने के लिए पत्रिका में पुस्तक समीक्षा का भी आरम्भ किया। वस्तुतः वे हिन्दी-शब्द भंडार तथा हिन्दी वाङ्मय की समृद्धि के लिए सतत प्रयत्नशील रहे। भारतेन्दु ने इस बात पर क्षोभ व्यक्त किया था कि लोगों के मन में हिन्दी भाषा में विज्ञान सम्बन्धी ग्रन्थ लिखे जाने को लेकर सन्देह है। उन्होंने 23 अगस्त 1873 ई. की 'कविवचन सुधा' में लिखा, ''बहुत से लोग बिना समझे बूझे दाढ़ी हिला-हिलाकर कहा करते थे कि हिन्दी में वैज्ञानिक ग्रन्थ नहीं लिखे जा सकते और भाषा में इतने शब्द नहीं कि वैज्ञानिक भावना प्रकाश की जाए— पर हम लोग यह जपनेवाले लोगों को सचेत करते हैं कि वे उस निद्रा से जागें और दो टूक आँख खोलकर देखें कि अब हिन्दी भाषा की उन्नति चाहनेवाले लोग जो

कहते थे सो कर दिखाते हैं।'' (उद्धृत भारतेन्दु युग और हिन्दी भाषा की विकास परम्परा, पृ. 199)। यहाँ भारतेन्दु का आत्मविश्वास देखने लायक है। यह उनकी निष्ठा और हिन्दी के प्रति समर्पण का भी अप्रतिम उदाहरण है। वस्तुत: भारतेन्दु हरिश्चन्द्र का स्वभाषा प्रेम उनके राष्ट्रप्रेम से जुड़ा है और उनका आधार स्वत्त्वबोध और स्वाभिमान है। उन्होंने हिन्दी की जो अखंड ज्योति प्रज्वलित की वह आगे महावीर प्रसाद द्विवेदी युग में तथा छायावादी युग में तीव्र हुई। इसका परिणाम था हिन्दी की व्यापक स्वीकृति और राजभाषा के रूप में संविधान सभा द्वारा मान्यता। इससे भारतेन्दु हरिश्चन्द्र के योगदान का महत्त्व समझ में आता है।

राष्ट्रभाषा का स्वरूप और प्रेमचन्द

स्वतन्त्रता संघर्ष के दौरान साहित्यकारों, सामाजिक, राजनीतिक विचारकों तथा राजनीति एवं संस्कृति कर्मियों के लिए राजनीतिक स्वतन्त्रता के साथ ही सांस्कृतिक स्वाधीनता का प्रश्न भी अत्यन्त महत्त्वपूर्ण था। ये सभी विचारक एवं रचनाकार भारत की विभिन्न विषयों पर गम्भीरता से विचार कर रहे थे और राष्ट्र के भावी स्वरूप की रूपरेखा के विमर्श में संलग्न थे। इन्हीं विमर्शों में भाषा सम्बन्धी विमर्श भी प्रमुखता के साथ विचारणीय बिन्दु के रूप में उभरा था। वस्तुतः भाषा ही वह सम्पत्ति है जिसे अर्जित कर मनुष्य अपने अस्तित्व को प्राप्त करता है और मनुष्यता की कोटि में पहुँचता है। भाषा केवल विचारों के प्रेषण का माध्यम ही नहीं है, अपितु वह सभ्यता एवं संस्कृति का वाहक भी है, यह संस्कृति की बुनावट और उसकी बुनियाद भी है। भाषा का सम्बन्ध राष्ट्रीय अस्मिता से है। किसी भी देश की भौगोलिक, सामाजिक, सांस्कृतिक और ऐतिहासिक परम्परा, किसी भी देश का जीवन दर्शन उस देश की भाषा में ही अभिव्यक्त होता है। किसी भी राष्ट्र को असक्त करने का सबसे सहज उपाय है उसकी भाषा को नष्ट करना क्योंकि भाषा के माध्यम से ही कोई भी जाति अपनी स्मृति को सुरक्षित रखने में समर्थ होती है और भाषा से कटकर ही वह अपनी स्मृति से विच्छिन्न होती हैं। भाषा के इस महत्त्व को स्वतन्त्रता संघर्ष के दौरान विशेष रूप से रेखांकित किया गया। इसलिए विभिन्न सामाजिक-राजनीतिक-सांस्कृतिक चिन्तकों एवं साहित्यकारों ने भाषा के प्रश्न पर गम्भीरता से विचार किया। कथा-साहित्य को मनोरंजन एवं तिलिस्मी-ऐय्यारी की दुनिया से निकालकर यथार्थ के धरातल पर प्रतिष्ठित करनेवाले प्रेमचन्द भी उन्हीं साहित्यकारों में से एक थे। प्रेमचन्द ने भाषा के मुद्दे पर विविध दृष्टियों से विचार किया। वे अँग्रेजी के बढ़ते प्रभुत्व से चिन्तित थे। वे यह देख रहे थे कि सामान्य जनता भाषा के बारे में अधिक चैतन्य नहीं है। अँग्रेजों ने बड़े ही सुनियोजित ढंग से अँग्रेजी को शिक्षा का अनिवार्य माध्यम बनाकर भारतवासियों को उसकी पहचान से काटने का पूरा प्रयास किया था। यही कारण था कि

अँग्रेजी माध्यम में शिक्षा प्राप्त करनेवाले लोगों में मिथ्या अहंकार का भाव उत्पन्न हो रहा था। प्रेमचन्द ने इस प्रवृत्ति की भर्त्सना की, ''हम भारतीय भाषा के विचार में भी अँग्रेजों के इतने दास हो गए हैं कि अन्य अति धनी तथा सुन्दर भाषाओं का हमें कभी ध्यान नहीं आता। ---- अँग्रेजी बड़ी धनी भाषा है, पर जितना तथा जिस दृष्टि से हम इसे आदर देते हैं, वह हमारे लिए गर्व की बात नहीं है।''[1]

यह एक निर्विवाद तथ्य है कि किसी भी राष्ट्र की अस्मिता का गहरा सम्बन्ध भाषा से होता है। प्रसिद्ध चिन्तक लेखक सच्चिदानन्द वात्स्यायन अज्ञेय का यह कथन ध्यातव्य है कि, ''कोई भी समाज किसी पराई भाषा में जी नहीं सकता, जीना आरम्भ भी नहीं कर सकता समाज को अनिवार्यत: अपनी भाषा में ही जीना होगा नहीं तो उसकी अस्मिता कुंठित होगी और उसमें आत्मबहिष्कार या अजनबियत के विकार प्रकट होंगे ही।''[2] प्रेमचन्द भी भाषा और संस्कृति का अनिवार्य सम्बन्ध मानते हैं— इतना ही नहीं वे एक राष्ट्र की कल्पना बिना भाषा के सम्भव नहीं मानते, ''किसी राष्ट्र को बनाने के लिए संस्कृति की समानता जरूरी होती है भाषा और साहित्य संस्कृति का मुख्य अंग है। जब तक एक भाषा और एक साहित्य न हो, एक राष्ट्र की कल्पना नहीं हो सकती।''[3] यह सही है कि भाषा राष्ट्रीय एकता को दृढ़ करने में महत्त्वपूर्ण भूमिका निभाती है।

हमारे देश ने भाषा के इस महत्त्व को बहुत पहले ही पहचान लिया था। इसलिए हजारों वर्ष पहले ही यहाँ भाषा की समस्या का समाधान कर लिया गया था। आचार्य हजारी प्रसाद द्विवेदी ने इस ओर संकेत करते हुए लिखा है कि, ''हिमालय से लेकर सेतुबन्ध तक सारे भारतवर्ष में धर्म, दर्शन, विज्ञान, चिकित्सा आदि विषयों की भाषा कुछ सौ वर्ष पहले तक एक ही रही है। यह भाषा संस्कृत है।''[4] प्रेमचन्द राष्ट्रीयता के उपादानों में जाति, धर्म, राजनीतिक तथा भौगोलिक परिस्थिति, संस्कृति और भाषा को आवश्यक मानते हैं लेकिन इनमें सबसे अधिक महत्त्व वे भाषा को देते हैं। उनकी दृढ़ मान्यता है कि, ''राष्ट्रभाषा के बिना राष्ट्र का बोध हो ही नहीं सकता। जहाँ राष्ट्र है, वहाँ राष्ट्रभाषा का होना लाजिमी है। अगर सम्पूर्ण भारत को एक बनाना है तो उसे एक भाषा का आधार लेना ही होगा। भाषा ही राष्ट्र, साहित्य और संस्कृति का निर्माण करती है आदर्शों की सृष्टि करती है--- अगर एक संस्कृति रहते हुए भी एक राष्ट्रभाषा का आधार न रहे तो राष्ट्र की कल्पना सम्भव नहीं है।''[6] प्रेमचन्द का ऐसा सोचना सही था और प्रेमचन्द ही नहीं प्रेमचन्द के समय के और बाद के भी राष्ट्रवादी विचारक और साहित्यकार एक राष्ट्र-भाषा के महत्त्व

का अच्छी तरह अनुभव कर रहे थे। प्रसिद्ध छायावादी रचनाकार सुमित्रानन्दन पन्त की दृष्टि में राष्ट्र के विकास के लिए एक राष्ट्रभाषा का महत्त्व निर्विवाद है, ''अपने देश की जनता में, उसके विभिन्न वर्गों और सम्प्रदायों में एकता स्थापित करने के लिए तथा अपने राष्ट्रीय जीवन को सशक्त, संयुक्त एवं संगठित बनाने के लिए हमें एक भाषा के माध्यम की नितान्त आवश्यकता है, जिसका महत्त्व किसी भी दूसरे तर्क या विवाद से घटाया नहीं जा सकता।''[7] पन्त जी ने तो दृढ़तापूर्वक यह प्रतिपादित किया कि बिना भाषा सबके मन तथा हृदयों का एका अथवा विचारों तथा भावनाओं का एका सम्भव ही नहीं है। शब्दों में अजेय आकर्षण शक्ति होती है। शब्दों के परिवार में बँधने का अर्थ होता है एक वृहद् मानव परिवार में संगठित होना।[8]

प्रेमचन्द एक राष्ट्रचेत्ता साहित्यकार थे, वे देश में अँग्रेजी के प्रति बढ़ते आकर्षण को देखकर चिन्तित थे और इसे आत्महीनता की ग्रन्थि का परिणाम मानते थे। उन्हें इस बात की गहरी पीड़ा थी कि भारत जैसे देश की कोई अपनी राष्ट्रभाषा नहीं है। उनका यह मानना था और वह सही था कि एक राष्ट्रभाषा ही देश को एकता के सूत्र में बाँधने में समर्थ है।

''शायद संसार में भारत ही एक ऐसा देश है, जिसकी अपनी कौमी जबान नहीं है। आज एक बलवान केन्द्रीय शासन के सिवा हमें एकता में बाँधनेवाली क्या चीज है? धर्म में शक्ति नहीं, वह चीज राष्ट्रभाषा ही हो सकती है।''[9]

यह एक बड़ी विडम्बना है कि इस देश की जितनी क्षति अँग्रेजी शासन काल में हुई, उतनी मुस्लिम शासन काल में भी नहीं हुई थी। उस समय हमारा देश राजनीतिक रूप से पराधीन तो था किन्तु सांस्कृतिक रूप से स्वाधीन बना रहा। पर अँग्रेजी शासन के दौरान जो सांस्कृतिक रिक्तता आई उसने हमारे भीतर जबर्दस्त हीन भावना का संचार किया। अँग्रेजों ने हमें अपनी भाषा से काटकर अपने मूल से ही काट दिया। हम विदेशी भाषा को ही उन्नति का सर्वस्व मान बैठे। यह स्थिति आज भी बनी हुई है। शिक्षित वर्ग द्वारा अपने कन्धे पर अँग्रेजी के जुए को गर्व से लादे रहने पर प्रेमचन्द गहरा क्षोभ प्रकट करते हैं, ''अँग्रेज स्वप्न में भी किसी अँग्रेज से गैर अँग्रेजी भाषा में न बोलेगा मगर यहाँ हम आपस में ही अँग्रेजी बोलकर अपनी मानसिक दासता का ढिंढोरा पीटते हैं।''[10] अँग्रेजी के प्रति मोह को प्रेमचन्द गुलामी का प्रतीक मानते थे। उनकी यह दृढ़ मान्यता थी कि अँग्रेजी के प्रति आकर्षण का तात्पर्य है राष्ट्रीयता का अभाव और राष्ट्रीयता के अभाव में राष्ट्र का स्वरूप खड़ा करना मात्र कल्पना है, ''अँग्रेजी भाषा का यह जादू कब तक हमारे सिरों पर रहेगा? कब तक हम

अँग्रेजी के गुलाम बने रहेंगे? इससे तो यही टपकता है कि राष्ट्रीयता अभी हृदय की गहराई तक नहीं पहुँचने पाई। यह विदित रहे कि जब तक हमारी राष्ट्रभाषा का निर्माण न होगा, भारतीय राष्ट्र का निर्माण ख्वाब और ख्याल है।[11] प्रेमचन्द अँग्रेजी भाषा के प्रभुत्व को पराधीनता का सबसे कठोर अंग मानते थे। ''हमारी पराधीनता का सबसे अपमानजनक, सबसे व्यापक, सबसे कठोर अंग अँग्रेजी भाषा का प्रभुत्व है। ---सभ्य जीवन के हर एक विभाग में अँग्रेजी भाषा ही मानो हमारी छाती पर मूँग दल रही है। अगर आज इस प्रभुत्व को हम तोड़ सके, तो पराधीनता का आधा बोझ हमारी गर्दन से उतर जाएगा।[12] प्रेमचन्द किसी भी देश की अपनी भाषा को इसलिए महत्त्व देते थे क्योंकि वे यह जानते थे कि समाज की बुनियाद भाषा है और भाषा के बगैर किसी समाज का ख्याल भी नहीं किया जा सकता। उनकी दृष्टि में भाषा का सीधा सम्बन्ध आत्मा से है अर्थात् भाषा आत्मा का ही बाहरी रूप है।[13] यही कारण है कि प्रेमचन्द ने अपने समय के उन तथाकथित बुद्धिजीवियों एवं सामाजिक राजनीतिक संगठनों को आड़े हाथों लिया, ''जिन्हें (प्रेमचन्द के अनुसार अँग्रेजी का रोग लग गया था) अँग्रेजी के चुने हुए शब्दों और मुहावरों तथा मँजी हुई भाषा में अपनी निपुणता और कुशलता दिखाने का रोग इतना बढ़ा हुआ है कि हमारी कौमी सभाओं में सारी कार्रवाई अँग्रेजी में होती है ----यहाँ तक कि सोशलिस्ट और कम्युनिस्ट भी जो जनता के खासुलखास झंडे बरदार हैं, सभी कार्रवाई अँग्रेजी में करते हैं।''[14] कांग्रेस तो उपनिवेशवादी मनोवृत्ति से आरम्भ से ग्रसित थी, उसके लिए ऐसा करना स्वाभाविक ही था। कम्युनिस्ट पार्टी का उपजीव्य ही यूरोप था। वह आरम्भ से ही अन्तरराष्ट्रीयतावाद की मारी संस्था थी इसलिए जातीय अस्मिता की चेतना का उसमें सर्वथा अभाव था। प्रेमचन्द को दुःख इस बात का था कि अँग्रेजी साम्राज्यवाद का विरोध करनेवाली संस्थाएँ स्वभाषा के मुद्दे पर भटकाव की शिकार हैं।

प्रेमचन्द राष्ट्रभाषा का सीधा सम्बन्ध स्वराज से जोड़ते थे। वे बिना राष्ट्रभाषा के स्वराज को बेमानी समझते थे, ''मेरे विचार में जब तक राष्ट्र में इतना संगठन, इतना ऐक्य, इतना एकात्मपन न होगा कि वह एक भाषा में बात कर सके, तब तक उसमें यह शक्ति भी न होगी कि स्वराज प्राप्त कर सके।''[15] वे विदेशी भाषा के बल पर स्वाधीनता प्राप्त करना असम्भव मानते थे, ''मुझे याद नहीं आता कि कोई भी राष्ट्र विदेशी भाषा के बल पर स्वाधीनता प्राप्त कर सका हो। राष्ट्र की बुनियाद राष्ट्र की भाषा है। भाषा ही वह बन्धन है जो चिरकाल तक राष्ट्र को एक सूत्र में बाँधे रहती है और उसका शीराजा बिखरने

नहीं देती।''[16] प्रेमचन्द राष्ट्रभाषा और राष्ट्र में कारण-कार्य सम्बन्ध मानते थे।[17] इसे कुछ तथाकथित अन्तरराष्ट्रीयतावादी प्रेमचन्द का संकीर्ण राष्ट्रवाद मान सकते हैं, पर उन्हें यह जानना चाहिए कि बिना राष्ट्रबोध के विश्वबोध नकली है और उसकी कोई महत्ता नहीं है। इसीलिए प्रेमचन्द की यह महती आकांक्षा थी कि इस राष्ट्र की साहित्यिक सम्पत्ति को राष्ट्र की भाषा में संसार के सामने आना चाहिए और इसे संसार के साहित्य में उचित स्थान मिलना चाहिए। इसकी जरूरत क्यों हो कि हम संसार के सामने जब आने का साहस करें तो अँग्रेजी के वेश में आए।[18] प्रेमचन्द पश्चिमी चीज के पीछे आँख मूँदकर चलने को मानसिक पराजय का परिणाम मानते थे।[19] वस्तुतः प्रेमचन्द उस परम्परा के वाहक थे जो स्वदेशी भाषा और स्वदेशी संस्कृति के आधार पर देश के निर्माण के लिए प्रयासरत थे। भारतेन्दु हरिश्चन्द्र ने 'स्वत्त्व निज भारत गहै' के माध्यम से इसी की आकांक्षा व्यक्त की थी तथा आचार्य रामचन्द्र शुक्ल की 'स्वरूप की स्वतन्त्र सत्ता की अवधारणा' में स्वदेशी संस्कृति के विकास की ही कामना थी। प्रेमचन्द का प्रयत्न भी इसी दिशा में था।

इस प्रकार प्रेमचन्द राष्ट्र की सामूहिक चेतना को मुखरित करने के लिए एक राष्ट्रभाषा की आवश्यकता को महत्त्वपूर्ण मानते हैं और इसके लिए हिन्दी भाषा को राष्ट्रभाषा के रूप में स्वीकार किए जाने को सर्वथा उपयुक्त बताते हैं, ''राष्ट्रीय एकता के लिए एक राष्ट्रभाषा चाहे सबसे महत्त्वपूर्ण अंग न हो, पर महत्त्वपूर्ण अवश्य है और यह भी निश्चित है कि हिन्दी के सिवा और कोई प्रान्तीय भाषा भारत की राष्ट्रभाषा बनने का दावा नहीं कर सकती।''[20] हिन्दी एक ऐसी भाषा थी जो सम्पूर्ण देश में व्याप्त थी और जिसके बोलनेवालों की संख्या भी सबसे अधिक थी। आचार्य रामचन्द्र शुक्ल ने यह लक्षित किया था कि हिन्दी सारे उत्तर भारत में तो प्रचलित थी ही हिन्दीतर क्षेत्रों में भी इसका प्रचलन था।[21]

प्रेमचन्द ने इस पर आश्चर्य प्रकट किया था कि हिन्दी बोलनेवालों की संख्या पन्द्रह करोड़ से कम नहीं होने और समझनेवालों की संख्या इससे कहीं अधिक होने के बावजूद वह राष्ट्रभाषा नहीं बन पाई।[22]

प्रेमचन्द अन्य भाषाओं के मुकाबले हिन्दी का दावा सबसे अधिक मजबूत मानते थे, ''कुछ दिन पहले तक तो अन्य प्रान्तीय भाषाएँ अपने उन्नत साहित्य के बल पर यह स्थान लेने का दावा करती थीं, लेकिन अनुभव ने अब यह सिद्ध कर दिया है कि हिन्दी ही में यह क्षमता है कि वह कौमी जबान बन सके।''[23] प्रेमचन्द का यह दृढ़ विश्वास था कि किसी भी देश की मौलिक

प्रतिभा का विकास उस देश की भाषा में ही सम्भव है। इसलिए उन्होंने माँग की कि राष्ट्रभाषा को ही शिक्षा का माध्यम बनाया जाए और उन्होंने जोर देकर कहा कि हिन्दी के सिवा कोई दूसरी भाषा राष्ट्रभाषा बनने लायक नहीं है।[24]

आजादी के पूर्व देशी रियासतों में बड़ौदा एक ऐसी रियासत थी, जिसमें सुधार के कार्यक्रम तीव्रता के साथ आरम्भ किए गए थे उनमें से एक महत्त्वपूर्ण कार्यक्रम हिन्दी को राज्यभाषा के रूप में स्वीकार करना था जबकि उसके अधिकांश निवासी गुजराती थे। प्रेमचन्द ने बड़ौदा राज्य की इस बात के लिए प्रशंसा भी की।[25] प्रेमचन्द राष्ट्रभाषा हिन्दी के विस्तार एवं विकास के लिए प्रयत्नशील थे, वे हिन्दी साहित्य का प्रसार भी राष्ट्रीय स्तर पर चाहते थे। उन्होंने विभिन्न प्रान्तों में हिन्दी के प्रसार के लिए राष्ट्रभाषा प्रचार समिति के गठन को महत्त्वपूर्ण कदम माना। पर हिन्दी क्षेत्र के लोगों की शिथिलता एवं उदासीनता से दु:खी भी थे। वे हिन्दी भाषी क्षेत्र में ऐसे विद्यालयों की स्थापना चाहते थे जहाँ हिन्दी साहित्य की ऊँची पढ़ाई हो सके, ''क्या यह लज्जा की बात नहीं है कि हिन्दी के प्रधान केन्द्र में एक भी ऐसा हिन्दी विद्यालय न हो, जहाँ हिन्दी साहित्य की ऊँची पढ़ाई हो सके? और हिन्दी को हम राष्ट्रभाषा बनाना चाहते हैं? अन्य प्रान्तों में हिन्दी से जो रुचि पैदा हो गई है, यदि हमारी अकर्मण्यता से वह ठंडी पड़ गई तो फिर राष्ट्रभाषा का स्वप्न बहुत दिनों के लिए भंग हो जाएगा।''[26] यह एक बहुत बड़ी विडम्बना थी कि जहाँ एक ओर साहित्यकार एवं संस्कृति चिन्तक भाषा के प्रश्न को गम्भीरता से ले रहे थे और उसे जातीय अस्मिता से सम्बद्ध करके देख रहे थे, वहीं राजनीतिज्ञों के लिए भाषा का मुद्दा महत्त्वपूर्ण नहीं था, राष्ट्रभाषा के प्रसार के स्थान पर वे अँग्रेजी भाषा को कार्यप्रणाली का हिस्सा बनाए हुए थे जिसे प्रेमचन्द ने गम्भीर भूल माना, ''अब हमें यह विचार करना है कि राष्ट्रभाषा का प्रचार कैसे बढ़े? अफसोस के साथ कहना पड़ता है कि हमारे नेताओं ने इस तरफ मुजरिमाना गफलत दिखाई है। वे अभी तक इसी भ्रम में पड़े हुए हैं कि यह कोई छोटा-मोटा विषय है, जो छोटे-मोटे आदमियों के करने का है और उनके जैसे बड़े-बड़े आदमियों को इतनी कहाँ फुरसत कि वह झंझट में पड़ें। उन्होंने अभी तक इस काम का महत्त्व नहीं समझा, नहीं तो शायद यह उनके प्रोग्राम की पहली पाँति में होता।''[27]

स्वतन्त्रता संघर्ष के समय भाषा के क्षेत्र में एक महत्त्वपूर्ण मुद्दा राष्ट्र भाषा बनाम प्रान्तीय भाषा का था। हिन्दी के प्रसार को लेकर कुछ प्रान्तीय भाषाओं के समर्थक व्यर्थ की आशंकाएँ खड़ी कर रहे थे। यह एक बड़ी त्रासदी थी कि

कुछ अहिन्दीभाषी राज्य अँग्रेजी को तो गले लगाए हुए थे और हिन्दी के प्रसार को साम्राज्यवादी विस्तार का प्रतीक बता रहे थे। हिन्दी के लिए प्रतिबद्धता के साथ जुड़े लोगों ने इस निरर्थक भ्रम का निराकरण किया। उनमें प्रेमचन्द भी थे। उन्होंने इस कारण हिन्दी का पक्ष लिया कि यह पूरे देश में व्याप्त है और किसी प्रान्त में उसे आसानी से सिखाया जा सकता है, ''भारत में कई सम्पन्न प्रान्तीय भाषाओं के होते हुए हम जो हिन्दी को राष्ट्रभाषा का स्थान देना चाहते हैं, वह इसलिए कि वह भारत में अधिकतर समझी जाती है और किसी प्रान्त में उसको आसानी से सिखाया जा सकता है।''[28] दूसरे उन्होंने इस बात पर भी विशेष रूप से बल दिया कि यद्यपि हर प्रान्त की भाषा अलग है मगर सभी भाषाओं में सांस्कृतिक एकता मौजूद है और साहित्य की प्रेरणाएँ भी सभी भारतीय साहित्यों में प्राय: एक-सी हैं।[29] प्रेमचन्द ने इस भ्रम का भी निवारण किया कि हिन्दी प्रान्तीय भाषाओं का स्थान छीन लेना चाहती है। उन्होंने स्पष्ट किया कि, ''हिन्दी उस अँग्रेजी का स्थान अवश्य प्राप्त करना चाहती है, जो उसने भारतवर्ष में प्राप्त कर लिया है।''[30]

स्वतन्त्रता-संघर्ष के समय राष्ट्रभाषा के स्वरूप को लेकर जो विमर्श चल रहा था, उसमें शब्द भंडार का प्रश्न भी सम्मिलित था। परम्परागत रूप से जो खड़ी बोली हिन्दी प्रचलित थी, उसमें अरबी, फारसी, अँग्रेजी तथा अन्य प्रादेशिक भाषाओं के शब्द प्रयुक्त हो रहे थे। प्रेमचन्द ने राष्ट्रभाषा के रूप में हिन्दी की पूर्ण स्वीकृति के लिए उसमें अन्य प्रादेशिक भाषाओं के शब्द के समावेश का समर्थन हिन्दी के स्वरूप को न प्रभावित कर पाने की सीमा तक किया, ''हिन्दी का क्षेत्र भारत की अन्य भाषाओं से बड़ा है लेकिन जब वह राष्ट्रभाषा बन रही है तो उसे सभी प्रान्तीय भाषाओं से मदद लेनी पड़ेगी। हाँ, इसका ध्यान रखना पड़ेगा कि अपना कोष बढ़ाने की धुन में अपना रूप ही न खो बैठे--- हिन्दी के मौलिक रूप को कायम रखते हुए हम उसे जितना समृद्ध बना सकें, उतना ही अच्छा जिस तरह भिन्न-भिन्न देशों में व्यवहृत होने पर भी अँग्रेजी की एक मर्यादा है, जिससे कोई बाहर जाने का साहस नहीं कर सकता, उसी तरह हिन्दी की भी एक मर्यादा है और उसका चाहे कितना ही विस्तार हो, उसकी इस मर्यादा की रक्षा होनी आवश्यक है।''[31] प्रेमचन्द का यह दृष्टिकोण भाषा की मूल प्रकृति के विश्लेषण पर आधारित था। उन्होंने बहुत ही विवेकसम्मत दृष्टिकोण अपनाया, जो आज भी प्रासंगिक है। आज जो इंग्लिश के समर्थक हैं अथवा जो उर्दू के अधिक निकट जाने में हिन्दी की भलाई समझते हैं उनके लिए प्रेमचन्द का यह दृष्टिकोण एक सबक है।

हिन्दी-उर्दू-हिन्दुस्तानी-विवाद आजादी के पूर्व भाषा के प्रश्न पर एक प्रमुख मुद्दा बन गया था। यों इसका आरम्भ भारतेन्दु हरिश्चन्द्र के समय अथवा उसके कुछ पहले ही हो चुका था और इसके मूल में थी अँग्रेजों की भेदनीति। अँग्रेजों ने बाँटो और राज करो की नीति के अन्तर्गत ही उर्दू-हिन्दी का विवाद उत्पन्न किया और इसके सूत्रधार थे गिल क्राइस्ट। सर सैय्यद अहमद खाँ और शेख अहमद सरहिन्दी ने इसमें महत्त्वपूर्ण भूमिका निभाई। सैय्यद अहमद खाँ ने भाषा आयोग के समक्ष जो बयान दिया था वह अँग्रेजों की भेदनीति को बढ़ावा देनेवाला था। उन्होंने हिन्दी को गँवारू और उर्दू को सभ्य लोगों की भाषा कहा था जिसका आयोग के समक्ष दिए गए अपने लिखित वक्तव्य में भारतेन्दु हरिश्चन्द्र ने तीव्र प्रतिवाद किया था।[32] आगे चलकर यह विवाद और भी तीव्र होता गया और 1930 के आसपास अपने प्रखर रूप में पहुँच गया और भाषा विवाद हिन्दू मुस्लिम विवाद से भी जुड़ गया तथा हिन्दी को हिन्दुओं और उर्दू को मुसलमानों से जोड़कर देखा गया। सन् 30 के आसपास मुसलमानों के लिए अलग राष्ट्र की माँग भी आरम्भ हो गई थी। ऐसे में हिन्दू-मुस्लिम एकता के पैरोकार एक ओर जहाँ हिन्दी उर्दू में समन्वय का प्रयास कर रहे थे, वहीं कुछ लोग 'हिन्दुस्तानी' नाम की भाषा को राष्ट्रभाषा के रूप में स्वीकार करने का तर्क दे रहे थे। महात्मा गाँधी इसके सबसे बड़े समर्थक थे। उनके कुछ अनुयायी भी अविचारित ढंग से इसका प्रचार कर रहे थे—हालाँकि देश भर से भाषाविदों, इतिहासकारों और गम्भीर रचनाकारों ने 'हिन्दुस्तानी' को कृत्रिम भाषा कहकर इसका विरोध किया और हिन्दी का ही समर्थन किया। ऐसे समय प्रेमचन्द ने बीच का रास्ता निकालने का प्रयास किया। यह परिवेश का दबाव था कि प्रेमचन्द स्पष्ट रूप से पहले हिन्दी को राष्ट्रभाषा के रूप में प्रतिस्थापित करने की बात कर रहे थे एकाएक 'हिन्दुस्तानी' पद का प्रयोग करने लगते हैं। यह वस्तुतः भाषा के विषय में समाज में व्याप्त दोचितापन का ही प्रतिबिम्ब था जो प्रेमचन्द में साफ दिखाई दे रहा था। यह अवश्य था कि पहले उर्दू कोई अलग भाषा के रूप में रेखांकित नहीं की गई थी और भाषा विज्ञान के धरातल पर दोनों में कोई मूलभूत अन्तर नहीं था क्योंकि वाक्य संरचना दोनों की एक जैसी है। जिस प्रकार भारतीय उप महाद्वीप के मुसलमानों की पूर्वज परम्परा हिन्दू ही है उस प्रकार उर्दू की पूर्वज परम्परा हिन्दी ही है जो अपभ्रंश काल से चली आ रही है। पर जैसा कि रामविलास जी ने संकेत किया है कि पुराने जमाने के उर्दू लेखकों की रचनाओं में अरबी-फारसी के शब्दों का न्यूनतम समावेश मिलता है और ज्यों-ज्यों हम बीसवीं शताब्दी की ओर बढ़ते हैं यह प्रतिशत बढ़ता जाता

है और 1947 तक यह प्रतिशत पचासी की संख्या तक पहुँच जाता है। भाषा के इस विवाद में प्रेमचन्द बीच का रास्ता निकालने का प्रयास करते हैं। पर आचार्य शिवपूजन सहाय, रामचन्द्र शुक्ल, राहुल सांकृत्यायन जैसे विचारक दृढ़तापूर्वक अपने विचार रखते हैं और हिन्दी के स्वरूप को स्पष्ट करते हुए उसकी एक मर्यादा निश्चित करते हैं। प्रेमचन्द पहले राष्ट्रभाषा के लिए 'हिन्दी' पद का प्रयोग करते हैं वहीं बाद में 'हिन्दी', 'उर्दू', 'हिन्दुस्तानी' का एक ही अर्थ में प्रयोग करते हैं, ''इसे 'हिन्दी' कहिए, 'हिन्दुस्तानी' कहिए या उर्दू कहिए चीज एक है।''[33] बीच का रास्ता निकालने का प्रेमचन्द का यह प्रयास उन्हें

राष्ट्रभाषा के लिए दो नामों—'हिन्दी' और 'उर्दू' के प्रयोग की ओर ले जाता है। प्रेमचन्द हिन्दी उर्दू के विवाद को दुर्भाग्यपूर्ण मानते हैं, ''उर्दू और हिन्दी में क्यों इतना सौतियाडाह है, यह मेरी समझ में नहीं आता।

जिन्हें 'हिन्दी' नाम से प्रेम है, वह 'हिन्दी' ही कहें अगर एक समुदाय के लोगों को 'उर्दू' नाम प्रिय है तो उन्हें उसका इस्तेमाल करने दीजिए।''[34] प्रेमचन्द संस्कृत एवं अरबी-फारसी के शब्दों के संयोग से राष्ट्रभाषा का निर्माण करना चाहते थे, ''हमारी कौमी भाषा में 'दुर्जन' और 'सज्जन', 'उम्दा' और 'खराब' दोनों के लिए स्थान है, वहाँ तक जहाँ तक कि उसकी सुबोधता में बाधा नहीं पड़ती। इसके आगे हम न उर्दू के दोस्त हैं न हिन्दी के। मजा यह कि 'हिन्दी' मुसलमानों का दिया हुआ नाम है और अभी पचास साल पहले तक जिसे आज उर्दू कहा जा रहा है, उसे मुसलमान भी हिन्दी कहते थे और आज 'हिन्दी' मरदूद है क्या आपको नजर नहीं आता कि 'हिन्दी' एक स्वाभाविक नाम है? इंग्लैंडवाले इंगलिश बोलते हैं, फ्रांसवाले फ्रेंच, जर्मनीवाले जर्मन, फारसवाले फारसी, तुर्कीवाले तुर्की, अरबवाले अरबी, फिर हिन्दवाले क्यों न हिन्दी बोलें? ----हिन्दुस्तान का नाम उर्दूस्तान रखा जाए तो बेशक यहाँ की कौमी भाषा उर्दू होगी।''[35] आश्चर्य यह देखकर होता है कि प्रेमचन्द एक ओर हिन्द की राष्ट्रभाषा के लिए हिन्दी नाम अधिक संगत मानते हैं तो 'उर्दू' या 'हिन्दुस्तानी' शब्द का प्रयोग क्यों करना चाहते हैं? वस्तुतः यह प्रेमचन्द की द्विविधाग्रस्त मनःस्थिति का द्योतक है। इतना ही नहीं प्रेमचन्द हिन्दी-उर्दू-सामंजस्य का रास्ता दोनों भाषाओं की शब्दावली का एक दूसरे में प्रयोग के आधार पर निकालना चाहते हैं—'क्या उर्दू के वर्तमान कोषों में दो हजार हिन्दी शब्द और हिन्दी के कोषों में दो हजार उर्दू शब्द नहीं बढ़ाए जा सकते? और इस प्रकार हम एक मिश्रित कोष की सृष्टि नहीं कर सकते?'' जबकि यह स्पष्ट है कि हिन्दी का स्वाभाविक सम्बन्ध परम्परया तत्सम और तद्भव से रहा है। आवश्यकतानुसार

उसमें स्वाभाविक रूप से अन्य भाषाओं के शब्द जनता में स्वीकृति के आधार पर सम्मिलित होते रहे हैं और स्वयं प्रेमचन्द एक सीमा तक ही मर्यादित ढंग से भाषा के स्वरूप को बिना प्रभावित किए शब्दों के समावेश के समर्थक रहे हैं। प्रेमचन्द के वक्तव्यों से एक और भी तथ्य का उद्घाटन होता है कि वे अनजाने ही सही हिन्दी और उर्दू को क्रमशः हिन्दू और मुस्लिम सम्प्रदाय से जोड़ देते हैं। उन्होंने मुस्लिम सम्प्रदाय की कट्टर भाषा नीति की आलोचना करते हुए जो बातें कही हैं उनसे यह निष्कर्ष निकलता है। मुस्लिम सम्प्रदाय की एक खास विशेषता रही है कि वे जहाँ अल्पसंख्यक होते हैं, वहाँ विशेष अधिकारों की माँग करते हैं, पर जहाँ बहुसंख्यक होते हैं, वहाँ दूसरे लोगों को किसी भी प्रकार का अधिकार नहीं देना चाहते। उनकी यह मनोवृत्ति आज भी जारी है। प्रेमचन्द को भी इसका कटु अनुभव हुआ था। यहाँ उन्होंने मुस्लिम सम्प्रदाय की भेद नीति की भर्त्सना की, ''गोलमेज सभा में मुस्लिम अल्पमत ने यह बिलकुल जायज माँग पेश की थी और वह एक स्वर में स्वीकार कर ली गई थी कि उनके धर्म, भाषा और संस्कृति की रक्षा विधान की मौलिक धाराओं द्वारा की जाए, जिसमें बहुमत की ओर से उन्हें किसी प्रकार का भय न रहे ----मगर सरहदी सूबे में वही मुस्लिम बहुमत हिन्दू और सिक्ख अल्पमत के सांस्कृतिक स्वत्त्वों का दावा कर रहा है, कितने आश्चर्य की बात है? ----क्या सरहदी सूबे के मुस्लिम बहुमत ने इस पक्षपातपूर्ण नीति से यह साबित नहीं कर दिया कि हिन्दू सभा को वहाँ आइनी शासन की स्थापना से जो विरोध था, वह सर्वथा साधार था?'' दरअसल भाषा में 'मतरूक' की नीति का अनुसरण उर्दूवालों ने किया यह बात विस्तार से 'दिनकर' ने अपनी पुस्तक 'संस्कृति के चार अध्याय' के 'उर्दू' के जन्म प्रकरण में लिखी है। मुस्लिम सम्प्रदाय की भाषा सम्बन्धी कट्टरता की तीखी आलोचना प्रेमचन्द ने भी की है, ''हिन्दू तो आज भी लाखों की संख्या में उर्दू पढ़ते हैं, लिखते हैं और उसको अपनी मातृभाषा समझते हैं। मुसलमानों ने शुरू में हिन्दी को अपनाया था, मगर अब वे हिन्दी का अक्षर देखना भी गुनाह समझते हैं।''[38] उन्होंने अपने एक अन्य निबन्ध में भी यही बात शिकायत के अन्दाज में लिखी है, ''मुझे अपने मुस्लिम दोस्तों से यह शिकायत है कि वह हिन्दी के आमफहम शब्दों से भी परहेज करते हैं, हालांकि हिन्दी में आमफहम फारसी के शब्द आजादी से व्यवहार किए जाते हैं।''[39] प्रेमचन्द ने उर्दूवालों की संकीर्ण मनोवृत्ति पर बार-बार प्रहार किया, ''हिन्दी में हम उर्दू शब्दों को बिला तकल्लुफ स्थान देते हैं, लेकिन उर्दू के लेखक संस्कृत के मामूली शब्दों को भी अन्दर नहीं आने देते। वह चुन-चुनकर हिन्दी की जगह फारसी और अरबी के

शब्दों का इस्तेमाल करते हैं। जरा-जरा से मुजक्कर और मुअन्नस के भेद पर तूफ़ान मच जाया करता है। उर्दू जबान सिरात का पुल बनकर रह गई है, जिससे जरा इधर-उधर हुए जहन्नुम में पहुँचे।''[40]

आश्चर्य की बात तो यह है कि इतना सब कुछ होने के बाद भी प्रेमचन्द हिन्दी भाषा में अरबी-फारसी शब्दों के अधिकाधिक प्रयोग का समर्थन करते हैं।[41] जबकि रामविलास शर्मा ने दो टूक शब्दों में इस बात पर बल दिया कि भारत की भाषाओं के लिए अरबी-फारसी का वही महत्त्व नहीं है जो संस्कृत का है। व्याकरण और मूल शब्द भंडार की दृष्टि से उर्दू संस्कृत परिवार की भाषा है न कि अरबी परिवार की। इसलिए अरबी से पारिभाषिक शब्द लेने की नीति गलत है, केवल अरबी से शब्द लेने की और संस्कृत शब्दों को मतरूक (बहिष्कृत) समझने की नीति और भी गलत है। भारत की सभी भाषाएँ प्राय: संस्कृत के आधार पर पारिभाषिक शब्दावली बनाती हैं। उर्दू इन सब भाषाओं से न्यारी रहकर अपनी उन्नति नहीं कर सकती।[42]

उर्दू-हिन्दी विवाद के कारण कुछ लोगों ने राष्ट्रभाषा के रूप में हिन्दुस्तानी नाम की कृत्रिम भाषा का पक्ष लिया। राजनीति में महात्मा गाँधी ने इसका समर्थन किया। प्रेमचन्द भी इस प्रवाह में बह गए। उन्होंने इस बात की ओर संकेत किया कि उर्दू वह हिन्दुस्तानी जबान है, जिसमें फारसी-अरबी के लफ़्ज ज्यादा हों, उसी तरह हिन्दी वह हिन्दुस्तानी है, जिसमें संस्कृत के शब्द ज्यादा हों साधारण बातचीत में तो हम हिन्दुस्तानी का व्यवहार करते ही हैं।[43] इस हिन्दुस्तान का निर्माण वे हिन्दी कोष में उर्दू के और उर्दू कोष में हिन्दी के शब्द बढ़ाने से सम्भव मानते हैं। उन्होंने हिन्दुस्तानी का पक्ष लेते हुए लिखा कि भारत की राष्ट्रीय भाषा न तो उर्दू ही है और न हिन्दी बल्कि हिन्दुस्तानी है, जो सारे हिन्दुस्तान में समझी जाती है और उसके बड़े भाग में बोली जाती है लेकिन फिर भी लिखी कहीं नहीं जाती।[44] यह एक विचित्र तर्क है कि जो भाषा कहीं लिखी नहीं जाती हो उसे राष्ट्रभाषा का दर्जा दिया जाए। यह वस्तुत: उर्दू हिन्दी के विवाद में बीच का रास्ता निकालने का कृत्रिम प्रयत्न था जो राजनीति की तरह भाषा में तुष्टिकरण की नीति का परिणाम थी जबकि मुस्लिम सम्प्रदाय और उर्दू के रचनाकार अरबी-फारसी से लदी भाषा से पीछे हटने को बिलकुल तैयार नहीं थे। भाषा के मामले में प्रेमचन्द से अधिक स्पष्टता एवं दृढ़ता का परिचय शिवपूजन सहाय, रामचन्द्र शुक्ल और राहुल सांकृत्यायन ने दिया था। शिवपूजन सहाय ने 'हिन्दुस्तानी' के प्रसार को 'हिन्दी' को अपदस्थ करने का उपक्रम बताया, ''हिन्दी को अपदस्थ करने के लिए ही 'हिन्दुस्तानी' नाम की

एक नई भाषा गढ़ी गई है, जिसमें न मौलिकता है और न स्वाभाविकता।''[45] शिवपूजन सहाय ने दृढ़तापूर्वक इस बात का प्रतिपादन किया कि हिन्दुस्तानी का कोई स्वतन्त्र अस्तित्व नहीं है। हिन्दी के उत्कर्ष के प्रति जो असहिष्णु हैं, उन्हीं की मनस्तुष्टि के लिए हिन्दी का ही रूप विकृत करके 'हिन्दुस्तानी' नाम रख दिया है। भाषा विज्ञान के सिद्धान्तों के अनुसार हिन्दुस्तानी नितान्त अस्वाभाविक एवं अपरिपक्व है। भाषाओं में उसकी गणना उपहासास्पद है। न उसकी कोई सत्ता है, न आवश्यकता न उपयोगिता।''[46] उर्दू-हिन्दी

के जिस समन्वय के आधार पर हिन्दुस्तानी के निर्माण का स्वप्न देखा जा रहा था उसके विषय में शिवपूजन सहाय की तल्ख टिप्पणी थी कि हिन्दुस्तानी हिन्दी की खाल में उर्दू का भुस भरकर बनाई गई है।[47]

आचार्य रामचन्द्र शुक्ल ने हिन्दुस्तानी को उर्दू का ही एक रूप माना था। उन्होंने कहा कि हिन्दुस्तानी में तत्सम शब्दों के लिए रत्तीभर भी गुंजाइश नहीं है।[48] वस्तुतः हिन्दुस्तानी एक कृत्रिम भाषा थी। इसी कारण इसे जनता के किसी वर्ग का बहुत समर्थन नहीं मिला और वह मौखिक रूप में जन्म लेकर मृत्यु को भी प्राप्त हो गई। प्रेमचन्द को यदि कुछ और समय मिला होता तो सम्भवतः वे भी अपने दृष्टिकोण में परिवर्तन करते तथा हिन्दुस्तानी जैसी कृत्रिम भाषा का आग्रह छोड़ देते क्योंकि उर्दू समर्थकों के अरबी-फारसी शब्दावली की ओर निरन्तर झुकाव से उनका मोह भंग हो गया था और हिन्दी ने तत्सम, तद्भव और प्रादेशिक शब्दावली के सहयोग से अपना स्वरूप प्राप्त कर लिया था।

सन्दर्भ

1. प्रेमचन्द के विचार, भाग -2 (प्रकाशन संस्थान, दिल्ली 110002), पृ. 271
2. सर्जना और सन्दर्भ (भाषा और अस्मिता), पृ. 337
3. प्रेमचन्द के विचार, भाग-2, पृ. 289
4. हजारी प्रसाद द्विवेदी ग्रन्थावली, भाग-10 (नई समस्याएँ), पृ. 284
5. प्रेमचन्द के विचार, भाग-2, पृ. 273
6. वही (बे-राष्ट्र भाषा का राष्ट्र, 9 अप्रैल, 1934), पृ. 287
7. पन्त ग्रन्थावली, भाग-6, पृ. 432
8. पन्त ग्रन्थावली, भाग-6, पृ. 440
9. प्रेमचन्द के विचार, भाग-2, पृ. 289
10. वही, पृ. 183
11. वही (अँग्रेजी भाषा का रोग सितम्बर 1931), पृ. 188-89
12. साहित्य का उद्देश्य, पृ. 101

13. साहित्य का उद्देश्य (कौमी भाषा के विषय में कुछ विचार), पृ. 118
14. प्रेमचन्द के विचार, पृ. 122
15. वही, पृ. 111
16. साहित्य का उद्देश्य, पृ. 104
17. वही, पृ. 110
18. प्रेमचन्द के विचार, भाग-2, पृ. 87
19. वही, पृ. 187
20. वही, पृ. 277
21. चिन्तामणि, भाग-4, पृ. 111
22. प्रेमचन्द के विचार, भाग-2, पृ. 287
23. वही
24. वही, पृ. 224
25. वही, पृ. 272
26. वही, पृ. 282
27. साहित्य का उद्देश्य, पृ. 110
28. प्रेमचन्द के विचार, भाग-2, (हिन्दी का दावा, अप्रैल, 1934), पृ. 289
29. वही, पृ. 111
30. वही, पृ. 303
31. प्रेमचन्द के विचार, भाग-2, पृ. 104
32. भारतेन्दु समग्र (हिन्दी प्रचारक संस्थान, वाराणसी), पृ. 1057
33. साहित्य का उद्देश्य (राष्ट्रभाषा हिन्दी और उसकी समस्याएँ), पृ. 105
34. वही, पृ. 106
35. वही, पृ. 108
36. वही (उर्दू, हिन्दी और हिन्दुस्तानी), पृ. 159
37. प्रेमचन्द के विचार, भाग-2, (सरहदी सूबे में हिन्दी और गुरुमुखी का बहिष्कार), पृ. 310
38. प्रेमचन्द के विचार, भाग-2 (हिन्दुस्तान की कौमी जबान, दिसम्बर, 1935), पृ. 312-13
39. साहित्य का उद्देश्य (राष्ट्रभाषा हिन्दी और उसकी समस्याएँ), पृ. 108
40. वही (कौमी भाषा के विषय में कुछ विचार), पृ. 129
41. वही, पृ. 127
42. भाषा और समाज, पृ. 284
43. साहित्य का उद्देश्य (कौमी भाषा के विषय में कुछ विचार), पृ. 124
44. वही (उर्दू, हिन्दी और हिन्दुस्तानी), पृ. 155-56
45. हिन्दी भाषा और साहित्य (हिन्दी और हिन्दुस्तानी), पृ. 14
46. वही
47. वही (हिन्दुस्तान पाकिस्तान की भाषा), पृ. 26-27
48. चिन्तामणि, भाग-3, पृ. 248

आचार्य रामचन्द्र शुक्ल का भाषा चिन्तन

आचार्य रामचन्द्र शुक्ल उन कतिपय लेखकों में हैं, जिन्होंने भारतीय समाज की साहित्यिक सांस्कृतिक परम्परा का गहरा अनुशीलन किया है और राष्ट्रीय अस्मिता की रक्षा पर बल देते हुए अपने समय के अनुरूप मार्ग निर्धारित करने का संकल्प लिया। आचार्य शुक्ल के चिन्तन में जातीय चेतना एक प्रमुख तत्त्व है। वे यह मानते हैं कि इसके बिना किसी भी राष्ट्र की स्वरूप-रक्षा सम्भव नहीं है। आचार्य शुक्ल के लिए रचना और आलोचना कर्म जीवन से अलग तटस्थ कर्म नहीं है, बल्कि जीवन के साथ उसकी गहरी संलग्नता है। उन्होंने हिन्दी साहित्य की विशाल परम्परा का आलोड़न करके यह सिद्ध किया कि वही साहित्य महत्त्वपूर्ण है, जिसमें जातीय जीवन की झलक हो। उन्होंने अपने समय की उस प्रवृत्ति की भर्त्सना की जो विदेशी भाषा और साहित्य की परम्परा की नकल पर ही बल दे रही थी। उन्होंने उधार ली हुई वस्तु पर भरोसा करने से मना किया और अपने बल पर संसार के बीच खड़ा होने को महत्त्वपूर्ण बताया। आचार्य शुक्ल की दृष्टि अपने समय के समाज, राजनीति और साहित्य सब पर थी। वे सभी दिशाओं में प्रामाणिक ढंग से काम करनेवालों की आवश्यकता का अनुभव कर रहे थे। उन्होंने रचनात्मक साहित्य के अनुभूति एवं अभिव्यक्ति पक्ष दोनों पर एक साथ विचार किया। अभिव्यक्ति पक्ष में भाषा आचार्य शुक्ल के लिए केन्द्रीय चिन्ता का विषय है। डॉ. रामस्वरूप चतुर्वेदी ने उचित ही लिखा है कि आचार्य शुक्ल उन विरल लेखकों में हैं, जो भाषा की व्याकरणिक और सर्जनात्मक दोनों चिन्ताओं में बराबर संलग्न रहे।[1] आचार्य शुक्ल उन्नीसवीं शताब्दी के गद्य भाषा के रूप में व्यापक रूप से प्रचलित खड़ी बोली को सक्षम बनाने का कार्य किया। इस सन्दर्भ में आचार्य शुक्ल के मर्म को समझनेवाले आलोचक मलयज की टिप्पणी महत्त्वपूर्ण है, "प्रथम और द्वितीय उत्थान काल के गद्य लेखकों ने भाषागत संवेदना की राह चौड़ी करके शुक्ल जी का काम थोड़ा आसान जरूर कर दिया था, पर इस तृतीय उत्थान काल में भाषा

के आन्तरिक अवरोधों को दूर करके साहित्य मीमांसा को एक स्वतन्त्र एवं व्यवस्थित पथ पर ले चलने का दुष्कर कार्य स्वयं उन्हें ही करना था।''[2]

आचार्य शुक्ल की सर्वाधिक चिन्ता साहित्य की स्वरूप रक्षा को लेकर थी। भाषा उसी का अंग थी। उनकी दृष्टि में भाषा के विस्तार के साथ एक दुर्भाग्यपूर्ण बात यह हो रही थी कि, ''अपनी भाषा की प्रवृत्ति की पहचान न रहने के कारण कुछ लोग उसका स्वरूप भी बिगाड़ चले हैं। वे अँग्रेजी के शब्द, वाक्य और मुहावरे तक ज्यों-के-त्यों उठाकर रख देते हैं, यह नहीं देखने जाते कि भाषा हिन्दी हुई या और कुछ।''[3]

आचार्य शुक्ल के इस कथन का यह तात्पर्य नहीं ग्रहण करना चाहिए कि वे बिलकुल शुद्धतावादी थे और भाषा का तत्समीकरण करना चाहते थे। मलयज ने ठीक ही लिखा है कि, ''शुक्ल जी की चिन्ता भाषा के प्रति एक शुद्धतावादी की चिन्ता नहीं, बल्कि उसकी अस्मिता को बनाए रखनेवाले एक तत्त्वदर्शी की चिन्ता है। जिस तरह की प्रकृत समीक्षा पर शुक्ल जी का आग्रह है, वह भाषा के अपने जातीय स्वभाव की रक्षा के बिना सम्भव न थी। स्वतन्त्र चिन्तन पराश्रित या आरोपित भाषा में नहीं हो सकता।''[4]

आचार्य शुक्ल के लिए भारतीय अस्मिता का सर्वाधिक महत्त्व है। उनकी दृष्टि में इसके बिना राष्ट्र के स्वरूप की रक्षा सम्भव नहीं है। आचार्य शुक्ल को यह दृष्टि विरासत में अपने पिता से मिली। पिता चन्द्रबली शुक्ल आर्यसमाज के विचारों से प्रभावित थे। भारतीय संस्कृति, परम्परा, साहित्य, भाषा के प्रति गौरवबोध आचार्य शुक्ल को पारिवारिक संस्कार के रूप में मिला। यद्यपि उनकी आरम्भिक शिक्षा की भाषा अरबी-फारसी और माध्यमिक विद्यालय की शिक्षा भाषा अँग्रेजी रही तथा बहुत कम उम्र में ही उन्होंने अँग्रेजी भाषा में दक्षता प्राप्त कर ली, पर अपनी देशी भाषा के प्रति गहरा लगाव उनके भीतर था, जो आगे चलकर उनके लेखन के माध्यम से प्रकट हुआ इसी कारण ''उन्होंने हिन्दी विचार शक्ति को देशी साँचे में ढालकर समालोचना के नए औजार गढ़े।''[5] शुक्ल जी की भाषा में एक देशीपन सर्वत्र है और मलयज के ही शब्दों में ''यह देशीपन अपने समय के साथ, अपने समय के देश के साथ होने का सबूत है।''[6] आचार्य शुक्ल के लिए हिन्दी भाषा की स्वरूप रक्षा, उसका विकास अत्यन्त महत्त्व रखता है। उन्होंने अपने समय में और उससे पहले भी हिन्दी भाषा के प्रति लोगों में व्याप्त उदासीनता को देखकर गहरा क्षोभ व्यक्त किया, ''जिन-जिन प्रदेशों की भाषा हिन्दी कही जाती है और वास्तव में है उनमें यदि घूमकर देखा जाए तो जान पड़ेगा कि बहुत से लोगों को यह खबर नहीं है कि वर्तमान हिन्दी

भाषा ने कौन-सा रंग पकड़ा है, उसके लिए क्या-क्या उद्योग हो रहे हैं और होने चाहिए। वे मानो पड़े सो रहे हैं। हम लोगों ने अभी उनके कानों के पास इतना हल्ला नहीं मचाया कि उनकी नीन्द टूटे।''[7]

आचार्य शुक्ल के चिन्तन की विशेषता यह है कि वह अत्यन्त पुष्ट एवं स्पष्ट हैं तथा उसमें एक भविष्य दृष्टि है। आचार्य शुक्ल अँग्रेजी या अरबी-फारसी शब्दावली से लदी उर्दू भाषा का विरोध करते हैं और हिन्दी भाषा को साहित्य, दर्शन, इतिहास और विज्ञान की भाषा बनाना चाहते हैं तो इसका तात्पर्य यह नहीं है कि वे हिन्दी का कोई साम्राज्य स्थापित करना चाहते हैं बल्कि वे चाहते हैं कि हिन्दी प्रादेशिक भाषाओं के साथ मिलकर भारत को एकता के सूत्र में बाँध दे। हिन्दी भाषा के विकास के लिए नई पीढ़ी पर आचार्य शुक्ल अपना जो विश्वास व्यक्त करते हैं वह इस सन्दर्भ में अत्यन्त महत्त्वपूर्ण है, ''अभी पुराने ढर्रे के कुशिक्षित अमलों की वह पीढ़ी जिसमें सदाचार, लोकहित और कर्त्तव्यपरायणता का भाव विशेष नहीं जीती जागती है हमारा आसरा उन पर नहीं, वरन आगे आनेवाली नवशिक्षित सन्तति पर है। इस बीच में हमारी हिन्दी भाषा दिन-दिन उन्नति करती हुई बँगला, मराठी, गुजराती आदि अपनी सगी बहनों के साथ मिलकर सारे उत्तरीय भारतवर्ष को एक भाषा सूत्र में बाँध देगी।''[8]

आचार्य शुक्ल के पहले और उनके समय में भी भाषा विवाद जारी था। हिन्दी-उर्दू-हिन्दुस्तानी में किसे राष्ट्र-भाषा के रूप में स्वीकार किया जाए, इस पर राजनेताओं, सामाजिक कार्यकर्ताओं, साहित्यकारों एवं बुद्धिजीवियों के बीच संवाद या कि विवाद का दौर चल रहा था। उर्दू के समर्थक यह सिद्ध कर रहे थे कि जिस खड़ी बोली ने उर्दू-हिन्दी का रूप लिया है उस खड़ी बोली में अरबी-फारसी के शब्द धड़ल्ले से प्रयुक्त हो रहे थे और वही उत्तर भारत में प्रचलित थी। आचार्य शुक्ल ने इस दृष्टिकोण का खंडन किया। उन्होंने हिन्दी की दीर्घकालीन परम्परा का अन्वेषण किया और यह प्रमाणित किया कि, ''उर्दू का रूप प्राप्त होने के पहले भी खड़ीबोली अपने देशी रूप में वर्तमान थी और अब भी बनी हुई है।''[9] उन्होंने इस बात पर बल दिया कि, ''अकबर और जहाँगीर के समय में ही खड़ी बोली भिन्न-भिन्न प्रदेशों में शिष्ट समाज के व्यवहार की भाषा हो चली थी। यह भाषा उर्दू नहीं कही जा सकती, यह हिन्दी खड़ी बोली है।''[10] आचार्य शुक्ल ने यह उदाहरण सामने रखा कि, ''ईसाई मिशनरियों ने धर्म प्रचार के लिए जो भाषा चुनी, उसमें अरबी-फारसी के शब्द नहीं थे। इससे यही सूचित होता है कि फारसी-अरबी मिली भाषा से साधारण जनता का लगाव नहीं था, जिसके बीच मत का प्रचार करना था।''[11]

आचार्य शुक्ल को इतनी 'मैराथन' मेहनत इसलिए करनी पड़ी क्योंकि उनके समय राजनीतिक कारणों से भाषा का विवाद खड़ा किया जा रहा था। तथाकथित प्रगतिशील बुद्धिजीवी और हिन्दू मुस्लिम एकता की चिन्ता में दुबले हो रहे लोग कभी उर्दू तो कभी हिन्दुस्तानी का पक्ष ले रहे थे। आचार्य शुक्ल राजनेताओं तथा तथाकथित प्रगतिशील बुद्धिजीवियों के इस रवैये से अत्यन्त खिन्न थे। वे भाषा और साहित्य को राजनीति से ऊपर रखने के पक्षपाती थे। अट्ठाइसवें अखिल भारतीय हिन्दी साहित्य सम्मेलन में स्वागताध्यक्ष पद से उनका दिया हुआ वक्तव्य उनकी भाषा सम्बन्धी चिन्ता को उजागर करता है, ''सबसे पहले हम आप महानुभावों के सामने अपनी यह आशंका प्रकट करना चाहते हैं जो वर्तमान राजनीति की गतिविधि देख अपनी भाषा के परम्परागत स्वरूप के सम्बन्ध में हो रही है। हजारों वर्षों से हमारी भाषा उत्तरापथ की और दूसरी भाषाओं के समान आवश्यकतानुसार संस्कृत पदावली का सहारा लेकर चलती आ रही है। हमारे आधुनिक साहित्य का जबसे आरम्भ हुआ तभी से भाषा को विकृत और विकलांग करने का प्रयत्न भी चलने लगा, पर सारे देश के बीच चिरकाल से प्रचलित उनका शिष्टरूप अनेक विघ्न बाधाओं के बीच अपनी रक्षा करता अब तक चला आया। हम उसकी ओर से अब थोड़ा निश्चिन्त हो रहे थे कि आजकल का प्रकांड राजनीतिक अभिनय हमारे सामने आया, जिसके बीच 'आमफहम' मुश्तरक : जबान आदि की पुकार सुनाई देने लगी। इससे अपनी भाषा की स्वरूप रक्षा की चिन्ता फिर हमें घेर रही है।[12] राजनीतिक कारणों से उर्दू को अधिक महत्त्व दिए जाने से आचार्य शुक्ल अत्यन्त क्षुब्ध थे। वे इसे देश के लिए बड़ा घातक मानते थे, ''जिस उर्दू की चर्चा दिल्ली के शाही दरबारों में भी औरंगजेब के पीछे मुगल राज्य के अधोपतन के साथ शुरू हुई उसकी इतिहास परम्परा के सामने हिन्दी की इतिहास परम्परा कुछ न ठहरी! जो पृथ्वीराज के समय वीरों की भाषा रही, जिसमें अमीर खुसरो और मलिक मुहम्मद जायसी ने पहेलियाँ और कहानियाँ कहीं, जिसके महाकवियों ने भारत में भक्ति और प्रेम का स्रोत बहाया क्या उसके गौरव को भुलाने में ही अब देश का कल्याण है?''[13]

आचार्य शुक्ल ने हिन्दी के व्यापक स्वरूप को प्रत्यक्ष किया और उसकी लम्बी परम्परा का निर्देश करते हुए उस परम्परा पर गर्व करना अनिवार्य बताया, ''हमारे व्यावहारिक और भावात्मक जीवन से जिस भाषा का सम्बन्ध सदा से चला आ रहा है, वह पहले चाहे जो कुछ कही जाती रही हो अब हिन्दी कही जाती है। ----यह वही भाषा है, जिसमें सारे उत्तरीय भारत के बीच चन्द और

जगनिक ने वीरता की उमंग उठाई, कबीर, सूर और तुलसी ने भक्ति की धारा बहाई, बिहारी, देव और पद्माकर ने शृंगार रस की वर्षा की, भारतेन्दु हरिश्चन्द्र, प्रताप नारायण मिश्र ने आधुनिक युग का आभास दिया और आज आप व्यापक दृष्टि फैलाकर सम्पूर्ण मानव जाति के मेल में लानेवाली भावनाएँ भर रहे हैं। हजारों वर्ष से यह दीर्घ परम्परा अखंड चली आ रही है। ऐसी भव्य परम्परा का गर्व जिसे न हो वह भारतीय नहीं।''[14]

अँग्रेजों ने उर्दू को अदालती भाषा बनाई और सरकारी दफ़्तरों में इसका प्रचलन बढ़ा, पर जनता के बीच इसे बहुत लोकप्रियता नहीं प्राप्त हुई। हिन्दी भाषा बिना सरकारी संरक्षण के आगे बढ़ती रही तथा साहित्यकारों ने इसी भाषा में उत्कृष्ट रचनाएँ दीं। भारतेन्दु युग तथा द्विवेदी युग में खड़ी बोली पर्याप्त आधार बना चुकी थी तथा छायावाद काल में उसने उत्कर्ष को प्राप्त किया। इसी कारण राष्ट्रभाषा के सवाल पर हिन्दी की उपेक्षा करने का साहस किसी को नहीं हुआ। पर जो राजनेता मिली-जुली तहजीब के नाम पर भाषा के स्वरूप को विकृत कर रहे थे आचार्य शुक्ल ने उन प्रयत्नों के प्रति अपना गहरा क्षोभ व्यक्त किया। उन्होंने तर्क के द्वारा सिद्ध किया कि संस्कृत का आधार लेकर विकास करनेवाली हिन्दी ही राष्ट्रभाषा का स्थान पाने की अधिकारिणी है। आचार्य शुक्ल इस बात पर बल देते हैं कि हिन्दी सारे उत्तर भारत की राष्ट्रभाषा पुराने समय में भी थी।[15] हिन्दीतर प्रान्तों में भी हिन्दी का पुराने समय से प्रचलन इसके व्यापक स्वरूप को प्रमाणित करता है। आचार्य शुक्ल ने इसके लिए महाराष्ट्र का उदाहरण सबके सामने रखा, ''हिन्दी पद्य महाराष्ट्र में बड़ी चाह से सुने जाते थे। पहली ही भेंट में भूषण के कवित्तों को सुनकर शिवाजी का प्रसन्न होना यह सूचित करता है कि शिवाजी लिखने-पढ़ने की हिन्दी अच्छी तरह जानते थे। पूना, नागपुर, इन्दौर आदि के मरहठे दरबारों में हिन्दी कवियों के रहने का पता बराबर लगता है। अतः यह मान लेने में कोई संकोच नहीं कि हिन्दी को राष्ट्रभाषा का रूप पहिले से प्राप्त है।''[16] जो लोग हिन्दी-उर्दू- विवाद में हिन्दुस्तानी नाम की कृत्रिम भाषा को राष्ट्रभाषा के रूप में प्रतिष्ठित करना चाहते थे या खड़ी बोली में अरबी-फ़ारसी के शब्दों का अधिकाधिक प्रयोग कर तुष्टिकरण की नीति को जारी रखना चाहते थे, आचार्य शुक्ल ने उनकी तीखी आलोचना की। उन्होंने हिन्दी के स्वाभाविक विकास को रेखांकित किया और अरबी-फ़ारसी मिश्रित खड़ी बोली के अस्वाभाविक रूप पर प्रहार किया। उन्होंने इस बात पर भी अपनी चिन्ता प्रकट की कि भाषा जैसे राष्ट्रीय और संवेदनशील मुद्दे को राजनीति के हवाले किया जा रहा है। उन्होंने पुष्ट प्रमाणों के आधार पर यह तथ्य

उद्घाटित किया कि हिन्दी तथा अन्य भारतीय भाषाओं का सम्बन्ध संस्कृत से है और उसे समाप्त नहीं किया जा सकता, ''यहाँ पर एक बात पर हम स्पष्ट रूप से कह देना चाहते हैं। हम हिन्दू हैं, हिन्दुस्तान हमारा देश है, हिन्दी हमारी भाषा है। इस भाषा में अवश्यमेव हिन्दुओं के आचार-विचार का आभास रहेगा, इसमें अवश्य उनके प्राचीन गौरव की गन्ध रहेगी, कुढ़नेवाले भले ही कुढ़ें। वह सहायता के लिए भरसक संस्कृत ही का मुँह देखेगी।''[17] आचार्य शुक्ल ने इस बात को मानने से इन्कार किया कि हिन्दी प्रदेश की एक भाषा (उर्दू) बन गई है। अरबी-फारसी शब्दों के प्रयोग की अधिकता को उन्होंने अस्वीकार किया। उन्होंने इस बात को भी अस्वीकार किया कि संस्कृत शब्दों का अभ्यास मुसलमानों को नहीं है। इसके लिए उन्होंने बँगला भाषा का उदाहरण दिया, ''यह भी कोई राजनैतिक युक्ति नहीं है कि एक तरफ तो मुसलमान लोग ऐंठे जा रहे हैं, दूसरी तरफ हमारे माननीय लोग अपनी मधुर वक्तृताओं में उन्हें लपेटते जाते हैं। यदि कहिए कि इस प्रान्त के अधिकांश शिक्षित लोगों की एक भाषा बन गई है—उसी को चटपट ग्रहण कर लेने से समय की बचत होगी तो भी ठीक नहीं, क्योंकि वह भाषा एक अस्वाभाविक शिक्षा से बनी है और उसी शिक्षा ही के साथ हवा हो सकती है। यदि आज से हमारे बच्चों के हाथ में खालकबारी के स्थान पर अमरकोश दे दिया जाए और अँगरेजी के साथ उन्हें संस्कृत या हिन्दी का अभ्यास कराया जाए तो यही हिन्दी बीस वर्ष के भीतर गली-गली सुनाई देने लगे। क्या बंग देश में मुसलमान नहीं हैं? क्या संस्कृत मिश्रित बंग भाषा के लिए वहाँ राह नहीं निकल गई? क्या छोटे-छोटे बंगालियों के बालक उन संस्कृत शब्दों को मधुरता से उच्चारण करते नहीं पाए जाते जिनको सुनकर हमारे मुंशी लोग इतना चौंकते हैं।''[18] शुक्ल जी ने सावधान किया कि जबकि हिन्दी को राष्ट्रभाषा बनाने की बात चल रही है और नागरी लिपि को राष्ट्र लिपि के रूप में विकसित करने का प्रयास हो रहा है ऐसे समय उत्तर भारत को हिन्दी से दूर करना उचित नहीं है, ''जबकि देश में राष्ट्रीयता की इतनी चर्चा फैल रही है जबकि नागरी लिपि को राष्ट्रलिपि और हिन्दी को राष्ट्रभाषा बनाने का उद्योग बंगाल और महाराष्ट्र प्रदेशों में भी हो रहा है, उस समय हिन्दी को इन प्रदेशों की भाषाओं से दूर हटना ठीक नहीं वरन उसको अपने उस अंश की कुछ वृद्धि करनी चाहिए जो उन सब भाषाओं में सम्मिलित (कॉमन) है। यह सम्मिलित अंश संस्कृत शब्दों का समूह है।''[19] आचार्य शुक्ल के सामने भारत की समस्त भाषाओं का स्वरूप स्पष्ट था। वे देख रहे थे कि सभी प्रादेशिक भाषाओं का आधार संस्कृत है। इसलिए यदि हिन्दी-संस्कृत का आधार लेकर खड़ी हो तो

अन्य प्रदेशों में सहजता से ग्राह्य हो सकती है। आचार्य शुक्ल ने हिन्दी गद्य में प्रयुक्त संस्कृत की शब्दावली को स्वाभाविक बताया। उन्होंने यह स्पष्ट किया कि सभी भारतीय भाषाएँ संस्कृत के आश्रय में पली-बढ़ी हैं इसलिए हिन्दी गद्य में संस्कृत के शब्दों का आना स्वाभाविक है—

''सारी भारतीय भाषाओं का साहित्य चिरकाल से संस्कृत की परिचित और भावपूर्ण पदावली का आश्रय लेता चला आ रहा था। अत: गद्य के नवीन विकास में उस पदावली का त्याग और किसी विदेशी पदावली का सहसा ग्रहण कैसे हो सकता था? जबकि बँगला, मराठी आदि अन्य देशी भाषाओं का गद्य परम्परागत संस्कृत पदावली का आश्रय लेता हुआ चल पड़ा था तब हिन्दी गद्य उर्दू के झमेले में पड़कर कब तक रुका रहता? सामान्य सम्बन्ध सूत्र को त्यागकर दूसरी देशी भाषाओं से अपना नाता हिन्दी कैसे तोड़ सकती थी? उनकी सगी बहन होकर एक अजनबी के रूप में उनके साथ वह कैसे चल सकती थी।''[20]

आचार्य शुक्ल ने हिन्दी और संस्कृत के स्वाभाविक सम्बन्धों की ओर बार-बार संकेत किया है। उन्होंने जोर देकर कहा कि, ''हिन्दी, बँगला, मराठी, गुजराती आदि भाषाएँ संस्कृत के ही कुटुम्ब की हैं उसी के प्राकृत रूपों से निकली हैं। इन आर्य भाषाओं का संस्कृत के साथ घनिष्ठ सम्बन्ध है।''[21] डॉ. रामविलास शर्मा ने भी शुक्ल जी द्वारा संस्कृत हिन्दी सम्बन्ध की स्वाभाविकता को महत्त्व दिए जाने को रेखांकित किया है, ''हिन्दी और संस्कृत के सम्बन्ध की ओर शुक्ल जी ने बार-बार ध्यान दिलाया है। एक ओर जहाँ फारसी के मुकाबले उसका संस्कृत से शब्द लेना स्वाभाविक है, वहाँ उन्होंने संस्कृत से अलग हिन्दी की अपनी प्रकृति के विकास पथ पर भी जोर दिया है।''[22]

राहुल सांकृत्यायन भी लगभग शुक्ल जी का समर्थन करते हुए दिखाई देते हैं। राहुल जी ने राष्ट्रभाषा के मुद्दे पर हिन्दी का प्रबलता से पक्ष लिया और कहा कि संस्कृत के आधार पर विकसित होनेवाली हिन्दी ही राष्ट्रभाषा हो सकती है उर्दू या हिन्दुस्तानी राष्ट्रभाषा नहीं हो सकती। उन्होंने संस्कृत से आए शब्दों (तत्सम) को ही प्रगतिशील शब्द की संज्ञा दी और तर्क के द्वारा इसे प्रमाणित भी किया, ''प्रादेशिक भाषाओं की तरह अपने आरम्भिक काल से ही संस्कृत से आवश्यक शब्दों के लेने के कारण यह दूसरे प्रदेशवालों के लिए सुगम है।''[23] सारे देश में अधिक प्रगतिशील वे ही शब्द हैं, जो संस्कृत से आए हैं। उनके तद्भव रूपों का एक-सा प्रचार बहुत कम देखा जाता है और तत्सम रूप ही सर्वत्र ग्राह्य है।[24] ----आखिर पाकिस्तान के आधे से अधिक हिस्सों में अरबी

लिपि और अरबी मिश्रित भाषा न होने से पूर्वी बंगाल में इस्लाम को खतरा नहीं है, फिर हिन्दी से उन्हें क्यों खतरा मालूम होता है।[25]

राष्ट्रभाषा विवाद में जो लोग उर्दू या हिन्दुस्तानी का पक्ष ले रहे थे, वे यह तर्क दे रहे थे कि उर्दू सहज स्वीकृत एवं प्रचलित भाषा है। आचार्य शुक्ल उनके इस तर्क से सहमत नहीं हुए और कहा कि वह जबर्दस्ती लादी गई भाषा है, ''थोड़ा सोचने से यह स्पष्ट मालूम हो जाएगा कि यदि आरम्भ से उन्हें करीमा न रटाया गया होता तो उर्दू उनके श्रीमुख से कदापि न सुन पड़ती। जनाब, यह उर्दू आप अपनी माँ की गोद से लेकर नहीं उतरते हैं किन्तु मौलवी साहब के मकतब में आपने उसे सीखा है। यदि आज से लड़के मदरसों में हिन्दी की उपयुक्त शिक्षा पाने लगें और अँगरेजी के साथ अपनी दूसरी भाषा संस्कृत लेने लगें तो थोड़े ही दिनों में वह उर्दू, जिसको आप आमफहम कहते हैं, हवा हो जाए और उसके स्थान पर गली-गली वही शुद्ध परिष्कृत हिन्दी, जिसको सुनकर आप इतना चौंकते हैं, सुनाई देने लगे। दूसरी बात जाने दीजिए, बंग देश को देखिए, जहाँ के छोटे-छोटे बच्चे तक उन संस्कृत के शब्दों को कैसी मधुरता से उच्चारण करते हैं जो आपके कानों में कंकड़ के समान लगते हैं।''[26]

प्रेमचन्द ने हिन्दी, उर्दू, हिन्दुस्तानी में हिन्दुस्तानी का पक्ष लिया। उन्होंने अपने निबन्ध में अपना पक्ष रखा कि, ''भारत की राष्ट्रीय भाषा न तो उर्दू ही है और न हिन्दी बल्कि हिन्दुस्तानी है जो सारे हिन्दुस्तान में समझी जाती है और उसके बड़े भाग में बोली जाती है लेकिन फिर भी लिखी कहीं नहीं जाती।''[27] आचार्य शुक्ल ने इस हिन्दुस्तानी को उर्दू से अलग नहीं माना है। आचार्य शुक्ल का कथन ठोस तथ्यपरक मनोवैज्ञानिक विश्लेषण पर आधारित है। आचार्य शुक्ल और राहुल जी ने संस्कृत का आधार लेकर खड़ी होनेवाली हिन्दी को सारे प्रान्तों के लिए ग्राह्य बताया। हिन्दुस्तानी का पक्ष लेने के कारण प्रेमचन्द ने इस धारणा का विरोध किया, ''हिन्दी में एक फरीक ऐसा है, जो यह कहता है कि चूँकि हिन्दुस्तान की सभी सूबेवाली भाषाएँ संस्कृत से निकली हैं और उनमें संस्कृत के शब्द अधिक हैं इसलिए हिन्दी में हमें अधिक-से-अधिक संस्कृत के शब्द लाने चाहिए, ताकि अन्य प्रान्तों के लोग उसे आसानी से समझें। उर्दू की मिलावट करने से हिन्दी का कोई फायदा नहीं। उन मित्रों को मैं यही जवाब देना चाहता हूँ कि ऐसा करने से दूसरे सूबों के लोग चाहे आपकी भाषा समझ लें, लेकिन खुद हिन्दी बोलनेवाले न समझेंगे।''[28] यहाँ प्रेमचन्द का अरबी-फारसी का संस्कार अधिक बोल रहा है। आचार्य शुक्ल और राहुल जी का पक्ष यहाँ अधिक प्रबल और तर्कपूर्ण है। आचार्य शुक्ल हिन्दुस्तानी को थोड़ी छनी हुई

उर्दू के सिवा और कुछ नहीं मानते। उनके अनुसार उर्दू के सब लक्षण-जैसे वाक्य रचना की फारसी शैली, अरबी फारसी के अप्रचलित मुंशी फहम शब्द अरबी-फारसी कायदे के बहुवचन उसमें वर्तमान रहेंगे तब तो वह हिन्दुस्तानी कहलाएगी अन्यथा नहीं।[29] वे प्रश्न करते हैं कि क्या हिन्दुस्तानी में केवल साधारण जनता के बीच प्रचलित अरबी-फारसी के शब्द ही रहेंगे? अथवा उनमें प्रचलित संस्कृत शब्दों का भी समावेश सम्भव हो सकेगा?

''है ऐसी आशा? यदि नहीं तो ऐसी हिन्दुस्तानी को दूर से नमस्कार।''[30]

आचार्य शुक्ल ने हिन्दी भाषा एवं साहित्य के क्रमिक विकास को रेखांकित करते हुए यह प्रमाणित किया कि कैसे प्रयत्नपूर्वक उर्दू शायरी से हिन्दी के शब्द चुन-चुनकर निकाले गए और जबर्दस्ती अरबी-फारसी के शब्दों को उसमें भरा गया, ''उर्दू शायरी में जो थोड़ा बहुत हिन्दीपन लुका छिपा था, वह लखनऊ जाने पर नासिख के हाथ से दूर किया गया। फिर तो वह हिन्दी से ऐसी हटी कि उसने अपना एक दायरा ही अलग कर लिया। उस दायरे से जगत, चंचल, नार, गुन, अकास, धरम, धन, करम, दया, वीर, बली ऐसे शब्द एकदम निकाल बाहर हुए। इसी प्रकार वस्तुओं में न कमल और न भँवरे रह गए न बसन्त और कोकिल, न वर्षा ऋतु रह गई, न सावन की हरियाली, न भीम और अर्जुन रह गए, न कर्ण और भोज। इस प्रकार यहाँ की परम्परागत भाषा के आधे हिस्से से और परम्परागत साहित्य के सर्वांश से अर्थात् देश के सामान्य जीवन से उर्दू दूर हटा दी गई। जबर्दस्ती जान-बूझकर हटाई गई, अपने आप नहीं हटी।''[31]

राहुल जी ने भी उर्दू भाषा में जबरन अरबी-फारसी शब्दों के प्रयोग को रेखांकित किया है, ''हिन्दी में संस्कृत तत्सम और तद्भव शब्द लिए जाते हैं, जबकि उर्दू में अरबी शब्दों की भरमार है। ----यदि अरबी के यह शब्द अनिवार्य होने से आए होते तो कोई आपत्ति नहीं थी, किन्तु हमें मालूम है, हमारे पुराने शब्दों को कान पकड़-पकड़कर बाहर फेंका गया और उनकी जगह पर अरबी शब्दों को बैठाया गया।''[32] तथ्य चाहे जितना कड़वा हो कठोर हो वह तथ्य ही होता है और तथ्य को स्वीकार करना ही पड़ता है। मिली-जुली तहजीब के समर्थक न तो देश का विभाजन रोक पाए और न भाषा के मुद्दे पर एकता कायम रख सके और आज भी एकता की समस्या बनी हुई है। एकता स्थापित करने की शर्त है संस्कृति एवं भाषा के मामले में अपने स्वरूप की स्वतन्त्र सत्ता का परित्याग। पर इतनी बड़ी कीमत चुकाकर एकता को कायम रखने के प्रयत्न को शुक्ल जी दूर से ही नमस्कार करते हैं। ऐसा नहीं है कि आचार्य शुक्ल अरबी-फारसी शब्दों के प्रयोग के बिलकुल विरोधी हैं। पर वे अरबी-फारसी के

उन्हीं प्रचलित शब्दों को स्वीकार करने के पक्ष में हैं, जिन्हें बोले बिना नहीं रहा जा सकता, किन्तु उनकी राय के अनुसार—

''क्लिष्ट और अप्रचलित विदेशीय शब्दों को व्यर्थ लाकर भाषा के सिर ऋण मढ़ना ठीक नहीं। ----मेरी समझ में तो हिन्दी में वे ही अरबी-फारसी शब्द लिए जा सकते हैं जिनको वे लोग भी बोलते हैं, जिन्होंने उर्दू कभी नहीं पढ़ी है।''[33]

फ्रेडरिक पिन्काट एक ऐसे अँगरेज अधिकारी थे, जिन्होंने भारतीय भाषा साहित्य का गहरा अध्ययन किया और हिन्दी के विकास के लिए यथेष्ट प्रयत्न भी किया। जनवरी, 1908 के 'सरस्वती' के अंक में फ्रेडरिक पिन्काट के जीवनवृत्त से सम्बन्धित आचार्य शुक्ल का एक लेख प्रकाशित हुआ, जिसमें हिन्दी के प्रति उनके रुझान की शुक्ल जी ने प्रशंसा की। आचार्य शुक्ल ने पिन्काट के भाषा सम्बन्धी जिन विचारों को उद्धृत किया है, उससे आचार्य शुक्ल के दृष्टिकोण की भी झलक मिलती है, ''मैं भी सम्पूर्ण रूप से जानता हूँ कि जब तक किसी देश में निज भाषा और अक्षर सरकारी और व्यवहार सम्बन्धी कामों में नहीं प्रवृत्त होते हैं तब तक इसका परम सौभाग्य हो नहीं सकता।''[34] यह कथन उस पत्र का हिस्सा है, जो फिन्काट ने बाबू कार्तिक प्रसाद खत्री को लिखा था। फ्रेडरिक पिन्काट ने यह स्वीकार किया था कि, ''हिन्दी भाषा उत्तरी हिन्दुस्तान में सबसे ओजस्विनी भाषा है और अपनी सफाई और लचक के कारण वैज्ञानिक विचारों को व्यक्त करने के लिए भली-भाँति उपयुक्त है।''[35] फ्रेडरिक ने इस बात को भी स्वीकार किया है कि, ''अँगरेजों ने फारसी अक्षरों में लिखी जानेवाली उर्दू को भ्रमवश उत्तरी हिन्दुस्तान में बलात् जारी किया है।''[36] पिन्काट ने जोर देकर कहा कि, ''उत्तरी भारत की भाषा हिन्दी है। वही वहाँ की 'लिंगुआ फ्रांका' है।''[37]

आचार्य शुक्ल हिन्दी साहित्य एवं भाषा के स्वरूप निर्धारण के प्रति पूर्णतया सतर्क थे तथा तार्किक ढंग से विचार करते थे। भाषा का मुद्दा शुक्ल जी के लिए जीवन, समाज, साहित्य और संस्कृति का मुद्दा था। शुक्ल जी का चिन्तन केवल भावनात्मक रूप से नहीं बल्कि तार्किक रूप से भी सुदृढ़ था। देश के मुसलमानों को हिन्दी में तत्सम शब्दों, यहाँ के मुहावरों एवं प्रतीकों के प्रयोग पर आपत्ति थी। आचार्य शुक्ल ने जोर देकर कहा कि, ''जिस देश का साहित्य होगा उस देश की परम्परागत भाषा, उस देश के प्राकृतिक स्वरूप, रीति, नीति, कथा प्रसंग आदि से वह कैसे दूर रह सकता है।''[38] भाषा के शब्द भंडार पर विचार करते हुए आचार्य शुक्ल ने स्पष्ट किया कि, ''साहित्य की जो भाषा होगी, वह

ऐसे सामान्य शब्दों को ही व्यवहार में लाएगी, जिनका प्रचार दूर-दूर तक होगा।''[39] भारत के मुसलमान रचनाकारों ने बाद में चलकर प्रयासपूर्वक अपने को हिन्दी भाषा से अलग किया, यह बात आचार्य शुक्ल ने अनेक साक्ष्यों से प्रमाणित की। नूर मुहम्मद के समय से मुसलमान देश की प्रचलित भाषा हिन्दी से किनारा खींचने लगे थे और मुसलमानों के लिए फारसी में रचना करना ही जायज समझने लगे।[40] अमीर खुसरो, कुतुबकुलीशाह, जायसी आदि की परम्परा को किस प्रकार विकृत किया गया, इसे आचार्य शुक्ल ने विस्तारपूर्वक दर्शाया है। उन्होंने शासन-व्यवस्था के उस षड्यन्त्र की ओर भी ध्यान दिलाया है, जिसके माध्यम से हिन्दी को हाशिए पर लाने का पूरा प्रयास किया गया, ''जिस प्रकार 'हिन्दवी पत्र निकाल-निकालकर एक विदेशी ढाँचे की भाषा खड़ी करने का क्रमबद्ध इतिहास है उसी प्रकार उस भाषा को सबके गले मढ़ने के लिए हिन्दी को दूर रखने के घोर प्रयत्न का भी खासा इतिहास है, जो उस समय से शुरू होता है जब देश का पूरा शासन अँगरेजों के हाथों में आया।''[41]

आचार्य शुक्ल ने उर्दू भाषा के स्वरूप, उसकी प्रकृति पर विस्तार से विचार किया और दृढ़तापूर्वक यह प्रमाणित किया कि न केवल हिन्दी बल्कि अन्य भारतीय भाषाओं से उसका शब्द-विधान की दृष्टि से भाव सम्पदा की दृष्टि से बहुत कम साम्य है, भारतीय जीवन पद्धति से इस भाषा का कोई लगाव नहीं है इसलिए यह पूर्णतया अस्वाभाविक भाषा है। उन्होंने बँगला, गुजराती, मराठी के बीच उर्दू की अस्वीकृति की भी बात कही, ''उर्दू हिन्दुस्तानी, बंगाली, मराठी, गुजराती आदि किसी भी शब्द परम्परा से नहीं मिलती अत: वह इन भाषाओं के बोलनेवालों के बीच प्रचार कैसे पा सकती है?''[42] आचार्य शुक्ल ने इस पर भी खेद व्यक्त किया कि, ''उर्दू में संस्कृत अथवा प्राकृत शब्दों की रत्तीभर भी गुजर नहीं है।''[43] आचार्य शुक्ल ने उर्दू में व्याप्त असामंजस्य प्रवृत्ति का दु:ख के साथ उल्लेख किया, ''खेद के साथ कहना पड़ता है कि इस भाषा में हिन्दुओं के कोई भाव नहीं हैं। इसमें उनके धार्मिक शब्द तक नहीं, उनके पूर्व पुरुषों की अधिक चर्चा नहीं। इसमें हमारे नित्य के काम के शब्दों का समावेश नहीं। हमारी बहुत सी ऐसी गृहस्थी की चीजें हैं, जिनका नाम लेना भी उर्दू को नापसन्द है। हमारे जीवन से इस भाषा का कोई लगाव नहीं।''[44] आचार्य शुक्ल ने भारतीय जीवन पद्धति और भारतीय सांस्कृतिक परम्परा से उर्दू की असम्बद्धता की ओर संकेत करते हुए लगभग अपना दो टूक निर्णय दिया है कि उर्दू भारत की मुख्य भाषा नहीं हो सकती। आचार्य शुक्ल के विश्लेषण की समीक्षा करते हुए रामस्वरूप चतुर्वेदी लिखते हैं, ''लेखक ने बड़े व्यवस्थित ढंग से दिखाने का प्रयत्न किया

है कि कैसे धीरे-धीरे उर्दू के सहज भारतीय संस्कार को हटाकर उसे फारसी रंग में रंगा गया। यह एक प्रकार से हिन्दी क्षेत्र के जातीय जीवन को धार्मिक-साम्प्रदायिक आधार पर बाँटने का प्रयास था। जो कुछ तो अँग्रेजी कूटनीति के सहारे और कुछ राजनैतिक अलगाववादियों की अभिसन्धि के फलस्वरूप सफल होने लगा। कहना न होगा, दो राष्ट्रों के सिद्धान्त का यह सूत्रपात था, जो 1947 में देश के विभाजन का आधार बना।''[45] उर्दू में विद्यमान असामंजस्य की प्रवृत्ति का आचार्य शुक्ल ने अनेक प्रकार से उल्लेख किया है तथा उसे अनेक उदाहरणों से प्रमाणित भी किया है, ''इस बात को दुनिया जानती है कि उर्दू में संस्कृत वा प्राकृत शब्दों की रत्ती भर भी गुजर नहीं।''[46] भाषा का जीवन के साथ गहरा तादात्म्य होता है, जीवन के प्रतिपल व्यवहार के साथ उसका सामंजस्य होता है। भाषा एक समाज की सांस्कृतिक, धार्मिक, दार्शनिक एवं सामाजिक परम्परा को भी अभिव्यक्त करती है। आचार्य शुक्ल का मानना है कि उर्दू में जिन शब्दों का आधिक्य है वह हमारे जीवन के अनुकूल नहीं है, ''जिसमें हमारे नित्य के बोलचाल के संस्कृत शब्दों के उच्चारण करने की क्षमता नहीं, हमारे घरेलू और कामकाज के शब्द जिसकी नादरुचि के अनुकूल नहीं वह कितनी नई बातों को ग्रहण कर सकती है, यह समझने की बात है।''[47] आचार्य शुक्ल ने गहरे अनुभव के आधार पर यह प्रमाणित किया कि अरबी-फारसी से लदी उर्दू में शिक्षा पाए लोगों में गार्हस्थ्य जीवन का बन्धन ढीला है अर्थात् यह भाषा हमारी जीवन पद्धति को ही छिन्न-भिन्न करनेवाली सिद्ध हो सकती है। आचार्य शुक्ल का यह कथन इस बात का प्रमाण है कि भाषा किस प्रकार सूक्ष्म रूप में मनुष्य के अन्तर्मन को प्रभावित करती है। यह बात आज सिद्ध है। अँग्रेजी भाषा में रंगे लोगों में भारतीय जीवन पद्धति के प्रति, भारतीय जीवन मूल्यों के प्रति भर्त्सना का भाव विद्यमान् है। आचार्य शुक्ल लिखते हैं, ''इसी से पुराने ढर्रे के केवल फारसी उर्दू की तालीम पाए हुए लोगों का गार्हस्थ्य बन्धन बहुत ढीला देखा गया है, धर्मानुकूल पवित्र प्रणय का निर्वाह उनमें बहुत कम देखा गया है। इस प्रकृति के प्रभेद का शोचनीय प्रभाव हम बहुतेरे घरानों में अब तक देख रहे हैं। देश के चिरपोषित साहित्य के भावों से सहानुभूति न रखने के कारण न जाने कितने अभागे अपनी अर्द्धांगिनी तक के अन्तःकरण का सृष्टि सौन्दर्य नहीं देख सकते।''[48]

डॉ. रामविलास शर्मा ने आचार्य शुक्ल द्वारा उर्दू को कृत्रिम और मुसलमानों की भाषा कहे जाने को ठीक नहीं माना है। डॉ. शर्मा के अनुसार उर्दू लिखनेवालों में बहुत से हिन्दू भी थे, यह सभी जानते हैं।[49] आचार्य शुक्ल ने उर्दू को कृत्रिम

भाषा इसलिए कहा है, क्योंकि उसने परम्परागत भाषा से अपने को अलग किया, जिससे वह यहाँ की जमीन से दूर होती गई, ''उर्दू के पुराने शायर बहुत दिनों तक 'नैन' 'जगत' सों आदि रस परिपुष्ट शब्द लाते रहे। पीछे के शायरों ने प्रयत्नपूर्वक देश की परम्परागत काव्यभाषा से अपना पीछा छुड़ाया और खड़ीबोली को अनन्य भाव से ग्रहण कर और उसे अरब और फारस की पोशाक पहनाकर अपनी साहित्य भाषा एकबारगी अलग कर ली— उर्दू कविता पहले स्वभावतः देश की काव्य भाषा का सहारा लेकर उठी, फिर जब टांगों में बल आया तव किनारे हो गई।''[50] आचार्य शुक्ल के समकालीन प्रेमचन्द भी इस तथ्य से परिचित थे कि उर्दू के लेखक भारतीय भाषाओं की शब्दावली से परहेज करते थे, ''हिन्दी में हम उर्दू शब्दों को बिना तकल्लुफ स्थान देते हैं, लेकिन उर्दू के लेखक संस्कृत के मामूली शब्दों को भी अन्दर नहीं आने देते। वे चुन-चुनकर हिन्दी की जगह फारसी और अरबी के शब्दों का इस्तेमाल करते हैं।''[51]

आचार्य शुक्ल ने हिन्दी साहित्य के इतिहास में प्रमाण के साथ इस तथ्य का उद्‍घाटन किया है कि कैसे हिन्दी को अदालत की भाषा बनने से रोका गया और प्रयत्नपूर्वक उसे शिक्षा का माध्यम बनने से भी वंचित किया गया। अँग्रेजों ने देशी भाषा में शिक्षा देने का निर्णय किया तो अरबी-फारसी के समर्थकों ने हिन्दी का विरोध किया जिनमें सर सैय्यद अहमद खाँ का नाम सर्वोपरि है। इन्हीं परिस्थितियों को देखकर राजा शिवप्रसाद ने हिन्दी भाषा में अरबी-फारसी की शब्दावली का अत्यधिक प्रयोग किया, जिससे हिन्दी का विरोध न हो। पर आचार्य शुक्ल ने राजा शिवप्रसाद के इस प्रयत्न का मूल्यांकन करते हुए उसे देश की प्रवृत्ति के विरुद्ध बताया है, ''भाषा सम्बन्धी जिस सिद्धान्त का प्रतिपादन राजा साहब ने किया है उसके अनुकूल उनकी यह भाषा कहाँ तक ठीक है, पाठक आप समझ सकते हैं। 'आमफहम', 'खास पसन्द', 'इल्मीजरूरत' जनता के बीच प्रचलित शब्द कदापि नहीं हैं। फारसी के 'आलिम फाजिल' चाहे ऐसे शब्द बोलते हों पर संस्कृत-हिन्दी के 'पंडित विद्वान' तो ऐसे शब्दों से कोसों दूर हैं। किसी देश के साहित्य का सम्बन्ध उस देश की संस्कृति-परम्परा से होता है। अतः साहित्य की भाषा उस संस्कृति का त्याग करके नहीं चल सकती। भाषा में जो रोचकता या शब्दों में जो सौन्दर्य का भाव रहता है, वह देश की प्रकृति के अनुसार होता है। इस प्रकृति के निर्माण में जिस प्रकार देश के प्राकृतिक रूप-रंग, आचार-व्यवहार आदि का योग रहता है उसी प्रकार परम्परा से चले आते हुए साहित्य का भी। संस्कृत शब्दों के थोड़े बहुत मेल से भाषा का जो रुचिकर साहित्यिक रूप हजारों वर्ष से चला आता था उसके स्थान पर

एक विदेशी रूप रंग की भाषा गले में उतारना देश की प्रकृति के विरुद्ध था।[52]

आचार्य शुक्ल का उपर्युक्त विवेचन सटीक एवं सर्वांगपूर्ण है। भाषा समाज के आचार-विचार व्यवहार से आन्तरिक रूप से सम्बद्ध है उसका स्वरूप परम्परा से निर्धारित है, इसलिए उसकी अभिव्यक्ति भी उसी रूप में होगी। भारतीय समाज में 'देवी सीता' या 'सीतामाता' शब्द से जिस भाव की अभिव्यक्ति होगी 'बेगम सीता' से नहीं। आचार्य शुक्ल ने इस मर्म को सूक्ष्मता से पकड़ा है। इसलिए वे अरबी-फारसी शब्दावली से लदी उर्दू या हिन्दुस्तानी को कृत्रिम भाषा कहते हैं।

वस्तुतः आचार्य शुक्ल ऐसे राष्ट्रवादी चिन्तक, विचारक, आलोचक एवं भाषाविद् के रूप में हमारे समक्ष आते हैं, जो पूरी भारतीय सामाजिक, सांस्कृतिक, साहित्यिक परम्परा के क्रम में भाषा के स्वरूप का निर्धारण करना चाहते हैं। वे भारत की समूची अर्थ परम्परा एवं शब्द परम्परा के सामंजस्य की बात करते हैं, हिन्दी-उर्दू सम्बन्धों पर वैज्ञानिक ढंग से तर्क करते हैं, समस्त भारतीय भाषाओं के साथ हिन्दी के विकास की कामना करते हैं तथा संस्कृति की लम्बी परम्परा से सम्बन्ध स्थापित करते हैं। वे सभी राजनीतिक दबावों की अनदेखी करते हुए भाषायी अस्मिता की पहचान करते हैं उसे स्वर देते हैं। निष्कर्ष रूप में कहा जा सकता है कि वे ऐसे विचारक आलोचक हैं जो हिन्दी भाषा और साहित्य के माध्यम से भारतीय साहित्य की परम्पराओं की पहचान करते हुए विश्वस्तर पर उसे प्रतिष्ठित करना चाहते हैं। समग्रतः वे राष्ट्रीय अस्मिता के उन्नायक आलोचक रचनाकार हैं।

सन्दर्भ

1. आचार्य रामचन्द्र शुक्ल: आलोचना का अर्थ और अर्थ की आलोचना (भाषा दृष्टि), पृ. 76
2. रामचन्द्र शुक्ल (राजकमल प्रकाशन, संस्करण 1987), पृ. 31
3. हिन्दी साहित्य का इतिहास (चतुर्थ संस्करण), पृ. 534
4. रामचन्द्र शुक्ल (मलयज), पृ. 32
5. वही, पृ. 51
6. वही, पृ. 117
7. चिन्तामणि, भाग-4, पृ. 184
8. वही, पृ. 188
9. हिन्दी साहित्य का इतिहास, पृ. 388

10. वही, पृ. 389
11. वही, पृ. 402
12. चिन्तामणि, भाग-3, पृ. 272
13. वही, भाग-4, (उर्दू राष्ट्रभाषा), पृ. 173
14. वही, भाग-3, पृ. 240
15. वही, पृ. 111
16. वही, पृ. 111
17. वही, पृ. 72
18. वही
19. वही
20. हिन्दी साहित्य का इतिहास, पृ. 425
21. वही, पृ. 426
22. आचार्य रामचन्द्र शुक्ल और हिन्दी आलोचना, पृ. 145
23. राष्ट्रभाषा हिन्दी, पृ. 10
24. वही (नए युग में हिन्दी), पृ. 17
25. वही (हिन्दी अपनी भूमि की अधिष्ठात्री), पृ. 32 26-चिन्तामणि, भाग-3, पृ. 83
27. साहित्य का उद्देश्य (उर्दू हिन्दी और हिन्दुस्तानी), पृ. 155-56
28. वही (कौमी भाषा के विषय में कुछ विचार), पृ. 127-28
29. चिन्तामणि, भाग-3, पृ. 248
30. वही
31. वही, पृ. 245
32. राष्ट्रभाषा हिन्दी (हमारी भाषा), पृ. 63-64
33. चिन्तामणि, भाग-3, (अपनी भाषा पर विचार), पृ. 71
34. उद्धृत चिन्तामणि, भाग-3, पृ. 83
35. वही
36. वही
37. वही
38. चिन्तामणि, भाग-3, पृ. 241
39. वही (बुद्धचरित की भूमिका), पृ. 217
40. चिन्तामणि, भाग-3, पृ. 247
41. वही, पृ. 248
42. वही, पृ. 174
43. वही
44. वही, पृ. 176

45. आचार्य रामचन्द्र शुक्ल : आलोचना का अर्थ अर्थ की आलोचना, पृ. 80
46. चिन्तामणि, भाग-4, (उर्दू राष्ट्रभाषा), पृ. 174
47. वही, पृ. 176
48. चिन्तामणि, भाग-4, पृ. 191
49. आचार्य रामचन्द्र शुक्ल और हिन्दी आलोचना, पृ. 141
50. चिन्तामणि, भाग-3, पृ. 206
51. साहित्य का उद्‌देश्य (राष्ट्रभाषा हिन्दी और उसकी समस्याएँ), पृ. 129
52. हिन्दी साहित्य का इतिहास, पृ. 418

राष्ट्रभाषा चिन्तन और डॉ. राजेन्द्र प्रसाद

राजेन्द्र बाबू के नाम से विख्यात देश की संविधान सभा के अध्यक्ष, भारतवर्ष के प्रथम राष्ट्रपति देशरत्न डॉ. राजेन्द्र प्रसाद अद्‌भुत मेघा के धनी, विद्वान, अनेक विषयों के ज्ञाता, सादगी-सरलता, विनम्रता, सहजता और शालीनता की साक्षात प्रतिमूर्ति थे। हम उन्हें संविधान वेत्ता भारत के प्रथम राष्ट्रपति, प्रसिद्ध स्वतन्त्रता सेनानी, महात्मा गाँधी के अनुयायी के रूप में अधिक स्मरण करते हैं, हम उन्हें शब्द और कर्म की एकता के प्रतीक के रूप में भी जानते हैं, उन्हें एक निःस्पृह, निष्काम कर्म के साक्षात् प्रतिमान के रूप में देखते हैं, उन्हें अजातशत्रु भी कहा गया है। राजेन्द्र बाबू के व्यक्तित्व के विषय में सरोजनी नायडू ने कहा था कि, "बाबू राजेन्द्र प्रसाद के भव्य व्यक्तित्व के बारे में स्वर्ण लेखनी को मधु में डुबोकर लिखना होगा।" ये सारी बातें एकदम सही हैं पर राजेन्द्र बाबू के कृतित्व की चर्चा कम होती है। वे उच्च कोटि के चिन्तक, विचारक थे, राजनीति शास्त्र के विशारद, भाषा और संस्कृति के प्रति गहरी रुचि रखनेवाले, व्यापक इतिहास बोध से सम्पन्न, सामाजिक सांस्कृतिक विषयों के मर्मज्ञ थे। इनके साथ ही वे भाषा-साहित्य के मर्मज्ञ विद्वान थे। उनका रचनात्मक साहित्य उनकी 'आत्मकथा' तथा 'पत्र साहित्य' के रूप में हमारे समक्ष है जिसमें उनकी गहरी मानवीय संवेदना विद्यमान है। उनका पत्र साहित्य 'राजेन्द्र बाबू पत्रों के आईने में' दो खंडों में प्रकाशित है जिसका सम्पादन उनकी पौत्री श्रीमती तारा सिन्हा ने किया है। 'खंडित भारत' (इंडिया डिवाइडेड का अनुवाद) उनकी गहरी ऐतिहासिक मनोवैज्ञानिक समझ का अनुपम उदाहरण है। इसके अतिरिक्त 'साहित्य शिक्षा और संस्कृति', 'भारतीय शिक्षा', 'महात्मा गाँधी की देन', 'बापू के कदमों में', 'सत्याग्रह इन चम्पारण', 'असमंजस', 'खादी का अर्थशास्त्र',

'मेरी यूरोप यात्र', 'संस्कृत और संस्कृति' उनकी महत्त्वपूर्ण पुस्तकें हैं, जिनसे उनकी विश्लेषण प्रतिभा तथा सूक्ष्म अन्वीक्षण वृत्ति का पता चलता है।

अपनी भाषा, अपने साहित्य तथा अपनी संस्कृति के प्रति उनके मन में गहरा अनुराग था। उनकी पुस्तकों में इन विषयों पर लिखे गए लेखों के अन्तर्गत स्पष्ट एवं दृढ़ मत देखने को मिलते हैं। वे भारत की भाषा समस्या पर बहुत गम्भीरता से विचार कर रहे थे। उनका मानना था कि भारत अपनी भाषा में ही अपना स्वाभाविक विकास कर सकता है। हिन्दी के प्रति उनका अनुराग सहज और अव्यावसायिक था। उन्होंने हिन्दी भाषा के विकास में सक्रिय योगदान किया। 1910 में हिन्दी साहित्य सम्मेलन के गठन के समय सक्रिय रूप से सम्मिलित थे जिसके प्रथम अध्यक्ष महामना मदन मोहन मालवीय थे। वे लिखते हैं—मेरा सम्बन्ध हिन्दी साहित्य सम्मेलन के साथ पहले अधिवेशन से ही था जो काशी में महामना मालवीय जी की अध्यक्षता में 1910 में हुआ था। (डॉ. राजेन्द्र प्रसाद : एक युग स्मरण, पृ. 54, उ.प्र. हिन्दी संस्थान 1987)।

राजेन्द्र बाबू ने अपने हिन्दी प्रेम के विषय में अपनी 'आत्मकथा' में विस्तार से लिखा है। उन्होंने कलकत्ता में अध्ययन करते समय ही अन्य लोगों की सहायता से 'हिन्दी साहित्य परिषद' की स्थापना की। 1912 के दिसम्बर में उन्होंने हिन्दी साहित्य सम्मेलन के अधिवेशन का प्रबन्ध अपने हाथ में लिया। उस सम्मेलन की अध्यक्षता 'आनन्द कादम्बिनी' के सम्पादक पंडित बदरी नारायण चौधरी प्रेमघन ने की थी (आत्मकथा पृ. 920, सस्ता साहित्य मंडल, संस्करण-2002)। राजेन्द्र बाबू ने 1918 के अप्रैल माह में हुए इन्दौर के साहित्य सम्मेलन में भाग लिया, जिसकी अध्यक्षता गाँधी जी ने की थी (वही पृ. 157)। राजेन्द्र बाबू के हिन्दी प्रेम का ही प्रमाण है कि उन्होंने बेतिया (बिहार) में राजा राधिकारमण प्रसाद सिंह के सभापतित्व में हुए बिहार के प्रादेशिक हिन्दी साहित्य सम्मलेन के अधिवेशन में भाग लिया (वही, पृ. 181)। इस प्रकार यह सिद्ध है कि राजेन्द्र बाबू ने यद्यपि अपनी आरम्भिक कक्षाओं में फारसी भाषा के द्वारा शिक्षा ग्रहण की, पर स्नातक स्तर पर उन्होंने हिन्दी में निबन्ध लेखन का वैकल्पिक विषय के रूप में चयन किया। उनका हिन्दी प्रेम बढ़ता रहा और निरन्तर वे हिन्दी के प्रयोग और विकास के लिए प्रतिबद्ध होते गए। संविधान में हिन्दी की स्वीकृति में राजेन्द्र बाबू की प्रमुख भूमिका थी। प्रसिद्ध रचनाकार रामधारी सिंह दिनकर का मानना है कि, "हिन्दी को राष्ट्रभाषा बनाने की दिशा में गाँधी जी के बाद राजेन्द्र बाबू को उतना ही श्रेय है जितना पुरुषोत्तमदास टंडन को।" यहाँ दिनकर के कथन में इतना परिवर्तन करना चाहिए कि गाँधी जी तो बाद में हिन्दुस्तानी के पक्ष में हो गए जिस हिन्दुस्तानी के लिए आचार्य शिवपूजन सहाय का मानना है कि हिन्दुस्तानी हिन्दी की खाल में उर्दू का भुस भर कर

बनाई गई है (शिवपूजन सहाय समग्र, खंड-3, पृ. 39)। राजेन्द्र बाबू हिन्दी के समर्थन में डटे रहे। प्रसिद्ध पत्रकार जगदीश प्रसाद चतुर्वेदी ने बिलकुल सही लिखा है कि राजेन्द्र बाबू उन लोगों में से थे जिनके कारण संविधान सभा ने हिन्दी को मान्यता दी और जब तक वे राष्ट्रपति रहे उन्होंने अपने भाषणों में चाहे संसद के समक्ष हों, चाहे विदेश में हों हिन्दी को प्राथमिकता दी थी। वे चाहते थे कि हिन्दी राष्ट्रभाषा बने (डॉ. राजेन्द्र प्रसाद: एक युग स्मरण, पृ. 174)। राजेन्द्र बाबू की हिन्दी निष्ठा का सम्मान विदेशों में भी हुआ। पूर्व सोवियत संघ की उनकी यात्रा के समय इसकी झलक मिलती है। चतुर्वेदी जी जो राजेन्द्र बाबू की सोवियत संघ की यात्रा में उनके साथ थे, लिखते हैं कि लेनिनग्राद के और सोची के समाचार पत्रों ने राजेन्द्र बाबू के स्वागत में न केवल अग्रलेख लिखे बल्कि अखबारों के बैनर और अग्रलेखों के शीर्षक हिन्दी में छापे। वे जानते थे कि राजेन्द्र बाबू हिन्दी प्रेमी हैं, इसलिए राजेन्द्र बाबू के स्वागत में हिन्दी प्रेम प्रकट करना उन्होंने आवश्यक समझा। इस कारण राजेन्द्र बाबू के स्वागत में जितने भाषण हुए सबका अनुवाद केवल हिन्दी में ही सुनाया गया और राजेन्द्र बाबू ने भी हिन्दी में ही भाषण दिए। इसका सोवियत जनता पर बड़ा अच्छा प्रभाव पड़ा (वही, पृ. 178)। इस प्रकार स्पष्ट है कि राजेन्द्र बाबू के मन में हिन्दी के प्रति अगाध प्रेम था। इस प्रेम का कारण यह था कि वे हिन्दी की व्यापकता से परिचित थे और यह अनुभव करते थे कि राष्ट्रीय एकता के लिए एक सर्वव्याप्त भाषा का होना आवश्यक है और इसके लिए हिन्दी ही सर्वाधिक उपयुक्त भाषा है। इस कारण उन्होंने अपने व्याख्यानों में, आलेखों में हिन्दी के वैशिष्ट्य पर लगातार प्रकाश डाला तथा हिन्दी को सम्पन्नतर करने के लिए लगातार बुद्धिजीवियों, लेखकों, पत्रकारों, सामाजिक कार्यकर्ताओं का आवाहन किया। उन्होंने हमेशा कहा कि मुझे हिन्दी से प्रेम है, हिन्दी साहित्य से प्रेम है और यह प्रेम कृत्रिम नहीं है (साहित्य, शिक्षा और संस्कृति, पृ. 11, प्रभात प्रकाशन, नई दिल्ली, संस्करण-2012)।

राजेन्द्र बाबू देश की अस्मिता, उसकी एकता और अखंडता के लिए एक भाषा की आवश्यकता का अनुभव करते हैं। उन्होंने इस बात पर बल दिया कि भाषा का जातीय अस्मिता से गहरा सम्बन्ध है। उन्होंने स्पष्ट किया कि, "इतिहास में इस बात के भी उदाहरण मौजूद हैं जब अन्य देशीय राजा के विरुद्ध पददलित जनता ने उठ खड़े होने का प्रयास और स्वराज्य स्थापित करने का प्रयत्न किया तो सर्वप्रथम अपनी भूली हुई भाषा और विस्तृत साहित्य का सहारा लेकर किया है।" (साहित्य शिक्षा और संस्कृति, पृ. 19, प्रभात

प्रकाशन, नई दिल्ली, संस्करण- 2012)। उन्होंने इस तथ्य की ओर ध्यान आकृष्ट किया कि जब एक देश दूसरे देश पर अपना आधिपत्य जमा लेता है तब उस आधिपत्य को स्थायी बनाने के लिए वह विजित प्रजा के विचारों तथा भावों को इस प्रकार बदल देना चाहता है जिससे वह अपने गौरव को भूल जाए और केवल विजेता के ही गौरव की स्मृति रख सके (वही, पृ. 19)। यहाँ यह कहना उपयुक्त होगा कि इसके लिए भाषा सबसे बड़ा हथियार है। राजेन्द्र बाबू ने इस ओर ध्यान दिलाया कि अँग्रेजी शिक्षा के कारण अँग्रेजी शिक्षित समाज दुर्बल और परावलम्बी हो गया, वह अँगरेजी सभ्यता, अँगरेजी प्रतिभा, अँगरेजी शक्ति, अँगरेजी साहित्य और अँगरेजी गौरव भार से इतना दब गया है कि वह अपने देश के इतिहास, साहित्य और शक्ति पर भरोसा नहीं कर सकता'' (वही, पृ. 20)। राजेन्द्र बाबू राष्ट्रीय चेतना के विकास और प्रकटीकरण के सामर्थ्य से पूरी तरह परिचित थे। उन्होंने हंगरी का उदाहरण देकर स्पष्ट किया कि अपनी भाषा के बल पर ही हंगरी ने राष्ट्रीयता की भावना जागृत कर ऑस्ट्रिया से अपने को स्वतन्त्र किया' (वही, पृ. 21)। राजेन्द्र बाबू का निष्कर्ष है कि, ''अपनी राष्ट्रीय स्वतन्त्रता बचाये रखने की चेष्टा सर्वदा अपनी मातृभाषा और साहित्य की महत्ता के साथ ही अन्योन्याश्रय सम्बन्ध रखती है'' (वही, पृ. 29)। वे बलपूर्वक कहते हैं कि जातीय जागृति मातृभाषा प्रचार के बिना नहीं हो सकती और मातृभाषा हीन जाति जाति नहीं कही जा सकती (वही, पृ. 22)।

राजेन्द्र बाबू का मानना है कि राष्ट्रीयता के लिए राष्ट्रभाषा का होना आवश्यक है, ''यह समझ लेना चाहिए कि राष्ट्रीयता एकता के बिना अधूरी है और राष्ट्रीय एकता राष्ट्र के हृदय में अपने आप ऐसी भाषा द्वारा अपने भावों को प्रकट करने की प्रेरणा देती है जो सब में समान समझी जा सकती है (वही, पृ. 23)। राजेन्द्र बाबू ने बार-बार इस बात पर बल दिया कि राष्ट्रीयता के निर्माण और राष्ट्रीय एकता की स्थापना के लिए एक भाषा का होना नितान्त आवश्यक है। देशोद्धार का यही मूल मन्त्र है (वही, पृ. 33)। राजेन्द्र बाबू भाषा का सम्बन्ध मन और आत्मा से भी मानते हैं। उन्होंने लगभग काव्यात्मक ढंग से अपनी बात की है हमारी सन्तान के लिए मस्तिष्क की स्फूर्ति को बढ़ाने का उपाय मातृभाषा के अध्ययन से बढ़कर दूसरा नहीं है। यह भाषा हृदय को उत्तेजित करती है मन को दृढ़ बनाती है, आत्मा को शुद्ध रखती है (डॉ. राजेन्द्र प्रसाद : एक युग स्मरण, पृ. 53)। आधुनिक गद्य के आविष्कर्ता भारतेन्दु हरिश्चन्द्र बहुत पहले ही 'निज भाषा उन्नति अहै सब उन्नति को मूल' की बात कर चुके थे। राजेन्द्र बाबू ने भी भारतेन्दु के कथन को स्वीकार करते हुए भारतीय जनमानस में इसे बैठाने का प्रयास किया।

राजेन्द्र बाबू का यह दृढ़ विश्वास है कि अपनी भाषा का सम्बन्ध अस्तित्व से है। उनका कथन ध्यातव्य है, "अपने अस्तित्व को बनाए रखने के लिए और बातों के साथ-साथ हमारे लिए यह अत्यन्त आवश्यक है कि हम अपनी भाषाओं के साहित्य से प्रेम करना सीखें।" (साहित्यकार का दायित्व / साहित्य शिक्षा और संस्कृति, पृ. 106)। अपनी भाषा को अस्तित्व से जोड़ने का तात्पर्य यह नहीं है कि राजेन्द्र बाबू अन्य भाषा के सीखने के विरोधी हैं। उनका स्पष्ट मत यही है कि वरीयता अपनी भाषा को ही दी जानी चाहिए। इसका कारण यही है कि अपनी भाषा में पारंगत हुए बिना अन्य भाषाओं के साहित्य का स्वाद नहीं लिया जा सकता, "अन्य भाषाओं के साहित्य का स्वाद हम तभी पहचान या जान सकेंगे जब हमने अपनी भाषाओं के साहित्य के स्वाद को जान लिया हो।" (वही, पृ. 106)।

राजेन्द्र बाबू ने दृढ़ता के साथ कहा कि अँग्रेजी इस देश की राष्ट्रभाषा कभी नहीं हो सकती। यदि कोई ऐसी आशा करता हो कि ऐसा भी समय कभी आ सकता है जब अँग्रेजी भाषा समस्त भारतवर्ष की जनता में प्रविष्ट होकर सचमुच राष्ट्रभाषा का काम करेगी, तो यह आशा कदापि पूरी होनेवाली नहीं। डेढ़ सौ वर्षों से अधिक अँगरेजी राज्य स्थापित होने के बाद और नब्बे वर्षों तक अँगरेजी शिक्षा का प्रचार होने पर भी तथा समस्त अँगरेजी शिक्षा का उतने दिनों तक यह मुख्य उद्देश्य रहते हुए भी आज इतने थोड़े भारतवासी अँगरेजी लिख पढ़ सकते हैं तो यह स्पष्ट है कि अभी जहाँ तक मनुष्य की आँखें देख सकती हैं अँगरेजी का भारतवर्ष में सर्वव्यापी होना असम्भव है। इसलिए देशी भाषाओं का शरण लेना हमारे लिए अनिवार्य है। यदि देशी भाषाओं द्वारा राजनीतिक क्षेत्र में काम किया गया होता तो आज देश की परिस्थिति कुछ और होती (साहित्य की राजनीतिक पृष्ठभूमि 1923 में दिया गया व्याख्यान, वही, पृ. 24-25) किसी एक भाषा भाषी देश के लिए दूसरे देश की भाषा को सीखना कितना समय साध्य और श्रम साध्य कार्य होता है यह एक खुला तथ्य है। साथ ही अन्य देश की भाषा में अपने देश के संस्कारों, विश्वासों, मतों को पूर्णतया अभिव्यक्त नहीं किया जा सकता। राजेन्द्र बाबू लिखते हैं—विदेशी भाषा सीखने में कितना समय और कितनी शक्ति का अपव्यय होता है, यह दिखलाने की आवश्यकता नहीं है। इसके फलस्वरूप मानसिक शक्ति का कितना ह्रास होता है सभी समझ सकते हैं। इसके फलस्वरूप विदेशी भावों के कारण अपने जाति और धर्म से हम कितना हट जाते हैं, यह भी जाहिर है। (डॉ. राजेन्द्र प्रसाद : एक युग स्मरण, पृ. 41)।

राजेन्द्र बाबू सही बिन्दु को रेखांकित करते हैं कि मातृभाषा को ही शिक्षा का माध्यम बनाया जाना उचित है, क्योंकि प्रतिभा का प्रस्फुटन अपनी भाषा में ही सम्भव है, ''जब तक अपनी भाषा द्वारा हमारे यहाँ के बच्चों को शिक्षा न दी जाएगी तब तक न तो वे अनुभवी और प्रतिभाशाली विद्वान ही हो सकते हैं और न ही साहित्य के भंडार में कुछ जमा मिलाकर उसकी वृद्धि करने की योग्यता ही प्राप्त कर सकते हैं। विदेशी भाषा सीखने का भार यों ही भारी है और उसका बोझ और भी बढ़ जाता है जब उसी के द्वारा और सभी विद्याओं को प्राप्त करना होता है।'' (उर्दू हिन्दी की एकरूपता, वही पृष्ठ 57)। राजेन्द्र बाबू का यह कहना बहुत युक्तियुक्त है। आजादी के इतने वर्षों बाद और अँगरेजी माध्यम से उच्च शिक्षा के होने के कारण बहुत से प्रतिभाशाली विद्यार्थी शिक्षा से वंचित रह जाते हैं। विदेशी भाषा से शिक्षा ग्रहण करनेवाला कोई भी भारतीय आज नोबेल पुरस्कार नहीं प्राप्त कर सका है। इससे भी यह प्रमाणित है कि प्रतिभा का विकास अपनी भाषा में हीं सम्भव है।

राष्ट्रभाषा के रूप में किस देशी भाषा का चुनाव किया जाए इस पर राजेन्द्र बाबू का स्पष्ट कहना है कि राष्ट्रभाषा के रूप में हिन्दी ही उपयुक्त है। हिन्दी को राष्ट्र भाषा बनाने का तात्पर्य स्पष्ट करते हुए राजेन्द्र बाबू कहते हैं, ''यदि हिन्दी को राष्ट्र भाषा बनाने का प्रयत्न किया जा रहा है तो इसका अर्थ इतना ही है कि राष्ट्रीय और अन्तरप्रान्तीय कामों के लिए एक सर्वव्यापक भाषा हो। इसका अर्थ यह कदापि नहीं कि प्रान्तीय भाषाओं को लुप्त कर दिया जाए (साहित्य की राजनीतिक पृष्ठभूमि, वही, पृ. 24)।

राष्ट्रभाषा को लेकर स्वतन्त्रता आन्दोलन के समय विभिन्न दृष्टिकोण प्रस्तुत किए जा रहे थे, इससे कुछ लोगों के मन में भ्रान्ति उत्पन्न हो रही थी। राजेन्द्र बाबू सभी प्रकार की भ्रान्ति का निराकरण करते हैं। वे इस आशंका को निर्मूल बताते हैं कि हिन्दी के राष्ट्रभाषा बनने पर प्रान्तीय भाषाओं की क्षति होगी, ''हिन्दी प्रादेशिक भाषाओं की जगह नहीं ले सकती। उसे समस्त देश और अन्त:प्रान्तीय कामों में ही व्यवहृत होना चाहिए। उसमें भारतवर्ष भर के लिए राष्ट्रभाषा बनने की पूरी योग्यता है। जितनी प्रादेशिक भाषाएँ हैं, वे सभी वास्तव में प्रादेशिक हैं। मैं मानता हूँ कि उनके साहित्य बहुत उच्चकोटि के तथा बहुत प्राचीन हैं। उनके आधुनिक साहित्य भी उत्तम हैं, तथापि मानना ही पड़ेगा कि उनका प्रचार प्रान्त विशेषों में ही है। हिन्दी तो उत्तर भारत, बिहार, संयुक्त प्रदेश, राजपूताना, मध्यप्रदेश, पंजाब में बोली जाती है। इनके अतिरिक्त सिन्ध-गुजरात, महाराष्ट्र में लोग इसे भली-भाँति समझ लेते हैं। (वही, पृ. 26)।

राजेन्द्र बाबू हिन्दी के राष्ट्रभाषा बनने के पीछे ठोस तर्क देते हैं, ''हिन्दी राष्ट्रभाषा बनने का दावा करती है। मुसलमानों में, विशेषकर जो उत्तर भारत में बसते हैं, प्राय: सभी हिन्दी समझते और बोलते हैं। दक्षिण भारत के मुसलमान भी प्राय: हिन्दी समझ और बोल लेते हैं और यद्यपि पंजाब में पंजाबी बोली जाती है, तो भी वहाँ की अधिकांश जनता हिन्दी समझ और बोल सकती है। इसलिए यदि हिन्दी आज भी राष्ट्रभाषा होने का दावा करे तो यह स्वाभाविक ही है (हिन्दी का व्यापक स्वरूप, वही पृ. 61)। राजेन्द्र बाबू ने बाबू राधाकृष्ण दास के 'हिन्दी क्या है' निबन्ध को उदद्धृत किया—हिन्दुस्तान निवासी जन साधारण की भाषा का नाम हिन्दी है। हिन्दुस्तान की यदि कोई एक भाषा हो सकती है तो वह हिन्दी है। यथार्थ में उर्दू और कुछ नहीं है, वह हिन्दी ही है। (वही)। राजेन्द्र बाबू ने हिन्दी को राष्ट्रभाषा बनाए जाने के कारणों और राष्ट्रभाषा के प्रमुख प्रयोजन को स्पष्ट किया, ''राष्ट्रभाषा से अभिप्राय है कि यह अन्त: प्रान्तीय व्यापार और सार्वजनिक व्यवहार में सभी प्रान्तों के रहनेवालों द्वारा बरती जाए और कन्याकुमारी से बदरिकाश्रम तक और अटक से कटक तक सभी जगहों में एक दूसरे के साथ बातें करने और विचार विनिमय के काम में लाई जाए। अनेकानेक भेद प्रभेद होते हुए भी हिन्दी इन शर्तों को पूरा करती है (हिन्दी का व्यापक स्वरूप/साहित्य शिक्षा और संस्कृति, पृ. 64)।

आजादी के समय हिन्दी-उर्दू समस्या भी उठ खड़ी हुई थी। राजेन्द्र बाबू ने इस तथ्य एवं सत्य पर बल दिया कि उत्तर भारत के मुसलमान हिन्दी जानते और बोलते हैं। उनकी भाषा में अरबी-फारसी के शब्द अधिक होते हैं सही पर वह हमारी समझ में आ जाती है। हिन्दुओं की भाषा में संस्कृत होते हैं पर वे भी हमारी भाषा मामूली तौर पर समझ लेते हैं (वही, पृ. 69)। राजेन्द्र बाबू का यह स्पष्ट मानना है कि हिन्दी और उर्दू चाहे उनकी उत्पत्ति और विकास जिस क्रम और रीति से हुआ हो—दो भिन्न भाषाएँ नहीं हैं। इसका अकाट्य प्रमाण उर्दू का पुराना रूप है (हिन्दी और उर्दू की एकरूपता / साहित्य शिक्षा और संस्कृति, पृ. 38)।

हिन्दी भाषा का प्रचलित रूप मुस्लिम साम्राज्य की स्थापना के बहुत पहले से ही विद्यमान था। 10वीं शताब्दी में हिन्दी ने अपना रूप ग्रहण कर लिया था। इसके अनेक प्रमाण ग्रन्थों में उपलब्ध हैं। राजेन्द्र बाबू भी इस तथ्य को स्वीकार करते हैं—हिन्दी का वर्तमान रूप अमीर खुसरो के बहुत पहले ढल चुका था। मुसलमानी राज्य स्थापित होने के सैकड़ों वर्ष पहले ही विदेशों की आवाजाही और कारोबार की भाषा हिन्दी बन रही थी और उसमें सैकड़ों विदेशी शब्द आ

गए थे। इसलिए यह कह देना कि कुछ अरबी, फारसी शब्दों की मिलावट से ही एक नई और स्वतन्त्र भाषा हो गई, ठीक नहीं मालूम पड़ता। (हिन्दी और उर्दू की एक रूपता / साहित्य शिक्षा और संस्कृति पृ. 39)।

1936 तक आते-आते देश के अधिकांश हिन्दी तथा अहिन्दी भाषी साहित्यकारों-पत्रकारों ने यह मान लिया था कि हिन्दी भाषा को ही देश की राष्ट्रभाषा बनाया जाना चाहिए बल्कि यह कहना चाहिए कि उन लोगों ने हिन्दी को राष्ट्रभाषा मान लिया था। राजेन्द्र बाबू राष्ट्र के कार्यों में हिन्दी को अनिवार्य कर देना चाहते हैं। उनका स्पष्ट मत है कि, ''देश की स्वतन्त्रता के लिए एक देशी भाषा का राष्ट्रभाषा होना आवश्यक है। कोई विदेशी भाषा हमारी संस्कृति और हमारे स्वरूप तथा भाव को व्यक्त करने की शक्ति नहीं रखती।'' (वही, पृ. 87)। हिन्दी तथा अन्य देशी भाषाओं के साहित्य ने स्वतन्त्रता आन्दोलन को तीव्र किया था, इससे राष्ट्रीयता का भाव भी तीव्र हुआ था। इस राष्ट्रीयता के भाव ने हिन्दी के प्रति उत्साह पैदा किया था। यही कारण है कि राजेन्द्र बाबू देसी भाषा को ही राष्ट्रभाषा के रूप में स्वीकार करना चाहते हैं। उनकी दृष्टि में भारतवर्ष की कोई भी भाषा राष्ट्रभाषा हो सकती है। पर अपने प्रचार-प्रसार के कारण हिन्दी को राष्ट्रभाषा बनाया जाना उचित है (वही, पृ. 88)।

स्वतन्त्रता आन्दोलन के समय भाषा के प्रश्न पर अहिन्दी भाषी विद्वानों ने भी प्रसार संख्या को देखते हुए राष्ट्रभाषा के रूप में हिन्दी का ही समर्थन किया था। राजेन्द्र बाबू लिखते हैं, ''कई अहिन्दी भाषियों ने यह खुलकर कहा था कि वे हिन्दी को इसलिए अखिल भारतीय राजभाषा नहीं मान रहे हैं कि वह सभी भारतीय भाषाओं में सबसे अधिक उन्नत है अथवा उसका साहित्य अन्य भारतीय भाषाओं के साहित्य से अधिक बढ़ा चढ़ा है बल्कि वे हिन्दी को इसलिए स्वीकार कर रहे हैं कि वह दूसरी भाषाओं की तुलना में देश के बड़े भाग में बोली और समझी जाती है और उसके समझने और बोलनेवाले और किसी भाषा के बोलने और समझनेवालों की संख्या से बहुत अधिक है (हिन्दी भाषा का विकास/साहित्य शिक्षा और संस्कृति, पृ. 98)।

भाषा का सबसे महत्त्वपूर्ण अवयव उसका शब्द भंडार होता है। एक गतिशील भाषा के लिए यह आवश्यक है कि वह अपने परम्परागत शब्द भंडार को सुरक्षित रखते हुए उसकी वृद्धि करता रहे। राजेन्द्र बाबू तथा स्वतन्त्रता आन्दोलन के समय और स्वतन्त्रता प्राप्ति के बाद भी हिन्दी के शब्द भंडार स्वरूप को लेकर विचार कर रहे थे। राजेन्द्र बाबू ने यह लक्ष्य किया कि परम्परा से चली आ रही और आधुनिक काल में पूर्णतया विकसित हिन्दी भाषा में तत्सम

तद्भव के अतिरिक्त विभिन्न हिन्दी भाषी प्रान्तों की बोलियाँ भी सम्मिलित हैं (हिन्दी का व्यापक स्वरूप साहित्य शिक्षा और संस्कृति, पृ. 63)। इस विभिन्न प्रकार के शब्द भंडार में मुख्य भाग संस्कृत से आए शब्दों का है अर्थात् हिन्दी में तत्सम शब्दों का है। अनेक ढंग से राजेन्द्र बाबू इसे स्पष्ट करते हैं।

भारत की जितनी प्रान्तीय भाषाएँ हैं उनमें से अधिकांश की शब्दावली तत्सम प्रधान है। अत: राजेन्द्र बाबू यह मानते थे कि इन प्रान्तों में हिन्दी की स्वीकार्यता तत्सम प्रधानता के कारण सम्भव है, ''जहाँ हिन्दी नहीं बोली जाती, प्रान्तिक भाषाओं की प्रचलित शब्दावली का मूल संस्कृत है और उनमें विशेषकर बँगला, मराठी, और गुजराती में संस्कृत के शब्द बहुतायत से पाए जाते हैं। दक्षिण की भाषाओं में भी संस्कृत शब्दों की खासी भरमार है। ऐसी अवस्था में संस्कृत शब्दों को हिन्दी से बहिष्कृत करना और उनके स्थान पर फारसी अथवा अरबी के शब्दों का व्यवहृत होना हिन्दी और उर्दू को मिला तो सकता है, पर इन प्रान्तों में हिन्दी के प्रचार कार्य को दुष्कर बना देता है (साहित्य की राजनीतिक पृष्ठभूमि / साहित्य, शिक्षा और संस्कृति, पृ. 28)। दरअसल स्वतन्त्रता संग्राम के दौरान हिन्दी की शब्दावली को लेकर दो मत प्रचलित थे। कुछ लोग हिन्दी भाषा में अरबी-फारसी शब्दों के अधिकाधिक प्रयोग के पक्षपाती थे। गाँधी जी ने 'हिन्दुस्तानी' का समर्थन इसी कारण किया था। पर रामचन्द्र शुक्ल जैसे चिन्तक मानते थे कि अरबी-फारसी भाषा का स्रोत विदेशी है इसलिए इनका अत्यधिक प्रयोग उचित नहीं है। बाद में इसी मत का समर्थन महापंडित राहुल सांकृत्यायन ने किया। राजेन्द्र बाबू भी इसी विचार को अपना समर्थन देते हैं। संस्कृत शब्दों से हिन्दी को वंचित करना हिन्दी की सर्व स्वीकार्यता में बाधक होगा। जो लोग संस्कृत शब्दों की अपेक्षा अरबी-फारसी के शब्दों के पक्षधर थे राजेन्द्र बाबू उनका उत्तर स्पष्ट शब्दों में देते हैं, ''हिन्दू संस्कृति संस्कृत द्वारा ही सारे भारत में फैली है और आज भी संस्कृत शब्दों का ज्ञान स्वतन्त्र रूप से और इन प्रान्तीय भाषाओं द्वारा अहिन्दी प्रातों में बहुत फैला हुआ है। इसलिए ऐसे संस्कृत के शब्दों को हिन्दी में लेने से उन प्रान्तों के निवासियों के लिए हिन्दी को हम सुगम बना देते हैं'' (उर्दू हिन्दी की एकरुपता / साहित्य शिक्षा और संस्कृति, पृ. 72)। अपने देशव्यापी भ्रमण में राजेन्द्र बाबू इस तथ्य से भलीभाँति परिचित हो चुके थे कि देश के अधिक प्रान्तों की भाषाएँ तत्सम प्रधान हैं 'बँगला, गुजराती, मराठी, असमिया और उड़िया में, जो आर्यभाषाएँ हैं, संस्कृत के शब्द बहुत आते हैं इसलिए उनकी और हिन्दी की शब्दावली बहुत अंशों में एक है और हो सकती है। इसी प्रकार दक्षिण की भाषाओं पर भी संस्कृत का प्रभाव पड़ा

ही और ऐसे बहुतेरे शब्द जो हिन्दी में आते हैं उन भाषाओं में भी पाए जाते हैं। इसलिए ऐसे शब्द जो उन भाषाओं में भी पाए जाते हैं, राष्ट्रभाषा में रखे जाएँ तो जाहिर है कि उन भाषाओं के बोलनेवालों के लिए राष्ट्रभाषा सीखने में सुविधा हो जाए (राष्ट्र भाषा का व्यापक आधार /वही पृ. 93)।

राजेन्द्र बाबू का यह दृष्टिकोण तर्कसंगत और हिन्दी के व्यापक प्रसार के हित में है। यह उन तथाकथित प्रगतिशीलों और धर्मनिपेक्षता के झंडाबरदारों को दिया गया स्पष्ट और दो टूक जवाब है जो भाषा को हिन्दी उर्दू की खिचड़ी बना देना चाहते थे जिसका एक रूप हिन्दुस्तानी है। राजेन्द्र बाबू ने अपने किसी भी व्याख्यान में हिन्दुस्तानी भाषा का उल्लेख तक नहीं किया, जिसके लिए गाँधी जी भी 1936 के बाद प्रयत्नशील थे और अन्त तक प्रयत्नशील रहे जिस कारण राष्ट्रभाषा का मुद्दा संविधान सभा में पहुँचा जहाँ हिन्दी की जीत हुई और हिन्दुस्तानी का प्रस्ताव औंधे मुँह गिरा। ध्यातव्य है कि महापंडित राहुल सांकृत्यायन ने भी भारत की भाषा परम्परा की वास्तविकता को समझा और हिन्दी की सर्व स्वीकार्यता के लिए तत्सम प्रधान हिन्दी को अपनाए जाने पर बल दिया (हिन्दी अपनी भूमि की अधिष्ठात्री / हिन्दी भाषा, पृ. 17, राधाकृष्ण प्रकाशन, नई दिल्ली, संस्करण 2002)। राहुल जी ने भाषा की शब्दावली को लेकर विचार संगोष्ठी का सन्दर्भ देते हुए लिखा है कि ''सारे देश में अधिक प्रगतिशील शब्द वे ही हैं जो संस्कृत से आए हैं। उनके भी तद्भव रूपों का एक-सा प्रचार बहुत कम देखा जाता है और तत्सम रूप सर्वत्र ग्राह्य है' (वही पृ. 17)। इससे यह सिद्ध होता है कि राजेन्द्र बाबू का दृष्टिकोण वैज्ञानिक और प्रगतिशील है।

परन्तु, तत्सम शब्द लिए जाने के समर्थन का यह तात्पर्य नहीं था कि राजेन्द्र बाबू हिन्दी को अत्यन्त संस्कृतनिष्ठ बना देना चाहते थे। वे इस मत के थे कि हिन्दी में आए दूसरी भाषाओं के शब्द अवश्य रखे जाएँ और हिन्दी में विभिन्न बोलियों के शब्दों का समावेश अवश्य किया जाए। हिन्दी का विकास: नई दिशा / साहित्य, शिक्षा और संस्कृति, पृ. 94)। राजेन्द्र बाबू ने इस तथ्य की ओर संकेत किया कि हिन्दी भाषा ने दूसरी भाषाओं के शब्द उदारता के साथ अपने में समाविष्ट किए हैं।

'हिन्दी भाषा के गुणों में एक गुण यह है कि हिन्दुओं की भाषा होती हुई भी उसने अरबी भाषा के ही नहीं बल्कि तुर्की, पुर्तगाली अँग्रेजी इत्यादि के शब्दों को भी अछूत नहीं समझा (हिन्दी का व्यापक स्वरूप/वही, पृ. 66)। वास्तव में राजेन्द्र बाबू हिन्दी के शब्द भंडार को विस्तृत करना चाहते थे। इस सन्दर्भ

में उनका दृष्टिकोण यह था कि अरबी-फारसी के उन शब्दों को समाविष्ट करने पर बल दिया जाए जो हिन्दी तथा अन्य प्रान्तीय भाषाओं में प्रचलित हो गए हैं और जिनके उपयुक्त तथा सहज पर्यायवाची शब्द हिन्दी में नहीं मिलते (वही, पृ. 73)। उन्होंने स्पष्ट किया, ''मैं चाहता हूँ कि हिन्दी को व्यापक और सर्वदेशीय भाषा राष्ट्रभाषा बनाने के लिए उसकी शब्दावली बढ़ाई जाए और इसमें संकोच और संकीर्णता न करके जहाँ से ऐसे अच्छे शब्द मिल सकें जिनका सुगमता से प्रचार हो सकता हो, हम ले लेंगे'' (वही, पृ. 75)। राजेन्द्र बाबू ने बहुत ही स्पष्ट एवं निर्भ्रान्त ढंग से अपनी बात रखी कि, ''हिन्दी की शब्दावली को न तो संकुचित होने दें और न उसमें ऊटपटांग विदेशी शब्दों का समावेश ही होने दें (साहित्य की राजनीतिक पृष्ठभूमि / वही, पृ. 29)। राजेन्द्र बाबू ने विषय के आधार पर भाषा के परिवर्तित रूप की चर्चा की और रूप विभिन्नता का समर्थन किया। उनका मानना था कि जो भाषा दैनिक समाचार पत्रों के चुटकुलों के लिए काम में लाई जाती है, वह दार्शनिक विवेचना के लिए कदापि उपयुक्त नहीं हो सकती (वही, पृ. 29)।

राजेन्द्र बाबू की भाषा दृष्टि की विलक्षण विशेषता यह थी कि उन्होंने जनजातियों की भाषा के विकास की भी बात की और जनजातीय बोलियों- सन्थाली, मुंडाली, पहाड़ी, खड़िया, उडाँव आदि बोलियों के साथ सम्पर्क बनाने पर जोर दिया। (हिन्दी का विकास : नई दिशा / वही, पृ. 103)। राजेन्द्र बाबू की चिन्ता यह थी कि हिन्दी की सब प्रकार से उन्नति हो। उनकी यह प्रबल इच्छा थी कि राजा-महाराजा, सेठ-साहूकार, वकील-मुख्तार, शिक्षक-विद्यार्थी सभी अपने-अपने दफ़्तरों तथा घरेलू कामों में हिन्दी का व्यवहार करें। इन उपायों के अतिरिक्त सब श्रेणी के विद्यालयों में हिन्दी, हिन्दी साहित्य और हिन्दी द्वारा अन्य विषयों की शिक्षा दी जाए (हिन्दी की राजनीतिक पृष्ठभूमि / वही, पृ. 31)।

हिन्दी भाषा की एक प्रमुख समस्या वर्तनी की रही है। देवनागरी लिपि में वर्तनी की अनेकरूपता विद्यमान है। राजेन्द्र बाबू ने इस समस्या को हल करने की आवश्यकता बताई। उनका मानना था कि अहिन्दी भाषी वर्तनी की विविधता से कठिनाई में पड़ जाते हैं। उनका मानना था कि यद्यपि यह दोष बहुत व्यापक नहीं है फिर भी इसका दूर होना आवश्यक है (हिन्दी का व्यापक स्वरूप साहित्य शिक्षा और संस्कृति पृ. 78)। राजेन्द्र बाबू ने लिपि के सम्बन्ध में बनाई गई समिति को यह सुझाव दिया कि लिपि निर्माण में शुद्धतापूर्वक शब्दों के लिखे जाने और लिखे शब्दों के ठीक-ठीक उच्चारण हो सकने के

अतिरिक्त इस पर भी ध्यान रखना आवश्यक है कि तेजी के साथ भी यह लिपि लिखी जा सके और छापे में तथा टाइप करने में कम-से-कम स्थान लगे और कम-से-कम कठिनाई उपस्थित हो (वही, पृ. 79)। राजेन्द्र बाबू यह चाहते थे कि बहुत हिन्दी का एक मानक व्याकरण भी बने (वही, पृ. 78)। इस प्रकार राजेन्द्र बाबू ही स्पष्ट और व्यापक ढंग से भारत की राष्ट्रभाषा समस्या पर अपने विचार रखे। राजेन्द्र बाबू ने न तो अपने को भाषा वैज्ञानिक माना न ही बड़ा साहित्यकार पर जब हम उनके व्याख्यानों से गुजरते हैं तो हमारे समक्ष वे भाषा विज्ञानी, भाषा साहित्य मर्मज्ञ तथा इतिहासबोध सम्पन्न विद्वान के रूप में आते हैं। यह भारतवासियों का सौभाग्य है कि ऐसा सर्वविध सम्पन्न व्यक्ति हमें प्रथम राष्ट्रपति के रूप में मिला।

राष्ट्रभाषा विमर्श और आचार्य शिवपूजन सहाय

हिन्दी भाषा और साहित्य की सेवा के लिए जिन मनीषियों ने अपना सर्वस्व होम कर दिया बल्कि यह कहना अधिक उपयुक्त होगा कि अपने शरीर के रक्त की एक-एक बूँद निचोड़कर हिन्दी भाषा और साहित्य-शरीर में संजीविनी के रूप में प्रवाहित की उनमें आचार्य शिवपूजन सहाय का नाम प्रमुखता के साथ लिया जा सकता है। वे भारतेन्दु हरिश्चन्द्र और महावीर प्रसाद द्विवेदी की परम्परा का निर्वाह करनेवाले साहित्य साधक थे। वे अपने जीवन काल में हिन्दी को राष्ट्रभाषा के पद पर पूर्ण रूप से प्रतिष्ठित देखना चाहते थे। उनका यह मानना था कि जब तक हिन्दी पूरी तरह से प्रत्येक भारतीय के हृदय में प्रतिष्ठित नहीं होगी तब तक हमारी स्वतन्त्रता अधूरी रहेगी।

आचार्य शिवपूजन सहाय वस्तुतः विलक्षण प्रतिभा सम्पन्न व्यक्ति थे। वे कथाकार, पत्रकार, सम्पादक, आलोचक तथा संस्मरणकार थे। उनकी पहली कृति 'देहाती दुनिया' को हिन्दी का पहला आंचलिक उपन्यास कहा जा सकता है। 'देहाती दुनिया', 'विभूति', 'वे दिन वे लोग', 'बिम्ब प्रतिबिम्ब', 'मेरा जीवन', 'स्मृति शेष', 'हिन्दी भाषा और साहित्य', 'ग्राम' जैसी कृतियाँ उनकी प्रतिभा की परिचायक हैं। पर उन्होंने अपनी प्रतिभा का उपयोग दूसरों की कृतियों के परिष्कार, संशोधन और सम्पादन में किया। राजेन्द्र बाबू की प्रसिद्ध 'आत्मकथा' तथा उनकी अन्य कृतियों का सम्पादन आचार्य शिवपूजन सहाय ने किया है। एक सम्पादक के रूप में उनकी प्रतिभा का चमत्कार साहित्य जगत ने देखा है। 'द्विवेदी अभिनन्दन ग्रन्थ', 'जयन्ती स्मरण ग्रन्थ', 'अनुग्रह अभिनन्दन ग्रन्थ', 'राजेन्द्र अभिनन्दन ग्रन्थ', 'हिन्दी साहित्य और बिहार', 'अयोध्या प्रसाद खत्री स्मारक ग्रन्थ', 'बिहार की महिलाएँ', जैसे ग्रन्थों का कुशलता के साथ सम्पादन आचार्य जी द्वारा सम्भव हुआ। इसके अतिरिक्त 'मारवाड़ी सुधार', 'मतवाला', 'माधुरी', 'समन्वय', 'मौजी', 'गोलमाल', 'जागरण', 'गंगा', 'बालक', 'हिमालय' जैसी पत्रिकाओं के सम्पादन द्वारा उन्होंने अपनी सम्पादन कला से साहित्य समाज को चमत्कृत किया। आर.सी. प्रसाद सिंह ने बहुत सही लिखा है कि सारस्वत प्रतिभाओं के लिए बिहार की

भूमि में प्रचुर उर्वरा शक्ति है। इन्हीं प्रतिभाओं में आचार्य शिवपूजन सहाय का नाम आता है जिन्होंने हिन्दी भाषा-भाषी क्षेत्र में अपनी कीर्ति पताका फहराई। शिवपूजन सहाय ने अपनी प्रतिभा से साहित्यकारों की पूरी पीढ़ी तैयार की। वे व्यक्ति नहीं संस्था थे, स्नेह, शील और सौजन्य की वे प्रतिमूर्ति थे। (आचार्य शिवपूजन सहाय : संस्मरण और श्रद्धांजलि, संस्करण 1995, पृ. 44)। आचार्य जी की साहित्य और पत्रकारिता की यात्रा यद्यपि 'मारवाड़ी सुधार' नामक पत्रिका से आरम्भ हुई किन्तु उनमें चमक आई 'मतवाला' मंडल में सम्मिलित होने के बाद ही। इसलिए यह कहना युक्तिसंगत होगा कि उनके साहित्यिक जीवन का वास्तविक आरम्भ 'मतवाला' से होता है। 'मतवाला' के बाद उन्होंने 'मौजी', 'गोलमाल', 'जागरण', 'हिमालय', 'साहित्य', 'समन्वय', 'गंगा', 'माधुरी', आदि पत्रिकाओं का सम्पादन किया। इसके साथ ही राजेन्द्र बाबू की 'आत्मकथा', जयशंकर प्रसाद की 'कामायनी' और प्रेमचन्द की 'रंगभूमि' और 'गोदान' का सम्पादन भी प्रकाशन पूर्व उन्होंने किया था।

वस्तुतः आचार्य जी ने आजीवन एकनिष्ठ भाव से हिन्दी की सेवा की। उन्होंने स्वयं ही हिन्दी की सेवा ही नहीं की, प्रत्युत् सैकड़ों युवकों को हिन्दी की सेवा के लिए अनुप्राणित किया। आचार्य शिवपूजन सहाय देशी भाषा की महत्ता को उसकी उपयोगिता को और देश के सर्वांगीण विकास के लिए उसकी भूमिका को अच्छी तरह से समझते थे। देश की जातीय चेतना के विकास के लिए स्वभाषा की महत्ता को भारतेन्दु हरिश्चन्द्र ने 'निज भाषा उन्नति अहै, सब उन्नति को मूल' की बात कहकर स्पष्ट कर दिया था। आचार्य महावीरप्रसाद द्विवेदी ने भी अपने प्रसिद्ध निबन्ध 'मातृभाषा की महत्ता' में अपनी भाषा के महत्त्व का रेखांकन करते हुए लिखा है कि, ''जो अपनी भाषा से प्रेम नहीं करता, जो अपनी भाषा के साहित्य की पुष्टि नहीं करता, वह अपनी मातृभूमि की उन्नति कदापि नहीं कर सकता। उसके स्वराज्य का स्वप्न उसके देशोद्धार का संकल्प, उसकी देशभक्ति की दुहाई बहुत कुछ निस्सार है।''

आचार्य शिवपूजन सहाय राष्ट्रीय एकता के लिए स्वभाषा की महत्ता को अनिवार्य बताते हैं और इस सन्दर्भ में वे हिन्दी के सर्व समावेशी चरित्र को स्पष्ट करते हुए कहते हैं कि हिन्दी ही सभी प्रान्तों और सभी जातियों के साथ समन्वय कर सकती है, यह क्षमता उसमें है। भारत के सभी प्रान्तों और सभी जातियों के लोगों के हृदय में यह अनायास पैठ सकती है (शिवपूजन सहाय साहित्य समग्र, खंड-3, पृ. 30)।'' आचार्य जी के मन में हिन्दी के अखिल भारतीय स्वरूप को लेकर कोई शंका नहीं है। वे गहरे आत्म विश्वास के साथ कहते हैं, ''हम

डंके की चोट पर कह सकते हैं कि भारतवर्ष में केवल हिन्दी ही एक ऐसी भाषा है जिसकी आवाज हिमालय के गौरीशंकर शिखर से कन्याकुमारी तक काफी प्रभाव के साथ गूँज सकती है। अटक से कटक तक छाई रह सकती है (वही, पृ. 30)।'' आचार्य जी ने इस तर्क को अस्वीकार किया कि हिन्दी केवल साहित्यिक भाषा ही रह सकती है। उनके अनुसार यह दलील केवल उन्हीं की है जो हिन्दी की ग्राहिका शक्ति से परिचित नहीं हैं (वही, पृ. 31)। आचार्य शिवपूजन सहाय यह मानते थे कि हिन्दी भारत की सांस्कृतिक निरन्तरता को वहन करनेवाली भाषा है। इसका कारण यह है कि संस्कृत, प्राकृत और अपभ्रंश भाषाओं से हिन्दी का जो अटूट सम्बन्ध है उससे इसकी सांस्कृतिक प्राचीनता सिद्ध है (वही, पृ. 35)। यही कारण है कि आचार्य जी ने हिन्दी को संस्कृत का स्वाभाविक उत्तराधिकारी माना।

आचार्य जी ने स्पष्ट रूप से कहा कि हिन्दी संस्कृत की स्वाभाविक उत्तराधिकारिणी हैं, वह प्राकृत या अपभ्रंश से नहीं निकली है। हिन्दी का रूप संघटन संस्कृत के शब्दानुशासन के अनुसार है, इसलिए हिन्दी का मूल उद्गमस्थल संस्कृत ही है। हाँ संस्कृत से उद्भूत होने के पश्चात् आरम्भिक अवस्था में उसे प्राकृत, अपभ्रंश आदि अन्तर्दशाओं का उपयोग करना पड़ा। इस प्रकार प्राकृत अपभ्रंश आदि उसकी आदिकालीन अन्तर्दशाएँ मात्र हैं, जननी नहीं। जननी तो संस्कृत ही है। (शिव पूजन सहाय साहित्य समग्र-3, पृ. 65)। संस्कृत के दाय ने हिन्दी में अद्भुत शक्ति भर दी है। आचार्य जी ने यह देखा कि हिन्दी बंगाल असम, रंगून आदि स्थानों पर विद्यमान है। महाराष्ट्र में भी इसका प्रसार है, हैदराबाद के निजाम राज्य में हिन्दी के लिए प्रतिकूल परिस्थिति है, इसके बाद भी वहाँ हिन्दी ने अपना स्थान बनाया है। वे यह अनुभव कर रहे थे कि हिन्दी का प्रसार भारतवर्ष के सभी राज्यों में है। आचार्य जी ने इस ओर विशेष रूप से ध्यान आकृष्ट किया कि गुजराती और संस्कृतज्ञ होने के बाद भी स्वामी दयानन्द सरस्वती ने अपने सिद्धान्त ग्रन्थ 'सत्यार्थ प्रकाश' की रचना हिन्दी में की और उसका अनुवाद अन्य किसी भाषा में नहीं होने दिया। आचार्य जी की दृष्टि में इसका कारण यह था कि स्वामी दयानन्द सरस्वती हिन्दी को ही ऐसी भाषा मानते थे जो आसेतु हिमाचल व्याप्त हो सकती है (वही, पृ. 33)।'' आचार्य जी स्पष्ट करते हैं कि गुजराती, मराठी, बँगला, पंजाबी, उड़िया, कनाडी, द्राविड़ी, तेलुगु, तमिल, मैथिली, भोजपुरी, आसामी, वर्मी, बुन्देलखंडी, शौरसेनी, मागधी, ब्रजभाषा, अवधी आदि अनेक भाषाएँ हैं। इनका नामकरण प्रान्तों के नामों के अनुसार हुआ है। अतएव ये प्रान्तीय भाषाएँ हैं भारतीय नहीं।

किन्तु हिन्दी तो उस भाषा का नाम है जो हिन्दुओं की आदि भूमि हिन्दुस्तान की भाषा है (वही, खंड-3, पृ. 214)।

आचार्य जी इस ओर ध्यान आकृष्ट करते हैं कि, "हिन्दी का घनिष्ठ सम्बन्ध संस्कृत तथा प्राकृत से है और इस कारण हिन्दी में एक अद्‌भुत शक्ति सौन्दर्य और माधुर्य है।---- हिन्दी अपनी ही शक्ति और उदारता से भारत के कोने-कोने में फैलती जा रही है (हिन्दी की व्यापकता, ग्रन्थावली, खंड-3, पृ. 33)।"

आचार्य जी ने हिन्दी की व्यापकता और उसके उदार स्वरूप की भी चर्चा की। उनका यह दृढ़ विश्वास है कि हिन्दी सबको साथ लेकर चलना चाहती है। उन्होंने रेखांकित किया कि, "हिन्दी की यही खूबी है कि वह किसी के गले के नीचे हलाहल बनकर उतरना नहीं चाहती। वह तो अमृत के घूँट की तरह सबके ही तल को शीतल करने के लिए ही कंठगत होती है। वह चाहती है हमारी आसेतु हिमाचल विस्तृत छत्रछाया में सभी भारतीय भाषाएँ फलें फूलें (साहित्य समग्र खंड-3, पृ. 292)।" आचार्य जी ने इस बात पर बल दिया कि हिन्दी का किसी के हित के साथ कोई टकराव नहीं है, "हिन्दी को किसी भाषा से ईर्ष्या/द्वेष है ही नहीं (वही, पृ. 34)।"

स्वतन्त्रता आन्दोलन के दौरान हिन्दी का जितना विरोध नहीं हुआ उतना विरोध स्वतन्त्रता प्राप्ति के बाद हुआ। इस सन्दर्भ में आचार्य जी की चिन्ता वास्तविक थी कि जब से भारत में 'भाषावार प्रान्त निर्माण की आँधी उठी तब से देश में' देशवासियों के विचार में भाषा सम्बन्धी संकीर्णता और मोह ममता बहुत अधिक बढ़ गई है, मगर आचार्य जी का मानना है कि इससे हिन्दी को किसी प्रकार की चिन्ता नहीं है। वह सभी भाषाओं का फलना-फूलना देखकर सन्तुष्ट होगी ही--- किसी भाषा से उसकी प्रतिद्वन्द्विता भी नहीं है, क्योंकि देशप्रियता में, राष्ट्रीय हित साधन में उसकी बराबरी करने योग्य कोई भाषा इस देश में है ही नहीं (राष्ट्र भाषा का विरोध, वही खंड-3, पृ. 44)।" आचार्य जी ने निर्भ्रान्त ढंग से कहा कि, "हिन्दीवाले अहिन्दी भाषियों पर अपनी भाषा नहीं लादना चाहते। यह दुर्भावना कभी किसी हिन्दी प्रेमी के मन में भूले-भटके भी नहीं आई (हिन्दी का विरोध / वही खंड-3, पृ. 53)।" हिन्दी भाषा और साहित्य के उत्कर्ष के प्रति पूर्णतया आश्वस्त आचार्य जी ने जोर देकर कहा कि, "हिन्दी आतंक के बल पर अपनी सत्ता स्थापित करना नहीं चाहती। किसी के प्रति इसका दुर्भाव नहीं है। सबके साथ सद्‌भाव और सहयोग ही इसका सिद्धान्त है (भाषा का रूप और साहित्य की दिशा / वही खंड-3, पृ. 35)।"

हिन्दी की सांस्कृतिक प्राचीनता के प्रति आचार्य जी का अटूट विश्वास है। वे यह जानते हैं कि संस्कृत, प्राकृत और अपभ्रंश भाषाओं से हिन्दी का अटूट सम्बन्ध है। भारत की देव वाणी संस्कृत और प्राचीन लोकवाणी प्राकृत से प्रगाढ़ सम्बन्ध होने के कारण हिन्दी भाषा में अपूर्व माधुर्य का समावेश सम्भव हुआ है (हिन्दी की व्यापकता / वही खंड-3, पृ. 33)।'' स्वतन्त्रता के बाद भाषावार प्रान्त के निर्माण का आन्दोलन चल रहा था। आचार्य जी का मानना था कि भाषावार प्रान्त के निर्माण के बाद राष्ट्रभाषा की आवश्यकता का अनुभव लोग करेंगे और उसके लिए हिन्दी ही उपयुक्त होगी (वही खंड-3, पृ. 485)।' आचार्य जी को हिन्दी की सर्वव्यापकता पर पूरा भरोसा है और उसके सहअस्तित्वयुक्त चरित्र पर भी। उन्होंने बार-बार यह स्पष्ट किया कि हिन्दी कभी इस बात पर दबाव नहीं डालती कि मातृभाषा का तिरस्कार करके राष्ट्र भाषा को अपनाइये। वस्तुतः यथार्थ तो यह है कि हिन्दी भाषा ने अन्य भाषाओं को जितना अपनाया है उतना अन्य भाषाओं ने हिन्दी को नहीं। इसलिए आचार्य जी इस बात को बुनियादी रूप से गलत मानते हैं कि अन्य भाषा भाषियों पर हिन्दी लादी जा रही है (वही)। आचार्य जी इस बात पर रोष व्यक्त करते हैं कि हिन्दी को जबर्दस्ती लादने की बात की जाती है। वे कहते हैं कि राष्ट्रीय सरकार ने सर्वसम्मति से भारतीय संविधान में हिन्दी को राष्ट्रभाषा और राजभाषा का पद दिया है तब हिन्दी भाषियों और हिन्दी संस्थाओं पर दोषारोपण करना गलत है। आचार्य जी अनुभव कर रहे थे कि, ''हिन्दी को जबर्दस्ती लादने के नाम पर हिन्दी के विरोध के पीछे एक षड्यन्त्र हैं (वही पृ. 484)।'' स्वतन्त्रता प्राप्ति के पश्चात संविधान द्वारा हिन्दी को राजभाषा का दर्जा दिए जाने के बाद हिन्दी का विरोध किए जाने के प्रति आचार्य जी चिन्ता प्रकट करते हैं (वही खंड-3, पृ. 52)।''

स्वाधीनता आन्दोलन के समय हिन्दी, उर्दू तथा बाद में हिन्दुस्तानी को लेकर भाषा साहित्य और राजनीति की दुनिया में विवाद उत्पन्न किया गया। आचार्य जी ने किसी भाषा का नाम नहीं लिया पर उन्होंने दुःख व्यक्त किया कि हिन्दी की सर्वव्यापकता की क्षमता से भिज्ञ होने के बाद भी हिन्दी को छोड़कर एक दूसरी भाषा गढ़ने की बात की जा रही है। आचार्य जी का संकेत हिन्दुस्तानी की ओर ही था जिसे गाँधी जी अपना समर्थन दे रहे थे। आचार्य जी ने इसे खेदजनक बताया, ''भारत में जिस प्रकार की संस्कृतियाँ इस समय हैं सबको इसने (हिन्दी ने) अपनी सीमा में समेट लिया है। तब भी कुछ लोग कहते हैं कि राष्ट्रीय कामकाज चलाने के लिए हिन्दी की जगह एक दूसरी ही नई भाषा गढ़ी

जाए, यह बड़े आश्चर्य और खेद की बात है। यदि किसी को हिन्दी नाम से ही चिढ़ व कुढ़न हो तो वह दूसरी बात है। डाह की कोई दवा नहीं। पर यदि आप केवल सुबोध भाषा ही चाहते हैं तो हिन्दी का यह पक्का दावा है कि भारत के विभिन्न प्रान्तों के हिन्दुओं की कोई बात नहीं, मुसलमान भाइयों की समझ में भी यह आ सकती है—समा सकती है (शिवपूजन सहाय समग्र खंड-3 पृ. 30)।

आजादी आन्दोलन के समय से ही एक वर्ग मुस्लिम तुष्टिकरण के लिए देश की परम्परा, भाषा-साहित्य-संस्कृति को विकृति की सीमा तक ले जाने का प्रयास कर रहा था। उसका यह तर्क बेतुका था कि हिन्दुस्तानी के प्रयोग से हिन्दू-मुस्लिम एकता कायम रह सकती है। गाँधी जी की प्रेरणा से अन्य राजनीतिक कर्मी हिन्दुस्तानी आन्दोलन को बढ़ावा दे रहे थे। इनमें श्रीमन्नारायण अग्रवाल और काका कालेलकर प्रमुख थे। उन लोगों की धारणा थी कि हिन्दी-उर्दू समन्वय से बनी हिन्दुस्तानी भारत- पाकिस्तान दोनों की राष्ट्र भाषा रहेगी। आचार्य जी ने इस अवधारणा के मूल पर ही प्रहार किया। उन्होंने प्रश्न किया कि, ''राष्ट्र भाषा के लिए यदि 'हिन्दी' नाम या शब्द व्यवहृत किया गया तो क्या हिन्दुस्तान की आजादी खतरे में पड़ जाएगी (वही, पृ. 39)?'' अग्रवाल जी की बात पर व्यंग्य करते हुए आचार्य जी ने हिन्दुस्तानी के कृत्रिम और अस्वाभाविक स्वरूप को उद्घाटित करते हुए कहा कि हिन्दुस्तानी हिन्दी और उर्दू के समन्वय से नहीं बनी है अपितु हिन्दी की खाल में उर्दू का भुस भरकर बनाई गई है (वही)। आचार्य जी ने 'हिन्दुस्तानी' के प्रति हठवादी रवैया अपनानेवालों पर दृढ़तापूर्वक प्रहार किया। उन्होंने भारत के अल्पसंख्यक वर्ग में हिन्दी के प्रति घृणा के रवैये की भर्त्सना की और हिन्दी के लिए संघर्ष का आह्वान किया तथा तब तक दम नहीं लेने की प्रेरणा दी जब तक हिन्दी को राष्ट्र भाषा का पद प्राप्त न हो जाए। आचार्य जी ने हिन्दुस्तानी और उर्दू को अलग भाषा मानने से इनकार किया और कहा कि, ''दोनों हिन्दी की शैलियाँ हैं (वही, खंड-3, पृ. 40)।'' हिन्दी भाषा के साथ हो रही दुरभिसन्धि को देखकर आचार्य जी का सात्त्विक क्रोध देखते ही बनता है। उन्होंने इसके लिए हिन्दी प्रदेश के लोगों को ही उत्तरदायी ठहराया। उन्होंने लोगों से आग्रह किया कि राष्ट्रभाषा के स्वरूप को क्षत-विक्षत न किया जाए (वही, पृ. 46)। ''उन्होंने 'हिन्दुस्तानी' नाम की कृत्रिम भाषा के बहिष्कार की अपील की, ''भाषा की नई टकसाल खोलकर उसमें हिन्दुस्तानी के नाम पर जो खोटे और नकली सिक्के ढाले जा रहे हैं उनका जबर्दस्त बहिष्कार होना आवश्यक है। फारसी-अरबी-तुर्की आदि भाषाओं के जो हजारों शब्द हिन्दी में खपे हुए हैं उनको हम पचा ही

चुके हैं और आवश्यकतानुसार आगे भी बहुत से नए-नए शब्दों को हम खुशी से पचावेंगे। मगर जो न अरबी हैं, न फारसी हैं, जो न घर का है न घाट का जो खिचड़ी-खचड़ा है, उसको स्वीकार करके भाषा की नस्ल बिगाड़ना महापाप होगा (वही, पृ. 46)।'' स्वतन्त्रता आन्दोलन के समय राष्ट्रभाषा को लेकर हुए विवाद में गाँधी जी ने समन्वय के नाम पर एक नया संकट खड़ा कर दिया था। उन्होंने हिन्दी को देवनागरी और फारसी लिपि में लिखे जाने का आह्वान किया। आगे चलकर गाँधी जी हिन्दुस्तानी के पक्ष में हो गए। यह हिन्दुस्तानी कुछ और नहीं बल्कि उर्दू का ही एक रूप थी। गाँधी जी और उनके मूक अनुकर्ता यह प्रचारित कर रहे थे कि हिन्दुस्तानी हिन्दू-मुस्लिम एकता का पुल सिद्ध होगी। वस्तुत: भाषा को लेकर यह गाँधी जी की द्विविधाग्रस्त मन:स्थिति का सूचक था। आचार्य शिवपूजन सहाय ने इस बिन्दु पर गाँधी जी तथा उनके अनुयायियों से असहमति प्रकट की और कहा—यदि राष्ट्रीयता की दुहाई देकर इसके द्वारा हिन्दू मुस्लिम एकता की ओर गूढ़ संकेत किया जाता हो और उसी के नाम पर खास तौर से अरबी-फारसी के प्रचलित शब्दों का अधिकाधिक व्यवहार करने के लिए हमसे कहा जाता हो तो हमें दक्षिणी, गुजराती और बंगाली भाइयों का भी स्वभावत: ध्यान आ जाता है जिनके साथ हम केवल संस्कृत प्रधान भाषा द्वारा ही सांस्कृतिक सम्बन्ध स्थिर रख सकते हैं। हमें राष्ट्रीयता की तरंग में यह भी न भूल जाना चाहिए कि यदि हम उर्दू के बारह सौ शब्दों को पचाकर उस भाषा के समर्थकों की सहानुभूति प्राप्त कर सकेंगे तो उसी के साथ भारत की अन्य भाषाओं से हमारा सांस्कृतिक विच्छेद हो जाएगा (वही, पृ. 432)।'' आचार्य जी उन लोगों के मन्तव्य को अस्वीकार करते हैं जो साम्प्रदायिक एकता के नाम पर हिन्दी भाषा और लिपि के स्वरूप को नष्ट करने की चेष्टा करते हैं। इस क्रम में वे राष्ट्रभाषा प्रचार समिति वर्धा की लिपि सम्बन्धी सुधार से बिलकुल असहमत हैं। उनका यह मानना है कि लिपि के सुधार के नाम पर देवनागरी लिपि का अंग-भंग करना उचित नहीं है (वही, पृ. 452) आचार्य जी ने गाँधी जी द्वारा देवनागरी और फारसी लिपि को अनिवार्य किए जाने की नीति का भी विरोध किया। आचार्य जी का स्पष्ट कहना है कि मुस्लिम तुष्टीकरण के लिए भाषा और लिपि को विकृत करना उचित नहीं है। (वही, पृ. 459-60)। आचार्य जी दोनों लिपियो को सीखने में राष्ट्र का श्रम और समय नष्ट करना व्यर्थ समझते हैं (460)। आचार्य जी का विश्वास है कि हिन्दुस्तानियों का दुराग्रह दीर्घायु नहीं होगा। हिन्दी की प्रगति अब नहीं रुक सकती। हिन्दी के पक्ष में हिन्दी भक्तों की श्रद्धाभक्ति ही है। हिन्दुस्तानी के पक्ष में गाँधी जी हैं और हिन्दी

के पक्ष में हिन्दी भक्त। भारतीय परम्परा बताती है कि जब-जब भक्तों ने भगवान से रार ठानी है भक्तों ने विजय पाई है (वही, पृ. 465)। आचार्य जी के इन वाक्यों से हिन्दी के प्रति उनकी अगाध निष्ठा, हिन्दी भाषा को जीवन भाषा बनाने और उस के माध्यम से देश की प्रगति की उनकी स्वस्थ कामना की झलक मिलती है, साथ ही पवित्र उद्‌देश्य के लिए किसी भी बड़े कहे जानेवाले व्यक्ति की अनुचित बात का विरोध करने की उनकी शक्ति के भी निदर्शन मिलते हैं।

आचार्य जी ने इस बात के लिए भी गाँधी जी से नाराजगी जतायी कि उन्होंने हिन्दुस्तानी के प्रचार के लिए राजेन्द्र बाबू की सज्जनता का अनुचित लाभ उठाया, "देश के अत्यन्त सज्जन व्यक्ति राजेन्द्र बाबू के कन्धे पर बन्दूक रखकर गाँधी जी तथा उनके अनुयायियों ने हिन्दुस्तानी को जबर्दस्ती लादने की कोशिश की। इसी का परिणाम था कि दक्षिण भारत हिन्दी प्रचार सभा का नाम बदलकर हिन्दुस्तानी प्रचार सभा रखा गया और हिन्दुस्तानी प्रचार सभा के भवन की नींव राजेन्द्र बाबू द्वारा रखवायी गई (वही, पृ. 466)। आचार्य जी ने इस अवसर पर राजेन्द्र बाबू द्वारा दिए गए भाषण की असंगति की ओर भी ध्यान दिलाया। राजेन्द्र बाबू ने बंगाल के लिए संस्कृत प्रधान शब्दावली के पक्ष में तर्क दिया और पंजाब तथा सीमान्त प्रान्त के लिए अरबी-फारसी प्रधान शब्दावली का पक्ष लिया। आचार्य जी ने भारत पाकिस्तान बन जाने के बाद भी काका कालेलकर द्वारा हिन्दुस्तानी का पक्ष लिए जाने पर व्यंग्य किया और उस विश्वास को हास्यास्पद बताया कि हिन्दुस्तानी के प्रयोग से एक दिन भारत पाकिस्तान मिलकर रहेगा (वही, पृ. 467)। आचार्य जी ने दो टूक शब्दों में कहा कि हिन्दुस्तान की जनता अब राष्ट्रभाषा का नाम 'हिन्दी' ही सुनना चाहती है (वही)।

हिन्दी-उर्दू विवाद खड़ा कर हिन्दी को विकृत किए जाने की प्रवृत्ति की भी आचार्य जी ने भर्त्सना की। उन्होंने स्पष्ट किया कि उर्दू कोई अलग भाषा नहीं है, वह हिन्दी की ही एक शैली है, केवल लिपि ने ही उसे अलग कर रखा है। उर्दू केवल दुर्बोध लिपि और अरबी-फारसी के क्लिष्ट शब्दों के जाल में फँस जाने के कारण ही राष्ट्रभाषा हिन्दी से अलग नजर आती है। यदि अप्रचलित और दुरूह शब्दों के प्रयोग का दुराग्रह न हो तो हिन्दू-मुस्लिम जनता की भाषा में विशेष भेद नहीं रहेगा (वही, पृ. 47), दुर्गम लिपि और अरबी-फारसी की बाहरी पोशाक उतार देने पर उसकी गठन बस हिन्दी की ही है (वही, पृ. 48), देवनागरी लिपि लिखी जाने पर उर्दू कहीं की क्षेत्रीय भाषा न रहकर राष्ट्रभाषा के कक्ष में चली जाएगी (वही, पृ. 48)। आचार्य जी ने उर्दूवालों के मन में हिन्दी

के प्रति व्याप्त उदासीनता को रेखांकित किया और कहा कि उर्दू के लेखकों और कवियों को हिन्दीवाले बड़े शौक से पढ़ते हैं और उनमें कितनों को प्यार भी करते हैं पर उर्दूवालों में वैसे हिन्दी साहित्यानुरागी शायद ही ढूँढ़े मिलेंगे। (वही, खंड-3, पृ. 49)।

आचार्य शिवपूजन सहाय ने स्वतन्त्रता प्राप्ति के पश्चात संविधान निर्माण के समय अँग्रेजी भाषा को पन्द्रह वर्ष के लिए राष्ट्रीय कामकाज की भाषा बनाए रखने के प्रावधान की नीति की कठोर शब्दों में निन्दा की। सरकार की इस पराजित मनोवृति की नीति के प्रति खेद व्यक्त करते हुए आचार्य जी ने कहा, ''बड़ी ग्लानि के साथ कहना पड़ता है कि अँग्रेज यहाँ से गए पर अपनी औलाद काफी छोड़ गए। (वही, पृ. 58)। उन्होंने व्यंग्य किया कि स्वर्ग में दूरदर्शी मैकॉले की आत्मा हमारी अदूरदर्शिता पर अट्टहास कर रही होगी (वही)। आचार्य जी ने अँग्रेजी को बनाए रखने की नीति के लिए दिए गए तर्क की निन्दा की अपनी प्रजारंजिनी सरकार को लचर दलीलों से अँग्रेजी की अनिवार्यता सिद्ध करते देख लज्जा से सिर नीचा हो जाता है। आचार्य जी ने स्वदेशी सरकार द्वारा अँग्रेजी के अनिवार्य बनाए रखने के तर्क पर बड़ी कड़ी टिप्पणी की—

''जो राष्ट्र विश्व में अपनी भाषा और लिपि को सर्वथा असमर्थ घोषित करके अपना घरेलू कामकाज चलाने के लिए विदेशी भाषा की उपयोगिता स्वीकार करने में अपनी विवशता प्रदर्शित करता है उसको नागरिक कहलाने में स्वभावतः ग्लानि का अनुभव होता है। आचार्य जी ने प्रकारान्तर से नेहरू जी की भाषा दृष्टि पर प्रहार किया और उनकी स्वेच्छाचारी नीति को प्रजातन्त्र के विरुद्ध बताया (वही, पृ. 58)। नेहरू आपाद मस्तक पाश्चात्य भाषा-संस्कृति में डूबे हुए व्यक्ति थे इसका एक प्रमाण गाँधी जी की स्वीकारोक्ति में मिलता है। 12 अगस्त, 1946 को वाइसराय वावेल ने अन्तरिम सरकार के गठन हेतु कांग्रेस अध्यक्ष को निमन्त्रित करने की बात कही। ऐसे अवसर पर कांग्रेस अध्यक्ष के चुनाव हेतु प्रान्तीय सभाओं से नाम माँगे गए। 15 में से 12 प्रान्तीय सभाओं ने सरदार पटेल का नाम प्रस्तावित किया और एक या दो लोगों ने राजेन्द्र बाबू का नाम दिया, पर गाँधी जी के दबाव में जवाहरलाल नेहरू का नाम सर्व स्वीकृत हुआ। पत्रकार दुर्गादास ने जब इसका कारण गाँधी से जानने की चेष्टा की तो गाँधी जी का उत्तर था—"Jawahar is the only English man in my camp,' (India from Curzon to Nehru and after'' पृ. 237, संस्करण 2021)। अँग्रेजी संस्कार में आपाद मस्तक डूबे व्यक्ति को राष्ट्र का शासनाध्यक्ष बनाना हिन्दी भाषा की दुर्गति का बड़ा कारण बना। हिन्दी भाषा के प्रति रवीन्द्रनाथ

ठाकुर की नीति की आलोचना प्रसिद्ध छायावादी कवि निराला ने की थी। आचार्य शिवपूजन सहाय ने भी हिन्दी के प्रति रवीन्द्रनाथ ठाकुर की उदासीनता की ओर संकेत किया। उन्होंने इस तथ्य की ओर ध्यान दिलाया कि रवीन्द्रनाथ ठाकुर ने हिन्दी के कबीर, दादू, विद्यापति से प्रेरणा लेने के बाद भी इन कवियों का नामोल्लेख तक नहीं किया। आचार्य जी ने रवीन्द्रनाथ के प्रशंसकों के इस कथन की आलोचना की कि वाल्मीकि और कालिदास के बाद भारत के अन्य कवि रवीन्द्रनाथ ठाकुर के समक्ष छोटे हैं (वही, खंड-3, पृ. 55)। आचार्य जी ने इस बात पर भी क्षोभ व्यक्त किया कि विश्वभारती में हिन्दी विभाग खोलने के बावजूद व्यक्तिगत जीवन में उन्होंने हिन्दी को महत्त्व नहीं दिया, ''महाकवि ने अपनी विश्वभारती में हिन्दी विभाग खोल दिया और साहित्यिक शोध के लिए सर्वांगपूर्ण हिन्दी संग्रहालय भी स्थापित कर दिया, पर स्वयं न ही हिन्दी बोलना सीखा, न लिखना ही, यहाँ तक कि हिन्दी को पढ़ने योग्य भाषा मानने की भी कृपा नहीं की। नागराक्षर में हस्ताक्षर तक करने का कभी अभ्यास नहीं किया। अभी तक नागराक्षर में उनके हस्तलेख का कोई चित्र कहीं छपा देखने में नहीं आया (वही, पृ. 56)। किसी भी बड़े कहे जानेवाले व्यक्तित्व से आतंकित हुए बिना अपना स्पष्ट और दृढ़ अभिमत व्यक्त करना बड़ी ही निष्ठा, प्रामाणिकता और चारित्रिक दृढ़ता तथा स्वाभिमान की माँग करता है। आचार्य जी में ये सारी विशेषताएँ विद्यमान थीं।

आचार्य जी ने इस षडयन्त्र का भी पर्दाफाश किया कि अँग्रेजी को पन्द्रह वर्षों तक बनाए रखने के बहाने जबरन अँग्रेजी से हिन्दी को हटवाया गया है (वही, पृ. 61)। आचार्य जी का मानना है कि अँग्रेजी हिन्दी के हृदय में शूल की तरह तब तक चुभेगी जब तक हिन्दी की छाती पर अँग्रेजी से मूँग दलवाई जाएगी (वही, पृ. 61)। आचार्य जी कायह क्षोभ और आक्रोश नेहरू की उस नीति पर है, अँग्रेजी की गुलामी की उनकी मानसिकता पर है, जिस कारण हिन्दी को उसका वास्तविक अधिकार नहीं मिल पाया।

हिन्दी को स्वतन्त्रता प्राप्ति के पहले उतने विरोध का सामना नहीं करना पड़ा जितना स्वतन्त्रता के बाद। आचार्य जी को हिन्दी भाषा के शब्दरूपों और लिपि की एकरूपता को लेकर चिन्ता थी, पर वे यह देख रहे थे कि हिन्दी के उत्थान के लिए त्यागी तपस्वी लोगों द्वारा बनाई गई संस्थाओं में आन्तरिक कलह व्याप्त है, ''हमारे अखिल भारतीय हिन्दी साहित्य सम्मेलन को लज्जाजनक झगड़ों से फुर्सत नहीं। काशी नागरी प्रचारिणी सभा भी दलबन्दी अथवा अर्थाभाव के कारण हिन्दी और नागरी के हित-साधन का अपना कार्यक्रम पूरा नहीं कर

पाती। पत्रकारों और सम्पादकों को राजनीतिक प्रपंच से अवकाश नहीं कि लिपि और भाषा की समस्याओं के समाधान के लिए नियमित रूप से आन्दोलन करें। (वही, पृ. 41)।

हिन्दी को कमजोर करने के लिए आज हिन्दी बनाम बोलियों का द्वन्द्व खड़ा किया जा रहा है। विभिन्न बोलियों को संविधान की आठवीं अनुसूची में सम्मिलित किए जाने के पीछे संकीर्ण स्वार्थ और अँग्रेजी को बल देने का षड्यन्त्र शामिल है। यह षड्यन्त्र आजादी के बाद ही आरम्भ हो गया था। आचार्य शिवपूजन सहाय की पैनी दृष्टि ने इसे देख लिया था। उन्होंने हिन्दी भाषी प्रान्तों में हिन्दी को छोड़कर बोलियों को शिक्षा का माध्यम बनाने को दुराग्रह माना (वही, पृ. 50)। आचार्य जी ने स्वतन्त्रता प्राप्ति के बाद बोलियों की अस्मिता के उभार को खतरनाक और अनर्थकारी बताया है, ''दासता के युग में मनुष्य गणना के समय हमने हिन्दी को मातृभाषा माना था, आज स्वाधीन होकर हम भोजपुरी या अपनी किसी क्षेत्रीय भाषा को मातृभाषा कहकर अनर्थ की सृष्टि करते हैं। यदि हमारी मातृभूमि भारत है, मगध नहीं तो हमारी मातृभाषा हिन्दी ही है मगही कदापि नहीं अत: कम-से-कम हिन्दी प्रधान प्रान्तों में तो राष्ट्रभाषा हिन्दी को आरम्भ से ही शिक्षा का माध्यम होना चाहिए भोजपुरी अवधी या किसी अन्य क्षेत्रीय भाषा को नहीं (वही, पृ. 50)। आचार्य जी ने यह भी कहा कि कोई भी क्षेत्रीय भाषा सीखने की दृष्टि से हिन्दी से अधिक सरल नहीं है (वही)। आचार्य जी ने इस बात को बल देकर कहा कि जैसे हिन्दी का किसी प्रान्तीय भाषा से विरोध नहीं है वह सबका सम्मान करती है उसी तरह बोलियों के विकास के लिए प्रतिबद्ध है। हिन्दी लोक भाषाओं के शब्दों, मुहावरे, कहावतों को सम्मान देती चल रही है। हिन्दी अँग्रेजी का स्थान लेना चाहती है इसलिए बोलियों के साथ उसका कोई द्वन्द्व नहीं है। वे यह मानते हैं कि देश के उत्थान के लिए हिन्दी की प्रतिष्ठा आवश्यक है, उसे शिक्षा का माध्यम बनाया जाना ही एकमात्र मार्ग है (वही, पृ. 51)।

आचार्य शिवपूजन सहाय हिन्दी भाषा और साहित्य के समग्र उत्थान के लिए प्रयत्नशील थे। वे हिन्दी साहित्य की श्रीवृद्धि के लिए प्रयत्न आवश्यक मानते थे इस क्रम में वे हिन्दी साहित्य की असंख्य पांडुलिपियों को प्रकाशित करना अनिवार्य समझते थे और इस बात से खिन्न थे कि जिनके पास पांडुलिपियाँ हैं वे प्रकाशित कराने में रुचि नहीं ले रहे हैं—

''हमारी हिन्दी का साहित्य अभी आधे से अधिक अप्रकाशित ही है। अनेक प्राचीन ग्रन्थ कहीं बेठनों में लिपटे पड़े हैं कहीं कूपमंडकों के घरों में दीमकों

को दावत दे रहे हैं। इसी प्रकार अनेक आधुनिक साहित्यकारों की कृतियाँ भी, प्रकाशकों के अभाव से तथा हमारी अगुणज्ञता एवं असावधानता से, प्रकाश में नहीं आई हैं। यदि हमारा सम्पूर्ण साहित्य सांगोपांग प्रकाशित हो जाय, तो हिन्दी का रत्नागार देखते ही बने---हिन्दी साहित्य में आज भी अब उसके अनेक महत्त्वपूर्ण ग्रन्थ अन्वेषकों और प्रकाशकों की प्रतीक्षा में पड़े बिलख रहे हैं, ऐसे-ऐसे देदीप्यमान ग्रन्थरत्न हैं, जिनकी तुलना के ग्रन्थ अन्य भाषाओं के साहित्य में दुर्लभ हैं। (वही, पृ. 32)।

हिन्दी साहित्य के परिष्कार और विकास के लिए आचार्य जी संस्कृत साहित्य भंडार को अनुवाद के माध्यम से पाठकों के बीच लाना चाहते हैं। संस्कृत वाङ्मय विविध विषयों का अपरिमित भंडार है, वह हमारे प्राचीन ज्ञान सम्पदा का परम्परागत वाहक है। उस भंडार से हिन्दी के सामान्य पाठकों को परिचित कराना आचार्य जी आवश्यक समझते हैं (वही, पृ. 292)।

आचार्य जी की दूरदर्शी सोच का यह भी एक रूप था कि वे हिन्दी के श्रेष्ठ लेखकों-कवियों की रचनाओं को समग्र रूप में प्रकाशित होते देखना चाहते थे। (वही, पृ. 292)। आज आचार्य जी की कल्पना साकार रूप ले चुकी है। हिन्दी के लगभग सभी प्रतिष्ठित रचनाकारों की रचनाएँ ग्रन्थावली का रूप ले चुकी हैं। हालाँकि निर्मल वर्मा जैसे प्रतिष्ठित रचनाकार की रचनाएँ ग्रन्थावली का रूप लेने की प्रतीक्षा में हैं।

इस प्रकार आचार्य शिवपूजन सहाय की हिन्दी सेवा, हिन्दी निष्ठा का हिन्दी की व्यापक प्रतिष्ठा के लिए किए गए प्रयत्न का यह संक्षिप्त विवरण है। हिन्दी के आत्म सम्मान से बिना समझौता किए आचार्य जी ने बड़े-से-बड़े दिग्गजों की भाषा के सम्बन्ध में धुन्ध उत्पन्न करने की चेष्टा की भर्त्सना की। किसी बड़े राजनीतिक व्यक्तित्व की असंगत बातों का स्पष्ट और प्रखर विरोध आचार्य जी के दृढ़ और निर्भीक व्यक्तित्व का अप्रतिम उदाहरण है। उन्होंने हिन्दी के उत्थान के लिए स्वयं प्रयत्न किया और हिन्दी सेवियों की पंक्ति खड़ी की। आचार्य जी ने भाषा और साहित्य की दुनिया में हिन्दी को लेकर उत्पन्न किए जानेवाले भ्रम का दृढ़तापूर्वक निवारण किया। एक रचनाकार, आलोचक, सम्पादक, पत्रकार तथा भाषाविद् के रूप में कार्य करते आचार्य जी ने जिस निष्ठा का, सिद्धान्तप्रियता का परिचय दिया वह आज हिन्दी भाषा साहित्य के क्षेत्र में समर्पित भाव से कार्य करनेवालों के लिए आदर्श है, वह अनुकरणीय भी है।

राष्ट्रभाषा संघर्ष और राहुल सांकृत्यायन

महापंडित के नाम से विख्यात राहुल सांकृत्यायन भारतीय मेधा परम्परा की अप्रतिम कड़ी हैं। भाषा, साहित्य, धर्म, दर्शन, संस्कृति, इतिहास के क्षेत्र में उनका योगदान अनन्य है। बौद्ध मत सम्बन्धी राहुल जी का कार्य अविस्मरणीय है। इसके लिए राहुल जी ने श्रीलंका से लेकर तिब्बत तक की यात्रा की। यातायात और संचार क्रान्ति की नवीनतम उपलब्धियों के बीच आज की युवा पीढ़ी के लिए शायद यह कल्पना करना भी कठिन है कि आज से लगभग एक शताब्दी पूर्व दुर्लभ ग्रन्थों की खोज में कोई व्यक्ति हजारों किलोमीटर की यात्रा करता है। यह कार्य ज्ञान की तीव्र पिपासा और अगाध निष्ठा के बिना सम्भव नहीं है। भारतीय ज्ञान साधकों की लम्बी परम्परा की एक दुर्लभ विशेषता रही है 'चरैवेति चरैवेति' की। उनकी इस विशेषता ने भारत की ज्ञान सम्पदा में अपरिमित वृद्धि की। राहुल जी भी उस परम्परा की एक दुर्लभ कड़ी हैं। राहुल जी की यात्रा सत्यान्वेषण की यात्रा है। राहुल जी बहुभाषाविद् थे। इस कारण उन्होंने संसार के सभी प्रमुख धर्मों, पन्थों के साहित्य का अध्ययन उनकी मूल भाषाओं में किया पर राहुल जी ने अपने ज्ञान का साक्षात्कार हिन्दी भाषा में कराया। यह उनकी हिन्दी भाषा के प्रति अप्रतिम निष्ठा और समर्पण का प्रतीक है। उन्होंने अपनी अपार ज्ञान सम्पदा से हिन्दी के भंडार को भर दिया। यह उनका ही प्रयास था कि हिन्दी साहित्य का इतिहास दो शताब्दी पीछे चला गया— उन्होंने सरहपा के रूप में हिन्दी के एक नए कवि की खोज की। भाषा के क्षेत्र में भी राहुल जी का योगदान अनन्य है। भाषा और साहित्य के विषय में उनकी धारणा थी कि, "भाषा और साहित्य धारा के रूप में चलता है, फर्क इतना ही है कि नदी को हम देश की पृष्ठभूमि के रूप में देखते हैं जबकि भाषा देश और भूमि दोनों को पृष्ठभूमि को लिए आगे बढ़ती है। कालक्रम के अनुसार देखने पर ही हमें उनका विकास अधिक सुस्पष्ट रूप से दृष्टिगोचर होता है। ऋग्वेद से लेकर 19वीं शताब्दी के अन्त तक की गद्यधारा और काव्यधारा के संग्रहों की आवश्यकता है।"

राहुल जी का पूरा जीवन साहित्य के प्रति समर्पित था। जिस प्रकार उनके पाँव नहीं रुके उसी प्रकार उनकी लेखनी नहीं रुकी। अपने कर्ममय जीवन के विषय में उनकी गर्वोक्ति थी, ''मैं सेकेंड का तो नहीं पर मिनट का हिसाब जरूर दे सकता हूँ।।'' इससे उनके कर्ममय जीवन की चरितार्थता का अनुमान लगाया जा सकता है।

स्वतन्त्रता आन्दोलन में राहुल जी की भागीदारी अत्यन्त महत्त्वपूर्ण थी। भारत स्वतन्त्र हो, यह उनका सपना था। राहुल जी प्रगतिशील आन्दोलन से जुड़े थे पर प्रगतिशीलता को राष्ट्रीय परिप्रेक्ष्य में देखने के आग्रही थे। राष्ट्रीय चेतना के सन्दर्भ में उनका कथन ध्यातव्य है, ''यदि कोई 'गंगा मइया की जय' बोलने के स्थान पर वोल्गा को जय बोलने के लिए कहे तो मैं इसे पागल का प्रलाप ही कहूँगा।''

राहुल जी की राष्ट्रीय चेतना का सर्वाधिक प्रखर रूप भाषा के क्षेत्र में दिखाई देता है। उन्होंने हिन्दी भाषा और भारतीय भाषाओं के साहित्य का उनकी महान परम्परा से जोड़कर अध्ययन और विश्लेषण किया। हिन्दी के प्रति राहुल जी की निष्ठा अनन्य थी। उनके शब्द हैं, ''मैंने नाम बदला, वेशभूषा बदली, खानपान बदला, सम्प्रदाय बदला, लेकिन हिन्दी के सम्बन्ध में मैंने विचारों में कोई परिवर्तन नहीं किया। हिन्दी अँग्रेजी के बाद दुनिया के अधिक संख्यावाले लोगों की भाषा है। इसका साहित्य 750 ई. से आरम्भ होता है और इसने सरहपा, कण्हपा, गोरखनाथ, चन्दबरदाई, कबीर, जायसी, सूर, तुलसी, बिहारी, हरिश्चन्द्र जैसे कवि और लल्लूलाल, प्रेमचन्द जैसे लेखक दिए हैं। इसका भविष्य अधिक उज्ज्वल तथा भूत से भी अधिक प्रशस्त है।''

महामना मदनमोहन मालवीय, राजर्षि पुरुषोत्तम दास टंडन, डॉ. राजेन्द्र प्रसाद, आचार्य रामचन्द्र शुक्ल, आचार्य शिवपूजन सहाय, सूर्यकान्त त्रिपाठी निराला, सुमित्रानन्दन पन्त, महादेवी वर्मा की भाँति राहुल जी ऐसे मनीषी थे जिन्होंने स्वतन्त्रता आन्दोलन और उसके बाद भी हिन्दी के विकास के लिए, उसे राष्ट्रभाषा का स्थान दिलाने के लिए ध्येयवाद से प्रेरित होकर संघर्ष किया। भारतेन्दु हरिश्चन्द्र की उक्ति ''निज भाषा उन्नति अहै, सब उन्नति को मूल'' को उन्होंने भली-भाँति हृदयंगम किया था। वे यह जानते थे कि यदि अपने देश के करोड़ों लोगों को शिक्षित करना है तो अपनी भाषा को अपनाने के अलावा और कोई अन्य मार्ग नहीं है। राहुल जी ने भाषा और विशेषकर राष्ट्रभाषा के प्रश्न पर अपनी स्पष्ट राय दी है। उन्होंने जीवन भर अँग्रेजी और अँग्रेजियत

का जमकर विरोध किया— हिन्दी को राष्ट्रभाषा के रूप में स्थापित करने की जोरदार वकालत की। उन्होंने इस बात की परवाह नहीं की कि इसके लिए उन्हें कट्टर, साम्प्रदायिक और अन्धराष्ट्रवादी कहा जा रहा है। वे अपनी आस्था के प्रति इतने दृढ़ निकले कि भाषा के मुद्दे पर कम्युनिस्ट पार्टी से निष्कासित किए जाने को भी महत्त्व नहीं दिया। वे हिन्दी के प्रति अन्त तक निष्ठावान बने रहे। अखिल भारतीय हिन्दी साहित्य सम्मेलन के पैंतीसवें अधिवेशन के सभापति पद से जो व्याख्यान उन्होंने मुम्बई में 1947 में दिया वह अत्यन्त महत्त्वपूर्ण है। हिन्दी के प्रश्न पर राहुल जी के व्याख्यान के कुछ अंशों पर उनकी अपनी ही पार्टी भारतीय कम्युनिस्ट पार्टी ने आपत्ति प्रकट की थी लेकिन उन्होंने पार्टी के कहने पर अपने व्याख्यान में कोई परिवर्तन नहीं किया। राहुल जी के व्याख्यान के जिन दो मुद्दों पर पार्टी को आपत्ति थी उनमें हिन्दू मुस्लिम सामंजस्य पर राहुल जी का यह दृष्टिकोण था, ''उनका (समाज का) भारतीयता के प्रति विद्वेष सदियों से चला आया है, किन्तु नवीन भारत में कोई भी धर्म भारतीयता को पूर्णतया स्वीकार किए बिना फल-फूल नहीं सकता। ईसाइयों, पारसियों और बौद्धों को भारतीय से एतराज नहीं, फिर इस्लाम ही को क्यों? ---अभी हमारे राष्ट्रीय मुसलमान भाई भी नहीं समझ पाए हैं कि उनकी सन्तानों को नव भारत में कहाँ तक जाना है। नवीन भारत ऐसे मुसलमानों को चाहेगा, जो अपने धर्म के पक्के हों किन्तु साथ ही उनकी भाषा, वेशभूषा और खानपान में दूसरे भारतीयों से कोई अन्तर न हो, भारत के गौरवपूर्ण इतिहास के प्रति आदर रखने में वे दूसरों से पीछे न हों'' (उद्धृत राष्ट्रभाषा हिन्दी, हिन्दी अपनी भूमि की अधिष्ठात्री, पृ. 32, राधाकृष्ण प्रकाशन, नई दिल्ली, संस्करण 2002)। राहुल जी का कहना बिलकुल यथार्थवादी दृष्टिकोण पर आधारित है। यदि मुस्लिम समुदाय राहुल जी के दृष्टिकोण का अनुसरण करता तो आज सभी समस्याओं का समाधान हो गया होता।

दूसरा प्रमुख मुद्दा था हिन्दी-उर्दू-हिन्दुस्तानी विवाद में राहुल जी का हिन्दी के प्रति पूर्ण समर्थन तथा भारतीय भाषाओं में हिन्दी को सर्वोच्च स्थान देने का उनका आग्रह। जब राष्ट्रभाषा का प्रश्न खड़ा हुआ तो राहुल जी ने उर्दू अथवा हिन्दुस्तानी के स्थान पर हिन्दी को अपना पूर्ण समर्थन दिया। उनकी स्पष्ट मान्यता थी कि, ''लोग राजनीतिक कारणों से हिन्दुस्तानी का समर्थन करते हैं जबकि मैं हिन्दी का इस कारण समर्थक हूँ कि हिन्दी सबसे पुरानी भाषा है।'' आचार्य शिवपूजन सहाय ने भी हिन्दुस्तानी को कृत्रिम भाषा कहा था। उनकी टिप्पणी ध्यातव्य है, ''हिन्दुस्तानी हिन्दी उर्दू के समन्वय से नहीं बनी है बल्कि

हिन्दी की खाल में उर्दू का भुस भरकर बनाई गई है।'' (शिवपूजन सहाय समग्र, खंड-3, पृ. 39)। आचार्य शुक्ल ने भी कहा था कि हिन्दुस्तानी छनी हुई उर्दू के अतिरिक्त और कुछ नहीं है। वस्तुतः भाषा का प्रश्न राहुल जी के लिए दलीय निष्ठा का प्रश्न नहीं था। इसलिए उन्होंने प्रगतिशील लेखक संघ के विरोध के बाद भी राष्ट्रभाषा के रूप में हिन्दी की प्रतिष्ठा के लिए अनथक संघर्ष किया। उन्होंने जोर देकर कहा कि राष्ट्रीय एकता के लिए राष्ट्रभाषा की आवश्यकता है जिसका काम प्रान्तीय भाषा का स्थान ग्रहण करना नहीं बल्कि एक भाषा-भाषी प्रान्त का दूसरे भाषा-भाषी प्रान्त के साथ और प्रान्तों के साथ केन्द्र का सम्बन्ध जोड़ना है। हमारा हिन्दी के लिए आग्रह सिर्फ इसलिए है कि वह पहले से ही भारत के एक विशाल भाग में व्यवहृत होती है'' (उद्धृत राहुल: चिन्तन और मन्थन, पृ. 117) राहुल जी हिन्दी को राष्ट्रभाषा के लिए सर्वथा उपयुक्त मानते थे। उनकी दृढ़ मान्यता थी कि किसी भी देश में राष्ट्रभाषा का स्थान उसी भाषा को मिल सकता है, जिसके बोलनेवालों की संख्या अधिक हो। इसके लिए राहुल जी पूर्व सोवियत संघ का उदाहरण देते हैं जहाँ छासठ भाषाएँ बोली जाती थीं, पर रूसी भाषा वहाँ की केन्द्रीय भाषा बनी, ''संघ की भाषा वही हो सकती है, जिससे देश के बहुसंख्यक लोग परिचित हों और जिसके शब्द भंडार में प्रादेशिक भाषाओं के बहुत अधिक शब्द हों। ऐसी भाषा हिन्दी ही है। प्रादेशिक भाषाओं की तरह अपने आरम्भिक काल से ही संस्कृत से आवश्यक शब्दों के लेने के कारण यह दूसरे प्रदेशवालों के लिए सुगम है'' (भाषा का प्रश्न, राष्ट्रभाषा हिन्दी, पृ. 10, राधाकृष्ण प्रकाशन, नई दिल्ली, संस्करण 2002)।

राहुल जी किसी भी दशा में अँग्रेजी को स्वीकार करने के पक्ष में नहीं हैं, ''भारत संघ की एक भाषा भी होनी आवश्यक है। कुछ लोग अँग्रेजी को बनाए रखना चाहते हैं। यह भी दासता के अभिशाप का अवशेष है (वही, पृ. 25)। जो लोग हिन्दी उर्दू दोनों भाषाओं को राष्ट्रभाषा तथा नागरी लिपि और अरबी लिपि को राष्ट्रलिपि बनाए जाने का आग्रह करते हैं, इसे राहुल जी उपयुक्त नहीं मानते। वे दो टूक शब्दों में कहते हैं और उचित ही कहते हैं कि, ''संघ को राष्ट्रभाषा सिर्फ एक लेनी चाहिए। दो-दो, चार-चार भाषाओं को संघ की भाषा मानना किसी भी दृष्टि से ठीक नहीं है।'' (वही, पृ. 26)।

उर्दू के विषय में राहुल जी का स्पष्ट मत है कि विदेशी भाषा अरबी से अपने शब्दकोश को समृद्ध करने के कारण उर्दू राष्ट्रभाषा नहीं हो सकती क्योंकि इससे प्रादेशिक भाषाओं के लिए भारी कठिनाई उपस्थित हो सकती है (वही, पृ. 10)। राहुल जी ने यह भी स्पष्ट रूप से कहा कि हिन्दी प्रदेशों में ऐसा कोई

क्षेत्र नहीं है जहाँ के बहुसंख्यक लोग अपनी भाषा उर्दू मानते हैं इसलिए वहाँ उर्दू को राजभाषा बनाने का प्रयत्न बहुसंख्यक जनता की इच्छा के विरुद्ध होगा (वही, पृ. 11)। राहुल जी यह जानते थे कि उर्दू कहीं भी गाँव के लोगों की मातृभाषा नहीं है। शहरों में भी वह मुट्ठीभर पुराने मुस्लिम सामन्ती अवशेषों और उनके लग्गू भग्गुओं की मातृभाषा है (वही, पृ. 65)। इसलिए वे उर्दू को किसी भी प्रान्त की या संघ की भाषा बनाए जाने के पक्ष में नहीं हैं। राहुल जी उर्दू को अलग भाषा भी नहीं मानते, उसे वे हिन्दी की ही एक शैली मानते हैं। वे उर्दूदाँ लोगों की एक दुरभि सन्धि की ओर संकेत करते हैं कि जहाँ हिन्दी में तत्सम और तद्भव शब्दों की अधिकता है वहीं उर्दू में अरबी-फारसी शब्दों की भरमार है और वे जबर्दस्ती लाए गए हैं—पुराने तद्भव और देशज शब्दों को बाहर किया गया है (हमारी भाषा / राष्ट्रभाषा हिन्दी, पृ. 63)। 'मतरूक' का सिद्धान्त उर्दूवालों ने ही लागू किया था।

राहुलजी हिन्दी के पक्ष में बार-बार यह तर्क देते हैं कि वह देश के बहुसंख्यक स्थानों में बोली और समझी जाती है। उन्होंने सोवियत संघ का उदाहरण सामने रखा, "हमारे यहाँ जो उदाहरण लागू हो सकता है वह है सोवियत संघ का, जहाँ छियासठ भाषाएँ बोली-लिखी जाती हैं। द्रविड़ भाषाओं में तो तब भी 60-60 प्रतिशत तक संस्कृत के शब्द मिलते हैं वहीं संस्कृत शब्द जो उत्तरी भाषाओं में हैं— किन्तु सोवियत की मंगोल-तुर्की सम्बन्ध की पचासों भाषाओं का रूसी भाषा से कोई सम्बन्ध नहीं तो भी वहाँ के लोगों ने संघ की एक भाषा मानते वक्त रूसी को ही वह स्थान दिया क्योंकि वह दो-तिहाई जनता की भाषा थी और देश में भी बहुत दूर तक प्रचलित थी। हिन्दी का भी वही स्थान है। इसलिए एक भाषा रखते वक्त हमें हिन्दी को ही लेना होगा। हिन्दी भाषा-भाषी बहुत भारी प्रदेशों तक फैले हुए हैं। इतना ही नहीं, बल्कि असमी, बँगला, उड़िया, मराठी, गुजराती, पंजाबी, ऐसी भाषाएँ हैं जो हिन्दी जाननेवालों के लिए समझने में आसान हो जाती हैं। (वही, पृ. 27)।

भाषा के साथ लिपि की समस्या भी उठी थी। गाँधी जी ने हिन्दी को देवनागरी और अरबी लिपि में लिखे जाने का सुझाव दिया था। पर राहुल जी किसी कीमत पर अरबी लिपि को स्वीकार किए जाने के पक्ष में नहीं है। राहुल जी का मानना था कि उर्दू लिपि वस्तुत: अरबी लिपि ही है जो इतनी अपूर्ण लिपि है कि उसे खुद बहुत से इस्लामी देशों से देश निकाला दिया जा चुका है। उसको लादने का ख्याल हमारे दिल में आना ही नहीं चाहिए (वही, पृ. 27)। राहुल जी ने दो टूक शब्दों में कहा कि सारे संघ की राष्ट्रभाषा और राष्ट्रलिपि हिन्दी

ही होनी चाहिए। उर्दू भाषा और लिपि के लिए वहाँ कोई स्थान नहीं (वही, पृ. 31)। राहुल जी ने उर्दूवालों को सुझाव दिया कि वे नागरी लिपि अपनाएँ जिससे प्रारम्भिक से लेकर उच्च शिक्षा तक उर्दू भाषा का अध्ययन हो सके (वही, पृ. 31)। राहुल जी सांस्कृतिक समन्वय के लिए नागरी लिपि को अपनाए जाने का समर्थन करते हैं (वही, पृ. 11)।

हिन्दी को राष्ट्रभाषा बनाए जाने का विरोध स्वाधीनता प्राप्ति के बाद देश के एक वर्ग द्वारा यह कहकर किया जाने लगा कि हिन्दी का साम्राज्य सारे देश पर थोपा जा रहा है। राहुल जी ने इस मानसिकता का प्रत्याख्यान किया और इसे झूठा प्रचार कहा, ''हिन्दी के राष्ट्रभाषा होने के लिए जब कहा जाता है तो कहीं-कहीं से आवाज निकलती है हिन्दीवाले सारे भारत पर हिन्दी का साम्राज्य स्थापित करना चाहते हैं। यह उनका झूठा प्रचार है और वह हिन्दी भिन्न भाषा-भाषियों के मन में यह भय पैदा करना चाहते हैं कि हिन्दी के संघ भाषा बनने पर उनकी भाषा का साहित्य और अस्तित्व ही मिट जाएगा। यह विचार सर्वथा निर्मूल है। अपने क्षेत्र में वहाँ की भाषा ही सर्वेसर्वा होगी--- हिन्दी का काम तो वहाँ ही पड़ेगा जहाँ एक प्रान्त का दूसरे प्रान्त से सम्बन्ध होगा'' (वही, पृ. 27-28)।

समृद्ध शब्द सम्पदा किसी भी भाषा की शक्ति का परिचायक है। शब्द भंडार में पारिभाषिक शब्दावली का महत्त्वपूर्ण स्थान होता है। विज्ञान, चिकित्सा, कानून, व्यवसाय, न्याय और प्रशासन के लिए पारिभाषिक शब्दों के निर्माण को राहुल जी ने प्राथमिकता दी। इस सन्दर्भ में उन्होंने राजनीतिज्ञों, नौकरशाहों, बुद्धिजीवियों तथा अँग्रेजी मानसिकता से ग्रस्त अध्यापकों की नीति की भर्त्सना की। ''हमारे शिक्षा मन्त्री और शिक्षा विभाग की जो नीति है, उससे कोई आशा नहीं रखी जा सकती। अभी तो इन्हें जैसे ही तैसे अरबी-फारसी शब्दों को हिन्दी के मत्थे मढ़ने के महायोजन से ही फुर्सत नहीं है। ---दिल्ली के गद्दीधारियों को इसकी चिन्ता नहीं। जान पड़ता है उनकी इच्छा अपने जीवन तक नहीं बल्कि पुत्र-पौत्रों के भी जीवन तक के लिए अँग्रेजी को बनाए रखने की है'' (वही, पृ. 19, 23)।

पारिभाषिक शब्दों के निर्माण के प्रति राहुल जी अत्यन्त गम्भीर थे। उनका विश्वास था कि यदि पाँच लाख पारिभाषिक शब्दों का निर्माण हो जाए तो सभी विषयों का अध्यापन हिन्दी भाषा में हो सकता है। पारिभाषिक शब्दों के विषय में सर्वग्राह्यता एवं प्रामाणिकता के कारण वे संस्कृत का पक्ष लेते हैं (वही, पृ. 61)। राहुल जी अपने समय में पारिभाषिक शब्दों के निर्माण हेतु किए जा रहे

प्रयत्नों के साथ सक्रिय रूप से जुड़े थे और उनके लिए निर्मित परिषद् में अपनी महत्त्वपूर्ण भूमिका का निर्वाह कर रहे थे। वे दृढ़तापूर्वक अपनी बात परिषद् के सामने रख रहे थे कि कानून या विज्ञान की पारिभाषिक शब्दावली का आधार संस्कृत होना चाहिए क्योंकि समस्त देश में वे प्रचलित हैं और उनमें एकरूपता है। अरबी-फारसी शब्दों से अधिकांश प्रान्तों के लोग अपरिचित हैं (वही, पृ. 15)। राहुल जी ने पारिभाषिक शब्दावली के निर्माण के लिए बनाई गई समिति के सर्वसम्मत निर्णय का उल्लेख करते हुए कहा कि संस्कृत से आए शब्द ही उपयुक्त हैं। इन्हें ही वे प्रगतिशील शब्द कहते हैं। परिषद् के वाद-संवाद से सभी लोगों को मालूम हुआ कि सारे देश में अधिक प्रगतिशील वे ही शब्द हैं जो संस्कृत से आए हैं। उनके भी तद्भव रूपों का एक-सा प्रचार बहुत कम देखा जाता है और तत्सम रूप ही सर्वत्र ग्राह्य है (वही, पृ. 17)। हिन्दी की सामर्थ्य के प्रति राहुल जी पूर्णतया आश्वस्त थे। उनका मानना था कि हिन्दी में विज्ञान सम्बन्धी पारिभाषिक शब्दावली का अभाव नहीं है। उन्होंने अध्यापकों की प्रवृत्ति पर कठोर टिप्पणी की और अँग्रेजी का पक्ष लेनेवालों को विश्राम लेने की सलाह दी, ''यदि कोई साइंस का प्रोफेसर ऐसी निराशापूर्ण बात करता है तो मैं कहूँगा कि अब उसे विश्राम लेने की आवश्यकता है।'' (वही, पृ. 35)। उन्होंने विज्ञान के लिए अँग्रेजी की सहायता लेने की प्रवृत्ति की तीव्र भर्त्सना की, ''आज साइंस सीखने के लिए अँग्रेजी की पूँछ पकड़ना अपने को मँझधार में डुबोना है। हिन्दी में साइंस की पुस्तकें तैयार करने में हमारे साइंस के बूढ़े प्रोफेसर सहायक तो क्या होंगे, बाधा डालने में जरूर कोई कसर उठा न रखेंगे। लेकिन असाध्य और असम्भव के शब्द तरुणों के शब्दकोश में नहीं मिलते।'' (वही, पृ. 36)।

यद्यपि राहुल जी ने पारिभाषिक शब्दों के निर्माण में संस्कृत को प्राथमिकता दी तथापि प्रचलित विदेशी शब्दों को भी स्वीकार किया। उनका कहना था कि वस्तु के साथ आए विदेशी शब्दों को हर देश में, हर भाषा में लिया गया है (वही, पृ. 35)। वस्तुत: राहुल जी की हिन्दी सम्बन्धी अवधारणा अत्यन्त व्यापक है। उनकी दृष्टि में हिन्दी की सांस्कृतिक परिधि का विस्तार करनेवाली सभी भाषाएँ हिन्दी ही हैं। राहुल जी का यह मानना था कि मैथिली, मराठी, भोजपुरी, अवधी, बघेली, बुन्देलखंडी, ब्रजी, उत्तर पांचाली, हरियाणवी, मेवाड़ी, छत्तीसगढ़ी आदि जनपदीय भाषाओं के शब्दकोश तैयार किए जाएँ और जो शब्द सामान्य रूप से पाए जाएँ उन्हें हिन्दी शब्दकोश में सम्मिलित कर लिया जाये। राहुल जी की यह भी मान्यता थी कि अपभ्रंश की स्थानीय होने के

कारण बँगला, असमिया, उड़िया, मराठी, गुजराती, पंजाबी भी हिन्दी की परिधि में आती है क्योंकि अपभ्रंश का दूसरा नाम 'देशी भाषा' था। राहुल जी सिंहली और किन्नरी को भी हिन्दी परिवार की भाषा मानते हैं। वस्तुतः राहुल जी भाषा के माध्यम से राष्ट्रीय एकता को मजबूत करना चाहते थे।

किसी भी भाषा की वास्तविक उन्नति के लिए व्यवसाय एवं प्रशासन में उसका प्रयोग अत्यावश्यक है। राहुल जी इसके लिए केन्द्रीय सेवाओं में हिन्दी के अनिवार्य प्रयोग पर बल देते थे। वे बार-बार इस बात को दृढ़तापूर्वक समाज के समक्ष रख रहे थे कि यूनियन के सरकारी कार्यों के लिए जहाँ तक हो सके हिन्दी को अँग्रेजी का स्थान देना चाहिए। उनका यह कहना सही था कि अँग्रेजी के स्थान पर हिन्दी के आने से देश के सांस्कृतिक वैज्ञानिक प्रगति में बड़ी सहायता मिलेगी। ज्ञान के प्रसार के लिए स्वभाषा का माध्यम के रूप में होना अत्यन्त आवश्यक है। राहुल जी ने न केवल संघ लोक सेवा आयोग की परीक्षाओं में हिन्दी को प्रथम स्थान दिलाने का पक्ष लिया अपितु हिन्दी भाषी राज्यों के उच्च न्यायालयों और सर्वोच्च न्यायालय की भाषा हिन्दी हो, इस पर बल दिया। अहिन्दी भाषी राज्यों के उच्च न्यायालयों की भाषा राज्य की भाषा होनी चाहिए (राष्ट्रभाषा हिन्दी, पृ. 69-70)। प्रशासन में अँग्रेजी की अनिवार्यता को राहुल जी देश के लिए कलंक मानते थे। उन्होंने क्षोभ के साथ कहा कि केन्द्रीय नौकरियों और दूसरे पदों के लिए अभी भी अँग्रेजी की अच्छी योग्यता अनिवार्य रखी गई है। पुराने नौकरशाहों की नई पौधें बचपन से ही अँग्रेजी की घुट्टी पीते भारी तनख्वाह की नौकरियों पर अपनी इजारादारी कायम रखना चाहते हैं। इसलिए वे अँग्रेजी को जबर्दस्ती लाद रहे हैं। यह सरासर नीचता है कि प्रतिभाशाली तरुणों को ऊँचे पदों पर पहुँचने से वंचित किया जाए (वही, पृ. 63)। क्योंकि प्रतिभा रखते हुए भी वह यूरोपियन स्कूलों और कान्वेंटों की खर्चीली शिक्षा नहीं पा सकते। यह एक नया जातिभेद कायम रखना है जिसे हमारा देश अधिक दिनों तक सहन नहीं कर सकता (वही)।

राहुल जी ने नौकरशाही की वर्चस्ववादी एवं यथास्थितिवादी प्रवृत्ति पर प्रहार किया, ''अड़चन सिर्फ नौकरशाही से हो सकती है, लेकिन यदि उसके सुभीते को देखा जाए तो गुलामी से पिंड कभी नहीं छूटेगा (वही, पृ. 68)।'' स्वतन्त्रता प्राप्ति के कुछ ही वर्षों के भीतर नौकरशाही के षड्यन्त्र से ही अँग्रेजी का विस्तार हुआ और वह वहाँ पहुँच गई जहाँ वह स्वतन्त्रता पूर्व भी नहीं थी। राहुल जी मैकाले की नीति की विजय का अनुभव कर रहे थे, ''अँग्रेजी अब भी

अपना स्थान पहले की तरह बनाए हुए है। बल्कि यह कहना चाहिए, जहाँ वह नहीं थी, वहाँ भी नौकरशाही की कृपा से पहुँच गई है। राजस्थान और मध्यभारत की रियासतों में शासन और न्याय का सारा काम स्वतन्त्रता के पहले हिन्दी में हुआ करता था, पर नौकरशाही की सुविधा के लिए वह अँग्रेजी में हो रहा है (हमारी परिभाषाएँ, वही, पृ. 83)।''

राहुल जी की सोच एकदम स्पष्ट थी। राष्ट्रभाषा के प्रति उनका समर्पण असन्दिग्ध था। उन्होंने दृढ़तापूर्वक कुछ बातें समाज के समक्ष रखीं, ''यूनियन के सरकारी कार्यों के लिए जहाँ तक हो सके हिन्दी को अँग्रेजी का स्थान देना चाहिए। हमारे और विदेशी दूतावासों के साथ लिखा-पढ़ी में इंग्लिश का प्रयोग करना राष्ट्रीय अपमान की बात है। यूनियन और हिन्दी भाषी राज्यों के बीच सारी लिखा-पढ़ी हिन्दी में होनी चाहिए। हिन्दीवाले राज्यों को आपस में सारा पत्र-व्यवहार हिन्दी में करना चाहिए। हिन्दी और अहिन्दी राज्य इस काम को अनुवाद द्वारा कर सकते हैं। अँग्रेजी के स्थान पर हिन्दी के आने से सांस्कृतिक और वैज्ञानिक प्रगति में बड़ी सहायता मिलेगी (वही, पृ. 67-68)।''

राष्ट्रभाषा के प्रश्न पर राजनेताओं के ढुलमुल रवैये से राहुल जी सर्वथा खिन्न थे। यह कटु सत्य है कि आजादी के बाद जिस वर्ग की सर्वाधिक जिम्मेदारी थी, उसी वर्ग ने अपने निहित स्वार्थ और गुलामी मानसिकता के कारण हिन्दी के प्रति उपेक्षापूर्ण रवैया अपनाया। इस सन्दर्भ में राहुल जी ने दो लोगों को सर्वाधिक जिम्मेदार माना—जवाहरलाल नेहरू और मौलाना अबुल कालाम आजाद। राहुल जी ने इन दोनों लोगों की भाषा सम्बन्धी अन्तर्विरोध पूर्ण नीति पर कठोर टिप्पणी की। उन्होंने मौलाना आजाद की हिन्दी निष्ठा और योग्यता पर भी प्रश्नचिह्न लगाया, ''मौलाना आजाद हिन्दी के कितने हिमायती हैं, इसे कहने की आवश्यकता नहीं। हिन्दी के भानुमती के कुनबे में यह मौलाना देश के दुर्भाग्य से ढेरी के साँप बनके बैठ गए--- पहले मौलाना बाहर से जोर लगा रहे थे। अब शिक्षा मन्त्रालय के हाथ में रहने से वह भीतर से छुरी भोंकने की पूरी कोशिश कर रहे हैं--- शिक्षा विभाग के लिए सबसे अयोग्य व्यक्ति अब भी उस गद्दी को सम्हाले हुए हैं--- मौलाना और उनके जैसे ख्याल रखनेवालों के दिमाग में केवल अँग्रेजी ही अन्तराष्ट्रीय भाषा और उनकी परिभाषाएँ अन्तराष्ट्रीय हैं (हमारी भाषा, वही, पृ. 58)। राहुल जी मौलाना के षड्यन्त्र के प्रति लोगों को सावधान करते हैं कि मौलाना हिन्दी को 1966 में तो क्या सन् 2000 ई. में भी राष्ट्रभाषा नहीं बनने देना चाहते (वही)। राहुल जी ने

भाषा सम्बन्धी मामले में नेहरू की नीयत पर सन्देह किया, ''पंडित जवाहरलाल नेहरू का दिमाग और बातों में कितना साफ है इसे आप लोग ही जानें किन्तु भाषा के सम्बन्ध में तो वे परस्पर विरोधी धारणा रखते हैं--- शायद नेहरू जी यह समझते हैं कि साइंस का विकास अँग्रेजी भाषा द्वारा ही हो सकता है। इसलिए भारतीय परिभाषाओं को बनाकर हमारी भाषाओं को विकसित करने की कोई आवश्यकता नहीं (वही, पृ. 61)। संविधान निर्माताओं ने हिन्दी को राजभाषा बनाते समय पन्द्रह वर्ष के लिए अँग्रेजी को कामकाजी भाषा बनाए रखने का निर्णय लिया था। हालाँकि यह भी नेहरू की एक दुरभि सन्धि थी। पर बाद में नेहरू ने अँग्रेजी के पक्ष में सार्वजनिक वक्तव्य दिये। राहुल जी ने नेहरू पर प्रहार करते हुए लिखा, ''संविधान ने पन्द्रह वर्ष में अँग्रेजी को अपदस्थ करने का विचार प्रकट किया था, अब नेहरू के ताजे वक्तव्य ने संविधान की मंशा को ताक पर रखकर अनिश्चित काल के लिए अँग्रेजी का रास्ता खोल दिया है'' (वही, पृ. 84)।

मौलाना अबुल कलाम आजाद और जवाहरलाल नेहरू के विषय में राहुल जी का आकलन एकदम सटीक है। मौलाना और जाकिर हुसैन ही वह व्यक्ति थे जो उत्तर प्रदेश के गाँवों में घूम-घूमकर मुसलमानों से उर्दू को अपनी मातृभाषा लिखने के लिए प्रेरित कर रहे थे।

राष्ट्रभाषा और देशी भाषा के प्रसार को राहुल जी मौलिक चिन्तन और ज्ञान विज्ञान के प्रसार के लिए आवश्यक मानते थे। इसी कारण उन्होंने हिन्दी में विज्ञान की पुस्तकें और अनुसन्धानपरक पत्रिकाएँ प्रचलित करने पर बल दिया। वे यह देख रहे थे कि हिन्दी देश के एक बहुत बड़े भाग की मातृभाषा भी है। अतः हिन्दी में ज्ञान-विज्ञान की सामग्री का प्रकाशन वस्तुतः करोड़ों जनता के बीच ज्ञान का प्रसार करना है। राहुल जी व्यापक दृष्टि सम्पन्न साहित्यकार एवं चिन्तक थे। वे विदेशों में हो रहे कार्यों को देख रहे थे। विभिन्न देशों के प्रवास के अपने अनुभव से उन्होंने समझा कि विदेशों में हो रहे कार्यों को प्रोत्साहित किया जाना चाहिए और प्रवासी भारतीयों का जीवन-संघर्ष भी हिन्दी कथा साहित्य के रूप में आना चाहिए (वही, पृ. 91)।

राहुल जी ने व्यापक दृष्टिकोण का परिचय देते हुए भाषा पर राष्ट्रीय और अन्तरराष्ट्रीय परिप्रेक्ष्य में भी विचार किया। उन्होंने अँग्रेजी के हिमायतियों के इस षड्यन्त्र का पर्दाफाश किया कि अँग्रेजी भाषा को माध्यम के रूप में न अपनाना विदेशी भाषाओं का बहिष्कार करना है। उन्होंने प्रत्येक भारतीय से

मातृभाषा के अतिरिक्त एक और भारतीय भाषा तथा अँग्रेजी, फ्रैंच, जर्मन, रूसी, जापानी में से किसी एक अन्तरराष्ट्रीय भाषा सीखने का आग्रह किया (वही, पृ. 72)। अँग्रेजी समर्थकों पर उन्होंने बार-बार प्रहार किया। उनके अनुसार अँग्रेजी समर्थक यह सोचने के लिए भी तैयार नहीं हैं कि किसी भी देश के लिए यह बड़े शर्म की बात है कि वह पराई भाषा को अपनी शिक्षा का माध्यम बनाकर रखे (वही, पृ. 105)।

आज देश में अँग्रेजी भाषा के वर्चस्व को बनाए रखने में रुचि रखनेवालों- तथाकथित आधुनिकतावादियों, तथाकथित प्रगतिशीलों तथा सेक्यूलर कहे जानेवाले बुद्धिजीवियों और वैश्वीकरण के नाम पर अमेरिकी संस्कृति के अनुकर्ताओं में आश्चर्यजनक सहमति है। उनमें अपनी समृद्ध एवं प्राचीन परम्परा के प्रति तिरस्कार का भाव भी है। राहुल जी के विचारों के द्वारा हम उनका सफलतापूर्वक सामना कर सकते हैं। राहुल जी का दृढ़ मत था कि परम्परा किसी भी राष्ट्र की जीवनीशक्ति का मूलस्रोत है। इससे रस ग्रहण किए बिना कोई देश आगे नहीं बढ़ सकता। इसीलिए राहुल जी परम्परा को पूरा सम्मान देते हैं और उसका पालन अनिवार्य बताते हैं। यही कारण है कि वे संस्कृत की शिक्षा को हाईस्कूल तक आवश्यक बनाने पर बल देते हैं (वही, पृ. 75)। राहुल जी ने थाइलैंड, म्यांमार, श्रीलंका, तिब्बत आदि देशों के उदाहरण से यह बात प्रमाणित थी कि इन देशों की पारिभाषिक शब्दावलियाँ संस्कृत की सहायता से बनी हैं। इन देशों में से भारत के सांस्कृतिक सम्बन्ध के निर्माण में संस्कृत की बड़ी भूमिका रही है (एशिया में हिन्दी, वही, पृ. 22)।

इस प्रकार राहुल जी बहुत ही सशक्त ढंग से भाषा सम्बन्धी अपने विचार हमारे सामने रखते हैं। हिन्दी के प्रति उनकी निष्ठा असन्दिग्ध है। राहुल जी के बहुत से विचारों से असहमति रखनेवाले डॉ. रामविलास शर्मा ने अपने एक साक्षात्कार में राहुल जी की इस निष्ठा का आदर के साथ स्मरण किया है—'वे हिन्दी के प्रति बहुत जागरूक थे। यहाँ पर अँग्रेजी का वर्चस्व समाप्त करके हिन्दी को लाना चाहते थे। हिन्दी के साथ भारतीय भाषाओं को ऊपर उठाना चाहते थे---- हिन्दी के प्रति उनकी निष्ठा को हमें स्वीकार करना चाहिए। (राहुल : चिन्तन और मन्थन, पृ. 22, 30)। कुछ लोग हिन्दी भाषा के प्रति राहुल जी की निष्ठा को अन्धराष्ट्रीयता और साम्प्रदायिकता के साथ जोड़ते हैं, जो नितान्त अनुचित है। राहुल जी के दृष्टिकोण की हिन्दी भाषी क्षेत्र के किसी व्यक्ति का भावुक दृष्टिकोण कहकर उपेक्षा नहीं की जा सकती। वे बहुत ही

तथ्यपरक ढंग से तर्क के साथ अपना मन्तव्य प्रस्तुत करते हैं। आज इक्कीसवीं शताब्दी के इस तीसरे दशक में राष्ट्रीय चेतना की जागृति हो रही है।, नई शिक्षा नीति में भारतीय भाषाओं को महत्त्व दिया जा रहा है, ऐसे समय में राहुल जी के आत्मविश्वासपूर्ण विचार राष्ट्रीय अस्मिता और एकता को दृढ़ करने में कारगर भूमिका निभा सकते हैं। पिछले पचहत्तर वर्ष की हमारी गलतियों का परिमार्जन यही है कि हम हिन्दी को उसका वास्तविक अधिकार दिलाएँ और सम्पूर्ण भारतीय भाषाओं का मार्ग प्रशस्त करें। ऋषि-ऋण चुकाने का यही एकमात्र रास्ता है।

निराला का राष्ट्रभाषा चिन्तन

स्वतन्त्रता संघर्ष के समय संस्कृति, राजनीति एवं समाज चिन्तकों, मनीषियों और साहित्यकारों के लिए राजनीतिक स्वाधीनता के साथ ही सांस्कृतिक स्वाधीनता का प्रश्न भी अत्यन्त महत्त्वपूर्ण था। ये सभी विचारक तथा रचनाधर्मी भारत के भावी स्वरूप की रूपरेखा के निर्माण में संलग्न थे। वे यह अनुभव कर रहे थे कि राष्ट्रीय अस्मिता और उसके स्वत्त्व बोध के लिए भाषा का प्रश्न भी अत्यन्त महत्त्वपूर्ण है। वस्तुत: भाषा ही वह सम्पत्ति है जिसे अर्जित कर मनुष्य अपने अस्तित्व को प्राप्त करता है। भाषा केवल विचारों के सम्प्रेषण का ही माध्यम भर नहीं है अपितु वह सभ्यता और संस्कृति का वाहक भी है। भाषा का किसी देश के इतिहास, धर्म, संस्कृति से गहरा सम्बन्ध होता है। भाषा संस्कृति की बुनावट और उसकी नींव भी है। भाषा का सम्बन्ध राष्ट्रीय अस्मिता से है। किसी भी देश की भौगोलिक, सामाजिक, सांस्कृतिक और ऐतिहासिक परम्परा, किसी भी देश का जीवन दर्शन उस देश की भाषा में ही व्यक्त होता है। भाषा के माध्यम से ही कोई भी राष्ट्र अपनी स्मृति को सुरक्षित रखने में समर्थ होता है। इस सम्बन्ध में अज्ञेय का यह कहना अत्यन्त समीचीन है कि सांस्कृतिक एकता का आधार अस्मिता बोध होता है और अस्मिता का भाषा के साथ बहुत गहरा सम्बन्ध होता है। (सांस्कृतिक समग्रता और भाषिक वैविध्य केन्द्र और परिधि, पृ. 04) अज्ञेय का यह कथन भी अत्यन्त प्रासंगिक और समीचीन है कि भाषा के बिना अस्मिता की पहचान नहीं होती और भाषा उसके साथ अनिवार्य रूप से जुड़ी हुई है। अगर किसी समाज को उसकी भाषा से काट दिया जाए तो इतना ही नहीं है कि उससे एक भाषा छीनकर हम उसको कोई दूसरी भाषा देते हैं, हम उसकी अस्मिता को खंडित कर देते हैं। (भाषा और समाज: केन्द्र और परिधि, पृ. 136)।

वस्तुत: भाषा जीवन पद्धति और चिन्तन प्रक्रिया का अनिवार्य हिस्सा होती है। किसी भी देश की अपनी भौगोलिक, सामाजिक, सांस्कृतिक, ऐतिहासिक

परम्परा होती है, उसका अपना जीवन दर्शन होता है जिससे उस राष्ट्र की सत्ता की पहचान होती है और यह सब उस देश की भाषा के माध्यम से ही व्यक्त होता है। इसी कारण भाषा किसी भी देश के लिए भावनात्मक मुद्दा भी बन जाती है।

निर्मल वर्मा का यह कहना युक्तियुक्त है कि भाषा सिर्फ विचारों, विश्वासों, सिद्धान्तों को प्रकट करने का माध्यम नहीं होती बल्कि उसमें एक जाति के सांस्कृतिक बिम्ब, ऐतिहासिक स्मृतियाँ, पारम्परिक संस्कारों के मूल स्वर अनुगुँजित होते हैं। (भाषा और अस्मिता। दूसरे शब्दों में पृ. 30)। आचार्य शुक्ल भी स्वभाषा के महत्त्व को प्रत्यक्ष करते हैं—भाषा धार्मिक एवं जातीय विचारों की रक्षिणी है। वही उसके पूर्व गौरव का स्मरण कराती हुई, हीन-से-हीन दशा में भी, उसमें आत्माभिमान का स्रोत बहाती है। किसी जाति को अशक्त करने का सबसे सहज उपाय उसकी भाषा को नष्ट करना है। (अपनी भाषा पर विचार, चिन्तामणि भाग-3, पृ. 71, संस्करण 1985)।

इसी कारण स्वतन्त्रता संघर्ष के समय भारतेन्दु से लेकर छायावाद और उसके बाद तक के रचनाकारों ने स्वभाषा विशेषकर हिन्दी भाषा के स्वरूप, उसके वैशिष्ट्य, हिन्दी को राष्ट्रभाषा के रूप में विकसित करने, उसे स्थापित करने, देश के सभी क्षेत्रों तक उसे पहुँचाने के लिए अनथक प्रयत्न किए। ऐसे रचनाकारों में छायावाद के प्रसिद्ध रचनाकार सूर्यकान्त त्रिपाठी निराला का नाम अत्यन्त महत्त्वपूर्ण है। निराला का उल्लेख सर्जनात्मक लेखन की दृष्टि से अधिक किया जाता है। नि:सन्देह उनकी रचना का विपुल अंश कविता का है और तत्पश्चात औपन्यासिक गद्य का। पर उनका वैचारिक गद्य भी कम महत्त्वपूर्ण नहीं हैं। उनकी 'सुधा' में लिखी गई सम्पादकीय टिप्पणियाँ बहुत तेजस्वी और धारदार हैं— वे अपने व्यंग्यात्मक कथनों से विरोधियों को धराशायी कर देते हैं। साहित्य, और भाषा विषयक उनके आलेख तत्कालीन विमर्श की विसंगतियों की ओर हमारा ध्यान आकृष्ट करते हैं इसी सन्दर्भ में भाषा सम्बन्धी सवालों पर जो उन्होंने अपनी निर्भीक राय रखी है, वह ध्यातव्य है। निराला के व्यक्तित्व का यह वैशिष्ट्य है कि अपने विचार व्यक्त करते समय अपने समय के किसी भी बड़े व्यक्तित्व का कोई आतंक उनके मन पर नहीं है। स्वतन्त्रता संघर्ष के दौरान राष्ट्रभाषा का प्रश्न तत्कालीन राजनेताओं, साहित्यकारों, सामाजिक सांस्कृतिक चिन्तकों के समक्ष प्रमुख मुद्दा था। निराला के समक्ष भी यह विषय महत्त्वपूर्ण था। निराला मानव सभ्यता के विकास में भाषा के महत्त्व को अच्छी तरह समझते थे। उनका स्पष्ट मत है, ''मानव जाति के लिए भाषा एक

सम्पद है। आज मनुष्य ने प्राणी-जगत में जो ऊँचा स्थान पाया है, वह केवल भाषा की ही बदौलत है। वैज्ञानिकों की राय है कि भाषा के बिना हम बिलकुल चिन्ता (चिन्तन) ही नहीं कर सकते। इसलिए हमारी भाव प्रकट करने की शक्ति बहुधा भाषा की उन्नति पर अवलम्बित है। भारतवर्ष में आजकल जितनी भाषाएँ प्रचलित हैं उनमें से हिन्दी का स्थान व्यापकता की दृष्टि से सबसे ऊँचा है।'' (निराला रचनावली भाग-6, पृ. 47)। इसके पीछे चाहे जो भी कारण रहे हों जिसे हम आधुनिक भारतीय भाषा कहते हैं, उसमें हिन्दी ने अखिल भारतीय स्तर पर अपना विकास किया था। इसलिए निराला भी इस बात का समर्थन करते हैं कि हिन्दी ही राष्ट्रभाषा होने के सर्वथा योग्य है। उन्होंने कलकत्ता से प्रकाशित 'समन्वय' के मई-जून, 1923 के अंक में लिखा कि, ''और भी कई कारणों से हिन्दी भारतवर्ष की राष्ट्रभाषा होना चाहती है जिसमें से एक तो उसका उच्चारण है जो अक्षरों के ही अनुरूप है। दूसरा कारण उसका आसानी से बोध होना है। दक्षिण भारत को छोड़कर भारत के प्रायः सभी प्रान्तों में हिन्दी थोड़ा बहुत समझी ही जाती है और हमें विश्वास है कि थोड़ा प्रचार होने पर दक्षिण देश में भी वह सहज में ही लोगों की समझ में आ जाएगी।'' (रचनावली भाग-6, पृ. 47)। हिन्दी भाषा के अखिल भारतीय प्रसार को निराला भली-भाँति देख रहे थे और यह उनका प्रखर आशावादी दृष्टिकोण है कि दक्षिण भारत में भी वह पूरी तरह से समझी जाएगी। निराला ने राष्ट्रभाषा के सम्बन्ध में व्यक्त किए गए रवीन्द्रनाथ ठाकुर के विचारों और उसमें निहित अन्तर्विरोध पर 'सुधा' के नवम्बर 1934 के अंक में तीखी टिप्पणी की। तत्कालीन मद्रास में विद्यार्थियों को सम्बोधित करते हुए रवीन्द्रनाथ ठाकुर ने कहा था, ''राष्ट्रभाषा का प्रश्न कुछ भी महत्त्व नहीं रखता, मुख्य आवश्यकता इस बात की है कि सारी प्रान्तीय भाषाएँ खूब उन्नति करें।'' निराला ने रवीन्द्रनाथ ठाकुर की भाषा नीति से अपनी स्पष्ट असहमति प्रकट की। निराला ने इस बात से सहमति प्रकट की कि प्रान्तीय भाषाओं को समुन्नत होना चाहिए। जो लोग भारतवर्ष के लिए एक राष्ट्रभाषा बनाने का प्रयत्न कर रहे हैं उन्होंने भी स्पष्ट शब्दों में यही कहा है कि प्रान्तीय भाषाओं की उन्नति में बाधा न देकर, किसी प्रकार का रोड़ा न अटकाकर एक राष्ट्रभाषा को विकसित करना चाहिए क्योंकि हमारे जैसे विशाल देश में यदि कोई ऐसी देशी भाषा हो सके, जिससे एक प्रान्त के निवासी दूसरे प्रान्त के निवासियों से विचार-विनिमय कर सकें तो राष्ट्रीय उन्नति में बड़ी सहायता मिले ----राष्ट्रभाषा का स्थान ग्रहण करने योग्य कोई स्वदेशी भाषा है तो वह हिन्दी ही है। (रचनावली भाग-6, पृ. 458)। रवीन्द्रनाथ ठाकुर को प्रश्नों के कठघरे में

खड़ा करते हुए निराला एक बड़ी बात कहते हैं कि, ''यदि बँगला को राष्ट्रभाषा का पद सुशोभित करने का सौभाग्य मिला तो कविवर रवीन्द्रनाथ कदापि राष्ट्रभाषा के महत्त्व से इन्कार न करते। क्या वह समझते हैं कि ऐसी भाषा की आवश्यकता ही नहीं जिसमें एक मद्रासी भाई एक पंजाबी से बात कर सके? यदि ऐसी भाषा न होती तो वह किस प्रकार मद्रासी विद्यार्थियों पर अपने विचार प्रकट करते?' क्या अँग्रेजी में विचार करते समय हमारे कवीन्द्र जी इस बात को भूल गए थे कि वह न तो अपनी प्रान्तीय भाषा बँगला में बोल रहे हैं और न श्रोताओं की प्रान्तीय भाषा तमिल इत्यादि में। फिर क्यों उन्होंने इस अनावश्यक और लचर विचार को अपने मुख से निकाला कि राष्ट्रभाषा का प्रश्न महत्त्वपूर्ण नहीं है?---- न केवल राष्ट्रभाषा का प्रश्न बल्कि हिन्दी को राष्ट्रभाषा मानने और बनाने का प्रश्न देशभर के लोगों में इतना हृदयगत हो गया है कि उनको हिलाने-डुलाने की सामर्थ्य अब किसी में नहीं है'' (रचनावली भाग-6, पृ. 459)। रवीन्द्रनाथ ठाकुर उस समय भारत की एक बहुत बड़ी हस्ती थे 'नोबेल पुरस्कार विजेता— उनकी बात का खंडन करना एक प्रकार से अप्रत्यक्ष रूप से उन्हें चुनौती देना था जो आसान बात नहीं थी, पर निराला ने उनके वक्तव्य में निहित अन्तर्विरोध की ओर संकेत किया और प्रकारान्तर से अँग्रेजी के प्रति उनके व्यामोह पर आपत्ति की। निराला ने हिन्दी को सम्पूर्ण भारतीय भाषाओं के बीच सम्पर्क भाषा के रूप देखा था। उन्होंने प्रान्तीय भाषाओं के महत्त्व को समझा था, तथा हिन्दी का उनके साथ कोई टकराव नहीं देखा था। निराला का यह मत था कि हिन्दी का विरोध विदेशी भाषा अँग्रेजी से है। यह अवश्य है कि अपनी संकीर्ण प्रवृत्ति और मानसिक दासता की मनोवृत्ति के कारण कुछ बंगाली विद्वान हिन्दी के स्थान पर अँग्रेजी के प्रचलन के पक्ष में थे। निराला ने 'हिन्दी भाषा के सम्बन्ध में बंगाली मनोवृत्ति' शीर्षक अपने आलेख में लिखा कि बंगालियों को डर है कि यदि हिन्दी राष्ट्रभाषा हो जाएगी तो बँगला भाषा का महत्त्व कम हो जाएगा। परन्तु यह उनकी भूल है। हिन्दी के रहते वे अपनी भाषा का महत्तम विकास कर सकते हैं। सभी प्रान्तीय भाषाओं के विषय में यह बात कही जा सकती है परन्तु राजनीतिक दृष्टि से राष्ट्र के कार्य संचालन के लिए देश को यदि एक भाषा के सूत्र ग्रथित कर दिया जाए तो उसमें हर्ज क्या है? परन्तु हिन्दी के स्थान पर इन बंगालियों को जब हम अँगरेजी का नाम लेते हुए सुनते हैं तो हमें मजबूर होकर यही कहना पड़ता है कि ये लोग हर्बर्ट स्पेंसर ने जिसे 'बायस ऑफ पेट्रियाटिज़्म' (Bias Of Patriotism) कहा है उससे बुरी तरह से ग्रस्त हो रहे हैं। (वही, भूमिका, पृ. 17)

हिन्दी ही इस देश की राष्ट्रभाषा बन सकती है निराला के इस दृष्टिकोण का तात्पर्य यह नहीं है कि वे किसी भाषायी पक्षपात से ग्रस्त हैं। उनका अभिप्राय यह है कि इस देश में हिन्दी बोलने या समझनेवालों की संख्या सर्वाधिक है। यह कश्मीर से कन्याकुमारी और असम से गुजरात तक बोली और समझी जाती है।

कुछ लोग हिन्दी को राष्ट्रभाषा के योग्य इसलिए नहीं समझते थे कि वह साहित्यिक दृष्टि से समृद्ध नहीं है। 'निराला ने 'भारत की राष्ट्रभाषा' विषयक अपनी टिप्पणी में राष्ट्रभाषा के लिए सबसे अधिक आवश्यक बताया भावों के सार्वदेशिक सुगम विनिमय का माध्यम बनने की क्षमता। उन्होंने लिखा कि भरतपुर के 'हिन्दी साहित्य सम्मेलन' में कविवर रवीन्द्रनाथ ठाकुर ने कहा था कि हिन्दी को यदि राष्ट्रभाषा बनाना हो तो उसके साहित्य की श्रीवृद्धि करो, उसे आकर्षक और सर्वग्राही बनाओ। रवि बाबू भारत के सर्वश्रेष्ठ कवि और साहित्यिक हैं इसलिए उन्होंने राष्ट्रभाषा के प्रश्न को भी साहित्यिक दृष्टि से देखा तो आश्चर्य नहीं। पर जैसा कि हम कह चुके हैं साहित्य और भाषा का प्रश्न बहुत कुछ एक होते हुए भी और बहुत कुछ अलग भी हैं। प्रान्तीय और जातीय भाषाओं से हिन्दी का विरोध नहीं है (रचनावली भाग-6, भूमिका, पृ. 17)।

राष्ट्रीयता की भावना के नवोन्मेष के साथ देश में राष्ट्रभाषा के विषय में चर्चा आरम्भ हुई। निराला ने 'सुधा' मासिक पत्रिका के जून 1930 के अंक के सम्पादकीय में यह स्पष्ट किया कि राष्ट्रीयता की भावना के उदय होते ही राष्ट्रभाषा का प्रश्न आप-से-आप उठ खड़ा होता है। इस देश में ही नहीं अन्य अनेक देशों में, राष्ट्रभाषा का प्रश्न उठ चुका है और परिस्थितियों के अनुसार अनेक रूपों में वह प्रश्न हल भी किया गया है। (रचनावली भाग-6, पृ. 294)।

निराला ने राष्ट्रभाषा के प्रश्न पर गहराई से विचार करते हुए अँग्रेजी शासकों की दुरभि सन्धि को लक्षित किया। अँग्रेजों ने इस देश के इतिहास को विकृत करने का प्रयत्न किया और कोशिश की कि इस देश की भाषा को मिटा दिया जाए। इसके लिए प्रयत्न हुए। भारतीय सभ्यता और संस्कृति पश्चिम की तुलना में नीची दिखाई जाने लगी। हमारी भाषाएँ गँवार, असाहित्यिक और अविकसित बताई जाने लगीं। हमारा प्राचीन इतिहास अन्धकार में डाल दिया गया। वाकायदा अँग्रेजी की पढ़ाई होने लगी। इस देश का शताब्दियों से अंधकार में पड़ा हुआ जन समाज समझने लगा कि जो कुछ है अँगरेजी सभ्यता है, अँगरेजी साहित्य है और अँगरेज हैं। (रचनावली भाग-6, पृ. 295)। निराला ने अँगरेजों की राष्ट्रीयता सम्बन्धी दृष्टिकोण की शल्य चिकित्सा करते हुए उनका उपहास उड़ाया। उन्होंने अँग्रेजों की नीति का अनुकरण करनेवाले कुछ भारतीय बुद्धिजीवियों की

दासता-वृत्ति की भी कड़ी निन्दा की। उनकी टिप्पणी ध्यातव्य है 'अँग्रेज कहते थे कि चूँकि भारतवर्ष कोई एक देश नहीं है अनेक देशों का समुदाय है जहाँ न एक भाषा है और न एक प्रकार का समाज। अनेक छोटी-बड़ी भाषाओं के रहते भारतवर्ष उन्नति नहीं कर सकता इसलिए सबको अँग्रेजी पढ़नी चाहिए। अँग्रेजी के हिमायती अब तक कुछ ऐसी ही दलीलें पेश करते रहते हैं। आश्चर्य तो यह है कि इनमें कुछ तो इसी देश के निवासी भारतीय हैं। हमें उनकी बात पर हँसी भी आती है और कष्ट भी होता है। (वही, पृ. 296)। निराला दृढ़तापूर्वक इस बात का प्रतिपादन करते हैं कि यह कहना नितान्त गलत और अनौचित्यपूर्ण है कि भारत एक देश नहीं है बल्कि अनेक देशों का समुदाय है। यह वे ही कह सकते हैं, जिन्हें यहाँ के इतिहास का कुछ पता नहीं और जिन्हें यहाँ की सभ्यता और संस्कृति की नींव का ज्ञान नहीं। परन्तु जो यह जानते हैं कि प्राचीन भारत ने एक सूत्र में गूँथकर अपना सर्वतोमुखी विकास किया है, जिन्हें यह मालूम है कि इस देश ने सुख और दुःख की परिस्थितियों में एक साथ रहकर काम किया, विजय की है तो एक साथ हारे हैं तो एक साथ। जिनको इसका पता है, राम, कृष्ण, बुद्ध, रामानुज, कबीर, तुलसी आदि सैकड़ों महापुरुष और वैष्णव, शैव, शाक्त आदि अनेक सम्प्रदाय प्रादेशिक सीमा से ऊपर समस्त देश में वायु की भाँति एकरस फैले हैं, वे ऐसे भ्रम में कदापि नहीं पड़ सकते (पृ. 296)।

यह बहुत बड़ी विडम्बना भी है कि मानसिक गुलामी में आकंठ डूबे हुए पश्चिम के अनुकर्ता ही यह मान रहे थे कि भारत एक देश नहीं बल्कि अनेक देशों का समुदाय है क्योंकि उनकी राष्ट्रीयता की अवधारणा पश्चिम प्रेरित थी जहाँ राष्ट्र के लिए एक भाषा, एक जाति (रेस) और एक मत (रिलिजन) का होना आवश्यक है। वामपन्थी तथा कांग्रेस के एक खेमे के लोग ऐसा ही मानते थे। इसका एक प्रमाण यह है कि वामपन्थी बुद्धिजीवी गंगाधर अधिकारी का कहना था कि भारत एक नहीं सत्रह राष्ट्रों का समूह है। इसी कारण वामपन्थियों ने पाकिस्तान बनाए जाने का समर्थन किया था। निराला अपनी सम्पादकीय टिप्पणियों के माध्यम से उन्हें समुचित उत्तर देते हैं। निराला इस बात पर भी गहरा क्षोभ व्यक्त करते हैं कि राष्ट्रभाषा के रूप में हिन्दी के पक्ष में अधिकांश लोगों के होने के बाद भी कुछ लोग अँगरेजी का राग अलापते हैं, "यह प्रश्न अब काफी पुराना हो चुका है कि भारत की राष्ट्रभाषा क्या हो, प्रश्न पुराना है पर नए-नए उत्तर बराबर दिए जा रहे हैं। एक समय था जब यहाँ के पढ़े-लिखे लोगों के दिमाग में अँग्रेजी की महिमा समाई हुई थी और उठते-बैठते ही नहीं सोते-जागते भी उसके व्यवहार की धुन सवार थी। जब कोई अपने देश को

भूल जाता है तब ऐसी ही अवस्था होती है।'' (सुधा जून, 1930, सम्पादकीय, रचनावली भाग-6, पृ. 297)।

निराला यह देख रहे थे कि लोग संकुचित स्वार्थ के वशीभूत होकर भाषा के प्रश्न को प्रान्तों के संकीर्ण घेरे में रखकर विचार कर रहे हैं। इसलिए उन्होंने दृढ़तापूर्वक प्रतिवाद किया कि प्रान्तों के संकीर्ण घेरे में भाषाओं को बाँट देने से राष्ट्रभाषा का प्रश्न हल नहीं होता। ---- साहित्यिक उत्कर्ष के साथ ही भावों के सार्वदेशिक सुगम विनिमय का ध्यान भी रखना पड़ेगा, यही राष्ट्रभाषा का प्रश्न है। (रचनावली भाग-6, पृ. 297)। महात्मा गाँधी ने हिन्दी में ही राष्ट्रभाषा की सम्भावना देखी थी। इसलिए उन्होंने राष्ट्रभाषा के रूप में हिन्दी के विकास के लिए, देशव्यापी प्रसार के लिए संस्थाएँ खड़ी कीं। निराला ने गाँधी जी के मत को उद्धृत किया, ''महात्मा गाँधी का मत है कि हिन्दी राष्ट्रभाषा हो और प्रत्येक प्रान्त के निवासी उसे सीखें और उससे परिचित हों। हिन्दी बोलनेवालों की संख्या सबसे अधिक है। अधिकांश मुसलमान थोड़े से परिवर्तित रूप में हिन्दी बोलते हैं। उच्चारण सौन्दर्य और सरलता के कारण वह प्राय: सर्वत्र बोली और समझी जाती है। नहीं समझी जाती तो थोड़े ही प्रयास से समझी जा सकती है।'' (रचनावली भाग-6, पृ. 297)। निराला ने बँगला भाषी स्वामी माधवानन्द के मत को उद्धृत किया, ''हम राष्ट्रभाषा के लिए उसी भाषा को चुनें जो सरलता से सीखी जा सके, सहज में जिसका उच्चारण किया जा सके जिसका अधिकाधिक प्रचार और प्रचलन हो जिसे इच्छानुसार प्रयोग कर सकें और जिसका साहित्य सम्पन्न हो। यदि हम इन पाँच दृष्टियों से देखें तो हमें यह स्वीकार करना पड़ेगा कि हिन्दी ही राष्ट्रभाषा बनने की सबसे बड़ी अधिकारिणी है'' (रचनावली भाग-6, पृ. 299)। स्वामी माधवानन्द का यह भी मानना था कि हिन्दी का संस्कृत से सीधा सम्पर्क है इसलिए भारतीय सभ्यता और संस्कारों की जैसी अभिव्यक्ति हिन्दी करती है और कर सकेगी वैसी और भाषा नहीं। (वही)।

निराला ने हिन्दी भाषा की क्लिष्टता के सम्बन्ध में उठाए जानेवाले प्रश्नों पर करारा प्रहार करते हुए यह कहा कि ऐसे प्रश्न केवल हिन्दी को लेकर उठाए जाते हैं— अन्य भारतीय भाषाओं को लेकर नहीं उठाए जाते। निराला क्लिष्टता का प्रश्न उठाए जानेवालों पर सधा हुआ व्यंग्य करते हैं, ''भाषा-क्लिष्टता से सम्बन्ध रखनेवाले प्रश्न हिन्दी की तरह अपर भाषाओं में नहीं उठते। हिन्दी को राष्ट्रभाषा मानने या बनानेवाले लोग साल में तेरह बार आर्त्त चीत्कार करते हैं—भाषा सरल होनी चाहिए जिससे आबाल वृद्ध समझ सकें। मैंने आज तक किसी को यह कहते हुए नहीं सुना कि शिक्षा की भूमि विस्तृत होनी चाहिए

जिससे अनेक शब्दों का लोगों को ज्ञान हो, जनता क्रमशः सोपान पर चढ़े।'' (साहित्य और भाषा, रचनावली भाग-5, पृ. 362)।

निराला का यह कहना एकदम उचित है कि भाषा की दृष्टि से जनता का प्रशिक्षण होना चाहिए। उनका यह भी कहना तर्कसंगत है कि भाषा की क्लिष्टता के प्रश्न अन्य भाषाओं में नहीं उठते। बँगला, असमिया, उड़िया, मराठी आदि भाषाओं में संस्कृत के शब्द बहुत अधिक मात्रा में हैं और रचे बसे भी हैं, वे आम जनता की जिह्वा पर हैं तो यदि जनता का प्रशिक्षण हो तो हिन्दी में भी ऐसा सम्भव हो सकता है। सरल, सहज और सीधी भाषा के नाम पर वितंडा खड़ा करनेवालों की निराला ने जमकर खबर ली है। वे इसे अकारण मचाया जानेवाला शोर ही बताते हैं, ''हमारे साहित्य में धीरे-धीरे अब यह विचार जोर पकड़ता जा रहा कि हमें बहुत ही सीधी भाषा का प्रयोग करना चाहिए यद्यपि अभी मुश्किल और ठीक-ठीक मुश्किल लिखने की दो-एक छोड़कर किसी भी साहित्यिक को तमीज नहीं। सच तो यह है कि अभी हिन्दी की प्रारम्भिक दशा ही चल रही है। अधिकांश अच्छे पढ़े-लिखे पदवीधारों को भी शुद्ध हिन्दी लिखना नहीं आया। ऐसी दशा में सीधी हिन्दी लिखने के लिए पूरी ताकत से तिर्यक तूर्य ध्वनि उठाने का क्या कारण? ---- मुमकिन है कि एक दिन लोग यह भी कहने लगें कि भाव सीधे होने चाहिए।'' (रचनावली भाग-5, पृ. 483)। निराला का मानना है कि भाषा किसी एक सीमा के भीतर बँधकर नहीं रह सकती, भाषा के उसी तरह अनेक रूप रंग हैं—जैसे मनुष्य के, ''जिस तरह मनुष्यों में अनेक रंग, अनेक जातियाँ और अपने ही साहित्य के भीतर अनेक बोलियाँ प्रचलित हैं उसी तरह भाषा का सारल्य और क्लिष्टता का का भी विचार है। किसी एक हद के अन्दर भाषा की प्रकृति कभी बँध नहीं सकी। किसी भी भाषा के भीतर उसका मुक्त रूप दृष्टिगोचर होगा (वही, पृ, 484)। निराला ने ऐसे लोगों को कठघरे में खड़ा किया है कि जो बराबर सीधी भाषा लिखने को लेकर शोर मचाते हैं, ''सीधी भाषा लिखने की आवाज उठाकर लोग अधिकांशतः अर्धशिक्षित और अल्पशिक्षितों की सहानुभूति प्राप्त कर प्रसिद्ध हो सकते हैं। किसी भाषा मर्मज्ञ को सीधी भाषा लिखने के लिए मजबूर करना उनका अपमान करना है।'' (वही)।

निराला बराबर इस बात पर बल देते हैं कि भाषा की दृष्टि से जनता का भी बराबर संस्कार होना चाहिए। वे चाहते हैं कि जनता भी क्रमशः भाषा के उच्चतर सोपानों पर पहुँचे। ऐसा न करनेवाले साहित्यकार भाषा की ही हानि करते हैं। ''ऐसी भाषा कोई भी साहित्यिक नहीं लिख सकता जिसके शब्द कोश में न

हों जिसका शब्दबन्ध व्याकरण सम्मत न हो। ऐसी दशा में जनता को भाषा की भूमि में अग्रसर होने के लिए न कहकर साहित्यिक को सीधी भाषा लिखने के लिए मजबूर करना उसे साहित्यिक से मजदूर बनाना है। ऐसी राय देनेवाले वे ही साहित्यिक हैं जो साहित्य के किसी गृह के स्वामी नहीं किसी स्वामी द्वारा बुलाये गये द्वारपाल हैं।'' (वही, पृ. 485)। द्वारपाल कहकर ऐसे साहित्यकारों की जो खबर निराला ने ली है, जो आरती उतारी है, वह देखने लायक है। निराला ने हिन्दी के समर्थकों के मन में भाषा को लेकर व्याप्त दोचित्तेपन पर भी प्रहार किया। देश ही में एक तरफ तमाम विश्व की भिन्न जातीय संस्कृति अपने साहित्य में मिलाने की कोशिश हुई और हो रही है और हमारे यहाँ अभी साहित्यिक 'भाषा कैसी होनी चाहिए' प्रश्न हल नहीं कर सके। भावों की बात तो बहुत दूर है। (वही, पृ. 492)। निराला कटाक्ष करते हैं बिना 'गम्भीर' हुए विचार नहीं कर सकते पर गम्भीर विचारों को देखिए तो हैरान रह जाना पड़ता है (वही, पृ. 492)। निराला का स्पष्ट मत है कि रचना में भाषा भावानुकूल होनी चाहिए। उन्होंने इस बात को भी रेखांकित किया कि सभी बड़े साहित्यकारों ने प्रकृति के अनुकूल ही भाषा लिखी है। कठिन भावों को व्यक्त करने में प्राय: भाषा भी कठिन हो गई है। जो मनुष्य जितना गहरा है वह भाव तथा भाषा की उतनी ही गम्भीरता तक पैठ सकता है और पैठता है। साहित्य में भावों की उच्चता का ही विचार रखना चाहिए। भाषा भावों की अनुगामिनी है। (रचनावली भाग-5, पृ. 364)।

'विशाल भारत' के अपने समय के सम्पादक पं. बनारसी दास चतुर्वेदी से निराला की प्रतिद्वन्द्विता बड़ी चर्चित रही है। 'विशाल भारत' ने निराला की कविता को महत्त्व नहीं दिया था। निराला ने भी भाव और भाषा को लेकर चतुर्वेदी जी के दृष्टिकोण की जो आलोचना की है इतिहास ने उसे सही साबित कर दिया है। निराला ने बनारसी दास चतुर्वेदी पर व्यंग्य करते हुए लिखा—'विशाल भारत' ने जिस तरह पद्यकारों की सफरमैना की पलटन निकाली है, अगर कुछ दिन भी साहित्य में यह साहसिकता जारी रही तो भाषा की सफाई तो होगी ही, भाव भी साफ हो जाएँगे। फिर साहित्यिकों का साहित्य से भी कोई मतलब रहेगा या नहीं हम नहीं कह सकते, सेवा अवश्य रह जाएगी। (भाव और भाषा, रचनावली भाग-5, पृ. 474)।

भाषा का एक महत्त्वपूर्ण घटक उसकी शब्द सम्पदा है। हिन्दी की शब्द सम्पदा को लेकर निराला के मन में किसी प्रकार का भ्रम नहीं है। वे बहुत स्पष्ट हैं कि, ''हिन्दी भाषा की उत्पत्ति भारत की प्राचीन भाषा संस्कृत से बनी

हुई अपभ्रंश भाषाओं से हुई है। इसलिए इसमें संस्कृत के बहुतेरे शब्द पाए जाते हैं कहीं अपने ही पुराने रूप में (तत्सम) और कही कुछ बदले हुए (तद्भव) शेष शब्दों में कुछ विदेशी हैं जो अरबी फारसी अँगरेजी भाषाओं से लिए गए हैं बाकी देशज शब्द हैं। हिन्दी भाषा के इस गठन को देखने से मालूम हो जाएगा कि शब्द का एक बहुत बड़ा हिस्सा या तो तत्सम होगा या तद्भव।'' (हिन्दी भाषा कैसी होनी चाहिए, रचनावली भाग-5, पृ. 47-48)।

निराला विदेशी शब्दों के प्रयोग के विरुद्ध नहीं हैं पर उन्हीं शब्दों को स्वीकार करने के पक्ष में हैं जो आवश्यक हैं, नए आए हुए भावों के लिए देशी भाषाओं में शब्द नहीं हैं। अनावश्यक शब्दों को भाषा पर लादने के पक्ष में वे बिलकुल नहीं हैं। ''भारतवर्ष में विदेशी राजाओं के वास करने के कारण और विजित जाति में विजेताओं के रहन-सहन की अनुकरण स्पृहा होने के कारण देशी भाषाओं में बहुत से विदेशी शब्दों का व्यवहार शुरू हुआ। इनमें से कुछ शब्द तो आवश्यक थे क्योंकि देश में पहले-पहल आए हुए नये-नये भावों के लिए देशी भाषाओं में योग्य शब्द ही नहीं थे, पर बाकी शब्द केवल अनावश्यक शोभा के लिए और कुछ शासक मंडली की अपनी सभ्यता दिखाने के उद्देश्य से प्रयोग में लाने लगी'' (रचनावली भाग-5, पृ. 47)।

विदेशी भाषाओं के प्रचलित शब्दों के विषय में एक प्रश्न बराबर उठता रहा है कि उन्हें किस रूप में लिखा जाए, उसके मूल रूप में अथवा अपनी आवश्यकताओं के अनुसार अनुकूलित करके। निराला इसे अनुकूलित रूप में प्रयोग करने के पक्ष में हैं। ''हिन्दी में अब यह प्रश्न होता है कि जो शब्द विदेशी भाषाओं से हिन्दी जा मिले हैं क्या उन्हें हिन्दी में ज्यों-का-त्यों रख देना होगा या उनमें कुछ स्वाभाविक फेरफार करके उनका विदेशी आकार जरा बदल दिया जाएगा। हमारे क्षुद्र विचार में तो समय की गति देखकर इन बेढब शब्दों में कुछ स्वाभाविक हेरफेर कर देना ही ठीक जँचता है जिसमें वे शब्द देशी पोशाक पहने हुए धीरे-धीरे अपनाएँ।'' (वही, पृ. 48)।

निराला हिन्दी को हर प्रकार से समृद्ध करना चाहते हैं। उनका दृष्टिकोण है कि हिन्दी में सब प्रकार के उच्च भावों को प्रकट करने की शक्ति होनी चाहिए। यदि उनमें उच्च भाव के लिए उचित शब्द न हों तो उसे गढ़ लेना चाहिए। हिन्दी की समृद्धि के लिए बहुत से शब्दों का निर्माण हुआ है। पर उसका स्रोत क्या हो? निराला का मानना है कि हमें सबसे पहले संस्कृत के बहुमूल्य शब्द भंडार से अपने को समृद्ध करना चाहिए। यदि संस्कृत में उपयुक्त शब्द न हों तो प्रान्तीय भाषाओं की ओर रुख करना चाहिए और सबसे अन्त में अरबी-फारसी-

अँगरेजी आदि विदेशी भाषाओं से शब्द लेने चाहिए। यह इसलिए कि स्वदेशी भाषाओं को सरलता से समझा जा सकता है। निराला यह भी स्पष्ट करते हैं कि इसमें सरलता और उपयोगिता का ध्यान रखना होगा। (वही, पृ. 49)।

निराला इस बात पर बल देते हैं कि राष्ट्रभाषा हिन्दी में राष्ट्र का विराट रूप उसकी आधुनिक भावनाओं और क्रिया कलाप से प्रकट होना चाहिए। पर निराला को इस बात का क्षोभ है कि ऐसा हो नहीं रहा है, क्योंकि साहित्यकार पुरानी रूढ़ि से मुक्त नहीं हो रहे हैं। निराला साहित्यकारों पर व्यंग्य करते हैं ज्ञान पानी की तरह है— पानी को जिस बर्तन में रखो यह उसके आकार का बन जाता है पर हमारे साहित्यकारों का ज्ञान किसी धातु के बने बर्तन की तरह जड़ है जो अपना गढ़ा हुआ स्वरूप नहीं बदल सकता। (रचनावली भाग-5, पृ. 491)।

स्वतन्त्रता संघर्ष के दौरान हिन्दू-मुस्लिम के सम्बन्धों के परिप्रेक्ष्य में भी राष्ट्रभाषा के प्रशन पर विचार किया जा रहा था। निराला इस प्रकार के कृत्रिम प्रयास को हानिकारक मान रहे थे। निराला ऐसे प्रयास को भाषा को असंस्कृत करने के रूप में देखते हैं, ''एक सवाल राष्ट्रभाषा द्वारा हिन्दू मुस्लिम एकता का उठता है। इसके लिए भी हिन्दी को भरसक असंस्कृत करने की जरूरत बताई जाती है जैसे मुसलमानों में राष्ट्रभाषा का सिक्का जम गया हो और वे क्रमशः हिन्दी साहित्य के उदार उदर में प्रवेश कर रहे हों। हिन्दोस्तानी एकेडमी के पदवीधर पदाधिकारियों की ऐसी ही राय है।'' (साहित्य और भाषा, रचनावली भाग-5, पृ. 363)। निराला हिन्दू मुस्लिम एकता के लिए भाषा के स्वरूप को विकृत करने के पक्ष में बिलकुल नहीं है ''हिन्दू मुस्लिम एकता के लिए ललित शब्दावली की टाँग तोड़कर लँगड़ीकर देने से लड़खड़ाती हुई भाषा अपनी प्रगति में पीछे ही रहेगी। हमारा यह अभिप्राय भी नहीं कि भाषा मुश्किल लिखी जाय, उसका प्रवाह भावों के अनुकूल ही रहना चाहिए। अपने आप निकली हुई और गढ़ी हुई भाषा छिपती नहीं। भावानुसारिणी भाषा कुछ मुश्किल होने पर भी समझ में आ जाती है। इसके लिए कोश देखने की जरूरत नहीं रहती।'' (वही, पृ. 364)।

निराला इस सन्दर्भ में बिलकुल स्पष्ट है कि हिन्दी संस्कृत की स्वाभाविक उत्तराधिकारिणी है। वे दो टूक स्वर में कहते हैं कि हमें यह भी कभी न भूलना चाहिए कि भारतवर्ष के अधिकांश मनुष्य आधुनिक उर्दू जैसी क्लिष्ट भाषा तथा फारसी लिपि की अपेक्षा संस्कृत लदी हिन्दी को ही अच्छा मानेंगे। कारण यह कि संस्कृत एक समय यहाँ की मुख्य भाषा थी और भारत की वर्तमान सभ्यता अधिकतर उसी की कृपा से हुई है। (रचनावली भाग-6, पृ. 48)। निराला ने

स्पष्ट कर दिया है कि भारतीय सभ्यता का वहन करनेवाली भाषा मूलत: संस्कृत है और हिन्दी ने ही उसका उत्तराधिकार पाया है। निराला यह भी देख रहे थे कि हिन्दी के समानान्तर उर्दू भी राष्ट्रभाषा बनने की होड़ में थी। पर निराला का मानना था कि उर्दू हिन्दी में बहुत अन्तर नहीं है अपितु दोनों एक ही भाषा के विभिन्न रूप हैं। उर्दू को राष्ट्रभाषा के रूप में स्थापित करने का प्रयत्न करनेवालों पर कटाक्ष करते हुए निराला लिखते हैं, ''पक्षपात एक बुरी बला है। वह अपने पक्ष का दोष गुण ठीक से देखने नहीं देती। इसीलिए उर्दू एक अत्यन्त सदोष और अति कठिन लिपि में लिखी जाने पर भी इसका समर्थन करनेवाले तो हमारे भाई इसी भाषा और लिपि को भारत की राष्ट्रभाषा और राष्ट्रीय लिपि बताने में हिचकिचाते नहीं।'' (रचनावली भाग-6, पृ. 48)।

निराला ने गाँधी जी की भाषा नीति से भी स्पष्ट असहमति व्यक्त करते हुए उन पर यह आरोप लगाया कि वे उर्दू या हिन्दुस्तानी का पक्ष इसलिए ले रहे हैं क्योंकि मुसलमानों के नेता होना चाहते हैं। इस आरोप में काफी सीमा तक सच्चाई है। गाँधी जी बराबर भाषा के सन्दर्भ में अस्पष्ट रवैया अपनाते रहे। उन्होंने कहा था कि वह हिन्दी इस देश की राष्ट्रभाषा होगी जिसे हिन्दू नागरी लिपि में लिखेंगे और मुसलमान उर्दू लिपि में। यह विचित्र तर्क था जो स्वीकार्य नहीं था। कालान्तर में गाँधी जी ने हिन्दुस्तानी का समर्थन करना आरम्भ कर दिया जिसे शिवपूजन सहाय ने छनी हुई उर्दू कहा था। निराला ने टिप्पणी की, ''मद्रास में महात्मा जी ने हिन्दी का प्रचार शुरू किया। उस समय अगर उर्दू या हिन्दुस्तानी का ध्यान महात्मा जी को होता तो इस ओर से मद्रास में हिन्दी का प्रचार न कराते जहाँ बगल में ही हैदराबाद में उर्दू की प्रतिष्ठित सत्ता है। यह एक तरह से हिन्दी-उर्दू का रस्साकस्सी (टग ऑफ वार) हुआ। उर्दू के और भविष्य के हिन्दुस्तानी के पक्षपाती या कुछ नहीं केवल अपने नेतृत्व के पक्षपाती गाँधी द्वारा हुआ जो यह कहते हैं पंजाब में फारसी अरबी बहुल हिन्दुस्तानी बोलिए, युक्त प्रान्त में खिचड़ी शैली, बिहार में कुछ अधिक संस्कृत, बंगाल वगैरह में शत-प्रतिशत संस्कृत शब्द— मैं पूछता हूँ उनकी निगाह के सामने नेतृत्व करने के सिवा जबान की सूरत सँवारने का कोई ध्यान है? खैर हमारा मतलब महान गाँधी जी की भाषा सम्बन्धी राजनीति से है जिन्होंने हिन्दी के द्वारा हिन्दी भाषी पन्द्रह करोड़ जनता की भावनाजन्य स्वतन्त्रता बात-की-बात में मार दी।---- इन्दौर में उन्होंने हिन्दी के साथ हिन्दुस्तानी एक लफ़्ज और जोड़ा था, यह ध्यान देने की बात है - मैं समझता हूँ, नेता हिन्दुओं का नेता तो बन ही चुका था, मुसलमानों का बनना था (रचनावली भाग-6, पृ. 211-12)। यह

गाँधी जी की हिन्दू मुस्लिम नीति और भाषा नीति पर कड़ा प्रहार है। गाँधी जी के द्वारा ही मुस्लिम तुष्टीकरण की नीति आरम्भ हुई जिसकी परिणति साम्प्रदायिक दंगे - डाइरेक्ट एक्शन और अन्ततः विभाजन में हुई। निराला यह स्पष्ट करते हैं कि गाँधी जी की नीति विशेषकर भाषा के सन्दर्भ में अत्यन्त असंगत और दोषपूर्ण थी। राजर्षि पुरुषोत्तमदास टंडन, आचार्य शिवपूजन सहाय, आचार्य रामचन्द्र शुक्ल, राहुल सांस्कृत्यायन ने भी गाँधी जी की भाषा नीति को उपयुक्त नहीं माना था।

हिन्दी को राष्ट्रभाषा के रूप में विकसित और प्रतिष्ठित करने के क्रम में शिक्षा का माध्यम कौन-सी भाषा हो इस पर भी भाषाविदों और चिन्तकों द्वारा विचार किया जा रहा था। कुछ मानसिक दासता के शिकार अभिजन अँग्रेजी को शिक्षा का माध्यम बनाने के पक्ष में थे पर अधिकांश राष्ट्रचेत्ता इस बात पर एकमत थे कि शिक्षा का माध्यम मातृभाषा होनी चाहिए। संसार भर के भाषाविद् और मनोविज्ञान वेत्ता इसी मत के हैं। कि मातृभाषा में ही शिक्षा देनी चाहिए क्योंकि मौलिक प्रतिभा का विकास मातृभाषा में ही सम्भव है। निराला भी इसी मत के हैं, ''जब तक शिक्षा विद्यार्थी को उसी की मातृभाषा में नहीं दी जाती तब तक उसकी प्राप्ति असम्भव है। ----साधारण लोग भी अपनी मातृभाषा के द्वारा सहज ही में ऊँची शिक्षा से परिचित हो जाते हैं।----- उचित शिक्षा के प्रचार के लिए मातृभाषा का ही माध्यम ठीक है और हम उसके पक्ष में हैं। हिन्दी के अधिकारी अथवा प्रतिष्ठित पुरुषों को इसके लिए उद्योग करना चाहिए। इसमें देश को कितने लाभ हैं, यह गणना से बाहर है। अपनी भाषा के भीतर से शिक्षा पानेवाले विद्यार्थियों का दिमाग भी यूरोप की व्यर्थ चिन्ता से खराब न हुआ करेगा, शिक्षा भी आसान होगी। कुछ ही वर्षों में ऊँची-से-ऊँची शिक्षा युवक-युवतियों को प्राप्त हो सकेगी। भाषा का भी सिर ऊँचा होगा, उसके साहित्य की द्रुत गति संवर्धित होगी। (निराला रचनावली भाग-6, पृ. 430-31)।

निराला हिन्दी भाषा के उत्थान के लिए अनेक रूपों में प्रयत्न कर रहे थे। उन्होंने 'सुधा' के जनवरी, 1935 के अंक के सम्पादकीय में लखनऊ विश्वविद्यालय में हिन्दी भाषा और साहित्य के अध्ययन-अध्यापन के प्रस्ताव पर कुछ लोगों द्वारा विरोध किए जाने पर क्षोभ प्रकट किया और इसे संकीर्णता, नीचता तथा स्वार्थ की उपज माना। वे लखनऊ विश्वविद्यालय की एम.ए. कक्षा में हिन्दी के अध्ययन अध्यापन की व्यवस्था का समर्थन करते हैं। साथ ही ऐसे हिन्दी भाषी अध्यापकों की आवश्यकता पर बल देते हैं जो साहित्येतर विषयों का अध्यापन हिन्दी भाषा में कर सकें। (रचनावली भाग-6 पृ. -460-61)।

'सुधा' के ही जून 1935 के 'साहित्य प्रचार' नाम से लिखे गए अपने सम्पादकीय में निराला इस बात पर क्षोभ प्रकट करते हैं कि समाज की ऐसी मानसिकता बन गई है कि 'सुघर मार्जित भाषा' में लिखी अच्छे भावों की हिन्दी किताब उसे नहीं भाती और वे ऐसे अपठित भी नहीं कि समझ न सकें पर नहीं, वे अँग्रेजी की पुस्तक खरीदेंगे चाहे वह रद्दी-से-रद्दी क्यों न हो। (वही, पृ. 464-65)। स्वतन्त्रता संघर्ष के दौरान मध्यवर्ग के प्रतिनिधि वकील, डॉक्टर और बुद्धिजीवी वर्ग तथा धनिक वर्ग एवं राजे महराजे मानसिक गुलामी के शिकार थे इसलिए उनमें हिन्दी के प्रति हीनता की ग्रन्थि थी। निराला इस दृष्टिकोण को दु:खदायी बताते हैं - बड़े दु:ख के साथ कहना पड़ता है कि हमारे वहाँ भी वकील, बैरिस्टर, डॉक्टर और उच्चकोटि के विद्वान धनी-मानी, राजे-महाराजे हैं पर हिन्दी की हित चिन्तना की ओर उनका ध्यान नहीं। (वही, पृ. 466)।

निराला ने 'सुधा' के दिसम्बर 1933 के अंक में हिन्दी भाषा और साहित्य को लेकर पं- जवाहरलाल नेहरू की नीति पर कठोर टिप्पणी की। उन्होंने आरोप लगाया कि जवाहरलाल नेहरू आधुनिक हिन्दी साहित्य से परिचित नहीं हैं और हिन्दी से उनका कोई लगाव भी नहीं है। उनका दिमाग पश्चिमीकृत है। (रचनावली भाग-6, पृ. 424)। निराला का यह आरोप निराधर नहीं था। स्वतन्त्रता प्राप्ति के बाद संविधान निर्माण के समय पं. जवाहरलाल नेहरू ने हिन्दी के विषय में जो रवैया अपनाया, उससे यह बात साफ हो जाती है। पन्द्रह वर्ष तक अँग्रेजी को बनाए रखने की नीति का अनुकरण कर नेहरू ने हिन्दी भाषा के भविष्य पर मानो ताला लगा दिया। निराला ने जो आरोप 1933 में लगाया था वही आरोप स्वतन्त्रता प्राप्ति के बाद राहुल सांकृत्यायन ने लगाया और कहा कि भाषा के सम्बन्ध में नेहरू परस्पर विरोधी धारणा रखते हैं। (राष्ट्रभाषा हिन्दी, पृ. 61, वाणी प्रकाशन, नई दिल्ली)।

इस प्रकार निराला ने राष्ट्रभाषा के रूप में हिन्दी के विकास के लिए बहुत ही स्पष्ट और दृढ़ नीति अपनायी तथा निर्भीकतापूर्वक अपने विचार व्यक्त किए। साहित्य तथा संस्कृति के साथ भाषा के अन्त:सम्बन्धों की सही पहचान करते हुए निराला ने जो विचार व्यक्त किये, वे आज भी महत्त्वपूर्ण हैं।

राष्ट्रभाषा का प्रश्न और सुमित्रानन्दन पन्त

छायावादी कवियों-प्रसाद, निराला, पन्त और महादेवी की चतुष्टयी में सुमित्रानन्दन पन्त ही एक ऐसे रचनाकार हैं, जो साहित्य के विद्यार्थियों के बीच केवल कवि रूप में विख्यात हैं। अधिक-से-अधिक 'पल्लव' की ऐतिहासिक भूमिका की चर्चा छायावाद के घोषणा पत्र के रूप में की जाती है। पर पन्त का गद्यकार व्यक्तित्व भी है और उसमें कारयित्री एवं भावयित्री प्रतिभा के सम्यक् दर्शन होते हैं, यह अल्पख्यात है। वस्तुतः उनका कवि रूप इतना अधिक चर्चित रहा है कि उनके गद्यकार रूप की ओर लोगों का विशेष ध्यान नहीं जाता। ऐसा निराला, प्रसाद एवं महादेवी के साथ नहीं हुआ है। पर इसका तात्पर्य यह नहीं है कि पन्त का गद्य साहित्य उपेक्षणीय है। पन्त का गद्य सर्जनात्मक सम्भावनाओं से भरा है। उपन्यास, कहानियों तथा नाटकों एवं संस्मरण के रूप में पन्त का समृद्ध रचनात्मक गद्य विद्यमान है तथा आलोचनात्मक एवं वैचारिक गद्य में उनकी भावयित्री प्रतिभा का प्रकाश है। डॉ. विश्वनाथ त्रिपाठी का यह कहना युक्तिसंगत नहीं है कि पन्त के आलोचनात्मक विचार विचार मालूम ही नहीं पड़ते। वे किसी कवि के हृदय पर पड़े हुए प्रभावों की अभिव्यक्ति अधिक लगते हैं, विचार विवेचन कम और उनके निर्णय इतने आत्मनिष्ठ लगते हैं कि उनको आलोचना की कोटि में रखना कठिन है।[1] जिसने भी पन्त के आलोचनात्मक एवं वैचारिक गद्य का सम्यक मूल्यांकन किया है, वह डॉ. त्रिपाठी के निष्कर्षों से सहमत नहीं हो सकता। पन्त जी ने अपने वैचारिक गद्य में एक ओर छायावाद के स्वरूप पर विचार किया है तथा छायावाद के विषय में प्रचलित भ्रान्तियों का निराकरण किया है तो दूसरी ओर साहित्य, संस्कृति, दर्शन एवं भाषा जैसे गम्भीर विषयों पर विचार किया है। पन्त जी ने अपने समय के ज्वलन्त प्रश्नों पर बड़ी ही गम्भीरता, संवेदनशीलता एवं निर्भीकता के साथ विचार किया है। पन्त जी स्वतन्त्रता संघर्ष के साक्षी रहे हैं और विभाजन के बाद साहित्य, संस्कृति एवं भाषा के विषय में उठनेवाले मुद्दों से जुड़े रहे हैं। कोई भी संवेदनशील

साहित्यकार, चिन्तक इन प्रश्नों से कतरा नहीं सकता। पन्त जी ने भाषा के प्रश्न पर अपनी स्पष्ट राय सबके समक्ष रखी। स्वतन्त्रता के पहले और बाद भी राष्ट्रभाषा को लेकर संकीर्ण राजनीतिक स्वार्थों के कारण विवाद खड़ा किया गया। अँग्रेजी, हिन्दी, उर्दू, हिन्दुस्तानी को लेकर विचार-विमर्श चल रहा था। राजनीतिज्ञ, समाजशास्त्री, संस्कृतिकर्मी, साहित्यकार सभी इस प्रश्न से जुड़े थे। भाषा के प्रश्न को तुष्टीकरण के परिप्रेक्ष्य में भी हल करने की कोशिश की जा रही थी। जिस प्रकार राजनीति के प्रश्न को तुष्टीकरण के सन्दर्भ में विवेचित किया जा रहा था उसी प्रकार भाषा के प्रश्न को भी। आज भी यह प्रश्न उलझा हुआ है। उस समय एक प्रकार का दोचितापन चिन्तन में दिखाई देता था। राजनीतिक नेतृत्व में दृढ़ इच्छाशक्ति का अभाव था। राहुल जी ने ठीक ही लक्ष्य किया था कि पंडित जवाहरलाल नेहरू भाषा के सम्बन्ध में बिलकुल स्पष्ट नहीं थे।[2]

भाषा एवं उसके स्वरूप के बारे में स्पष्ट एवं दृढ़ विचार रखनेवालों ने जो सुझाव दिए थे, वे स्वीकार नहीं किए गए। हिन्दी को राजभाषा के रूप में स्वीकार तो किया गया, किन्तु एक षड्यन्त्र के अन्तर्गत 1965 तक उसका क्रियान्वयन रोक दिया गया। 1965 में भी वह स्वप्न पूरा नहीं हुआ और आज भी यथास्थिति बनी हुई है। 21वीं शताब्दी के आरम्भ में आज देश में अँग्रेजी का वर्चस्व बना हुआ है, बल्कि बढ़ता जा रहा है। व्यवसाय, प्रशासन, उद्योग, राजनीति और शिक्षा में अँग्रेजी की दखल बढ़ी है। देशी भाषा के प्रति जबर्दस्त हीनता की ग्रन्थि विद्यमान है।

ऐसी अवस्था में एक बार पुनः उन विचारकों के मन्तव्यों का विश्लेषण करने की आवश्यकता है, जो निष्ठा के साथ भाषा के प्रश्न से जुड़े हुए थे और जिनकी चिन्ताओं की अनदेखी की गई। सुमित्रानन्दन पन्त भी उन्हीं निष्ठावान विचारकों में आते हैं। पन्त जी ने भाषा सम्बन्धी विचार सांस्कृतिक चेतना', 'भाषा और संस्कृति', 'हिन्दी का भावी रूप', 'राष्ट्रीय एकता और हिन्दी' जैसे निबन्धों में व्यक्त किए हैं। पन्त जी विश्व मानवता के लिए समर्पित साथ ही राष्ट्रीय अस्मिता के प्रति सजग रचनाकार रहे हैं। वे यह नहीं मानते कि निर्बल राष्ट्र विश्व मानवता के विकास में कोई सार्थक योगदान करने में समर्थ हो सकेगा। एक सजग, सबल एवं हर प्रकार से सम्पन्न राष्ट्र के योगदान का आदर विश्व जनमत में होगा। वे यह मानते हैं कि उच्च आदर्शवाद को धरती के जीवन का अंग बनाने के लिए उतनी ही अधिक शक्ति और सामर्थ्य भी चाहिए, बलहीन देश न आत्मा की प्राप्ति कर सकता है, न पृथ्वी पर अपने अस्तित्व

की रक्षा ही कर सकता है।[3] देश को आत्म सजग और भीतर से सम्पन्न बनाने में भाषा, साहित्य और संस्कृति का महत्त्वपूर्ण स्थान है। भाषा केवल सम्प्रेषण का माध्यम भर नहीं है, वह संस्कृति का वाहक भी है। किसी भी राष्ट्र की अस्मिता उसकी भाषा में ही मुखरित होती है। पन्त जी के लिए भाषा का महत्त्व आत्यन्तिक है। उनके अनुसार 'भाषा मनुष्य के हृदय की कुंजी है और किसी भी देश या राष्ट्र के संगठन के लिए एक अत्यन्त सबल साधनों में से है। भाषा एक संगठित वस्तु है, जो विकास क्रम द्वारा प्राप्त तथा परिष्कृत होती है।'[4] पन्त जी एक राष्ट्रभाषा के महत्त्व का अच्छी तरह अनुभव कर रहे थे। वे यह जानते थे कि राष्ट्रीय एकता के निर्माण और राष्ट्र के विकास में एक राष्ट्रभाषा का महत्त्व निर्विवाद है, "अपने देश की जनता में, उसके विभिन्न वर्गों और सम्प्रदायों में एकता स्थापित करने के लिए तथा अपने राष्ट्रीय जीवन को सशक्त, संयुक्त एवं संगठित बनाने के लिए हमें एक भाषा के माध्यम की नितान्त आवश्यकता है, जिसका महत्त्व किसी भी दूसरे तर्क या विवाद से घटाया नहीं जा सकता।[5] एक राष्ट्रभाषा की स्वीकृति और उसके प्रयोग से राष्ट्रीय एकता भी मजबूत होती है और राष्ट्रीय चेतना एक स्वर में मुखरित होती है। पन्त जी ने 'सशक्त', 'संयुक्त', 'संगठित' जैसे शब्दों का प्रयोग निराधार नहीं किया है। उनकी दृष्टि में राष्ट्रभाषा या एकभाषा का प्रश्न भावी पीढ़ी का प्रश्न भी है।"[6]

स्वतन्त्रतापूर्व और बाद में भी भाषा को लेकर चल रहे मत वैभिन्य को पन्त जी एक संवेदनशील साहित्यकार के नाते निकट से अनुभव कर रहे थे। एक राष्ट्र भाषा के प्रति राजनेताओं, बुद्धिजीवियों और पढ़ी-लिखी कही जानेवाली जनता में प्रतिबद्धता की कमी से वे खिन्न भी थे। वे उन कारणों की पड़ताल भी कर रहे थे जिससे प्रतिबद्धता में कमी आई, "आज की पीढ़ी के हृदय में मध्ययुगों की इतनी विकृतियाँ और संकीर्णताएँ अभी अवशेष हैं कि हम छोटे-मोटे गिरोहों, सम्प्रदायों, वादों और मतों में बँटने की अपनी इस युग की प्रवृत्तियों को छोड़ ही नहीं सकते।"[7] पन्त जी की दृष्टि में प्रतिबद्धता में कमी का एक दूसरा बड़ा कारण लम्बे विदेशी शासन के कारण भारतीयों में उत्पन्न हीन भावना है। पन्त जी का मानना है कि विदेशी शासन के कारण हमारी चेतना इतनी विकीर्ण और पराजित हो गई है कि हम अपने सामाजिक उत्तरदायित्व को ठीक-ठीक समझ ही नहीं सकते और अपने स्वार्थों से बाहर एक सबल सन्तुलित राष्ट्रीय संगठन के महत्त्व की ओर हमारा ध्यान ही नहीं जाता।[8] वस्तुतः राष्ट्रभाषा ही हमारे जातीय स्वभाव की रक्षा कर सकती है। आचार्य शुक्ल की भाषा सम्बन्धी अवधारणा पर विचार करते हुए मलयज ने सही लिखा है कि

"स्वतन्त्र चिन्तन पराश्रित या आरोपित भाषा में नहीं हो सकता।"[9] राष्ट्रीय हितों के अनुरूप आशा आकांक्षा का ध्यान रखनेवाले अन्य भाषा चिन्तकों की भाँति पन्त जी का भी मानना है कि 'भाषा का सम्बन्ध केवल सम्पन्न अभिधान शब्द संग्रह अथवा अभिव्यक्ति की क्षमता से ही नहीं होता, उसका उससे भी कहीं गहरा सम्बन्ध हमारी सांस्कृतिक परम्पराओं, हमारे जीवन-दर्शन तथा जातीय विकास के इतिहास से होता है।[10] अर्थात् राष्ट्रीय चेतना के विकास में भाषा का महत्त्वपूर्ण योगदान है। एक भाषा का विकास एक भौगोलिक, सामाजिक, ऐतिहासिक और सांस्कृतिक परिवेश के भीतर होता है। इसलिए एक देश की सामाजिक, सांस्कृतिक आकांक्षाओं की पूर्ति उसी भाषा में ही सम्भव है। पन्त जी ने इस बात पर बार-बार बल दिया है कि 'हमें एक राष्ट्रभाषा अवश्य चाहिए। वह हमारे सामाजिक, सांस्कृतिक तथा भौतिक जीवन की अनिवार्य आवश्यकता है।"[11] "इसमें सन्देह नहीं कि एक भाषा की आवश्यकता हमारे विशाल देश के लिए इस युग की ऐतिहासिक आवश्यकता है। वह राष्ट्रीय एकता के अतिरिक्त हमारे सांस्कृतिक तथा आध्यात्मिक पुनर्जागरण के लिए भी अनिवार्य रूप से आवश्यक है।"[12] पन्त जी ने दृढ़तापूर्वक यह प्रतिपादित किया कि बिना भाषा एका के मन तथा हृदयों का एका अथवा विचारों तथा भावनाओं का एका सम्भव ही नहीं है। शब्दों में अजेय आकर्षण शक्ति होती है। शब्दों के परिवार में बँधने का अर्थ होता है एक वृहद् मानव परिवार में संगठित होना।[13]

यह विडम्बना ही है कि इस देश की जितनी क्षति अँग्रेजी शासन काल में हुई, उतनी मुस्लिम शासन काल के दौरान भी नहीं। मुस्लिम शासन के समय राजनीतिक रूप से हम पराधीन तो हुए परन्तु सांस्कृतिक रूप से हम अजेय बने रहे। पर अँग्रेजी शासन के समय जो सांस्कृतिक रिक्तता आयी उसने हमारे भीतर जबर्दस्त हीन भावना का संचार किया। मुस्लिम शासक हमें परम्पराओं से काटने में सफल नहीं हुए परन्तु अँग्रेज सफल हो गए। उन्होंने संस्कृत भाषा से हमारा रिश्ता तोड़कर हमें अपने मूल से ही काट दिया। अँग्रेजों ने व्यवसाय, शिक्षा और प्रशासन में अँग्रेजी भाषा लादकर हमें मानसिक रूप से पराधीन बना दिया। फिर अँग्रेजी के व्यामोह में हम ऐसे जकड़े कि उसे ही अपनी उन्नति का सर्वस्व मान बैठे। पन्त जी ने यह गहराई से अनुभव किया कि पराधीनता के कारण हीन भाव हमारे मन में बैठ गया है। इसी कारण एक विदेशी भाषा के माध्यम से हम राष्ट्रीय एकता की कल्पना कर रहे हैं।[14] यह हीनता की पराकाष्ठा है। इसका उत्तरोत्तर विकास हुआ है। आज हम यह मान बैठे हैं कि अँग्रेजी विश्वभाषा है, हमारे देश को विश्व से जोड़ने का एकमात्र सेतु है। यह हीन भावना ही राष्ट्रभाषा

के पथ में सबसे बड़ी बाधा है। पन्त जी इस प्रवृत्ति की तीव्र रूप में भर्त्सना करते हैं, "आज तक हम सात समुद्र पार की विदेशी भाषा को तोते की तरह रटकर साक्षर तथा शिक्षित होने का अभिमान ढोते आए हैं।"[15] हिन्दी को राष्ट्रभाषा के रूप में स्थापित करने में अनथक संघर्ष करनेवाले राहुल सांकृत्यायन ने भी भारत की नौकरशाही और अँग्रेजी मानसिकता के गुलाम लोगों को कूपमंडूक कहा था।[16] सबसे विडम्बनापूर्ण स्थिति तो यह हुई कि अँग्रेजी समर्थकों की जातीय चेतना लुप्त हो गई थी इसलिए वे अँग्रेजी को अपनाये रखने में ही गर्व का अनुभव कर रहे थे। राहुल जी इसे सर्वाधिक लज्जाजनक मानते हैं, "वे लोग यह भी सोचने के लिए तैयार नहीं हैं कि किसी भी स्वतन्त्र देश के लिए यह बड़े शर्म की बात है कि वह पराई भाषा को अपनी शिक्षा का माध्यम बनाए रखे।[17] पन्त जी भी अँग्रेजी को शिक्षा का माध्यम बनाए रखना अनुचित मानते हैं। उनकी दृष्टि में अँग्रेजी को शिक्षा के माध्यम से हटाने से शिक्षा का स्तर ऊँचा उठ जाएगा। उन्होंने जोर देकर कहा कि जीवन-निर्वाह और राष्ट्र की सेवा में मातृभाषा में दी गई शिक्षा अधिक उपयोगी हो सकती है—

"अँग्रेजी का अधिक मूल्य राष्ट्रीय दृष्टि से नहीं है। शिक्षा के स्तर के बारे में हमारी भ्रान्त, धारणाएँ हैं। अँग्रेजी शिक्षा का माध्यम हटाने से शिक्षा का स्तर ऊँचा हो जाएगा। क्योंकि स्तर का अर्थ वास्तव में है शिक्षा का मूल्य, वह मूल्य दो प्रकार का है एक तो यह कि छात्र अपने जीवन निर्वाह के लिए शिक्षा का उपयोग कर सके। दूसरा यह कि वह उससे समाज या देश की सेवा कर सकें। दोनों ही पक्ष मातृभाषाओं को शिक्षा का माध्यम बनाने से अधिक सफल सिद्ध हो सकते हैं।"[18]

पन्त जी का यह तर्क युक्तियुक्त है कि अजेय राष्ट्रीय मानस के निर्माण के लिए राष्ट्रभाषा आवश्यक है। देशी भाषा में ही देशी संस्कृति मूर्त होती है। विदेशी भाषा राष्ट्रीय निष्ठा समाप्त कर देती है। इसीलिए पन्त जी की यह दृढ़ धारणा है कि, "इस देश के भीतरी जीवन का निर्माण करने के लिए हमें सर्वाधिक एक समर्थ राष्ट्रभाषा को भावमूर्त करने की सर्वप्रथम आवश्यकता है, जिसकी शब्द शक्ति से हम एक विशाल अजेय अखंड राष्ट्रीय मानस का निर्माण कर सकें।"[19] आचार्य रामचन्द्र शुक्ल ने भी राष्ट्रीय अस्मिता के जागरण को सर्वाधिक महत्त्व दिया था। इसे ही उन्होंने 'स्वरूप की स्वतन्त्रता' की संज्ञा दी थी। उनका बहुत ही महत्त्वपूर्ण कथन है, "जो हृदय संसार की अन्य जातियों के बीच अपनी जाति की स्वतन्त्र सत्ता का अनुभव नहीं करता, वह देशप्रेम का दावा नहीं कर सकता। इस स्वतन्त्र सत्ता का तात्पर्य स्वरूप की स्वतन्त्रता

से है था अन्न-धन संचित करने और अधिकार भोगने की स्वतन्त्रता से नहीं। भारतवासियों ने यदि अपने स्वरूप को भूलकर समृद्धि प्राप्त की तो क्या? उन्होंने उदात्त वृत्तियों को उत्तेजित करनेवाली बँधी-बँधायी परम्परा से अपना सम्बन्ध तोड़ लिया और नई उभरी हुई इतिहासशून्य जंगली जातियों के बीच अपना नाम लिखा लिया।''[20] आचार्य शुक्ल अन्न-धन संचित करने और अधिकार भोगने की स्वतन्त्रता से अधिक महत्त्व स्वरूप की स्वतन्त्रता को देते हैं, क्योंकि वे यह मानते हैं कि इसके बिना कोई भी राष्ट्र प्राणहीन होता है। इस स्वरूप की स्वतन्त्र सत्ता का एक महत्त्वपूर्ण उपादान भाषा भी है। पन्त जी भी आचार्य शुक्ल की ही भाँति बिना राष्ट्र भाषा के राष्ट्रीय मन और लोक चेतना का निर्माण सम्भव नहीं मानते ''निःसन्देह राष्ट्रीय एकता का संगठन केवल एक राष्ट्रभाषा के माध्यम से ही किया जा सकता है। भौतिक जीवन-निर्माण खोखला सिद्ध होगा यदि उसके साथ ही राष्ट्रीय मन लोक चेतना का निर्माण भी नहीं सम्पन्न किया जाएगा, ''भाषा मानव मन की झंकार तथा मानव आत्मा का सोपान है। उसके महत्त्व को न पहचानना आँखें रहते भी अंधा बना रहना है, क्योंकि अपनी भाषा ही अपने राष्ट्र के मानस में अन्तर्दृष्टि दे सकती है।[21] अनेक साहित्यकारों, इतिहासकारों, समाजशास्त्रियों ने विदेशी भाषा को अपनाए रखने के पीछे प्रमुख कारण भारतवासियों में आत्मविश्वास की कमी और हीन भावना को माना है। पन्त जी भी इसे ही मूल कारण मानते हैं, ''भौतिक सांस्कृतिक दृष्टि से भी एक बड़े भारी हीन भाव तथा कुण्ठा के रूप में हमारे मन में जग गया है और इन पराधीनता की सदियों में उसके मूल में हमारे भीतर इतने गहरे पैठ गए हैं कि आज स्वाधीनता मिलने पर भी हम उन्हें उखाड़कर बाहर फेंकना तो दूर रहा, उन्हें हिलाने में भी हम समर्थ नहीं हो सके हैं। अन्यथा अपने राष्ट्रगौरव, स्वाभिमान एवं जनैक्य की कल्पना के विरुद्ध हम एक विदेशी भाषा को अपनी राष्ट्रीय एकता का मिलन तीर्थ बनाए रहते, यह किसी दृष्टि से भी सम्भव नहीं होना चाहिए था।''[22]

आज स्वतन्त्रता के इतने वर्ष बाद भी पन्त जी की पीड़ा का उपचार नहीं हो पाया है। 'राष्ट्र गौरव', 'स्वाभिमान', 'जनैक्य' जैसे शब्द बेमानी लगने लगे हैं। तथाकथित प्रगतिशीलों को इन शब्दों में 'फासिज़्म' की गन्ध आने लगी है। विशेषकर पश्चिमी शिक्षा, जीवन पद्धति के गुलाम इसके शिकार हैं। नौकरशाही एक तो यथास्थितिवाद की पोषक है, दूसरे उसकी निष्ठा भ्रष्टाचार में अधिक है, राष्ट्रीय चेतना में कम। ऐसे समय में पन्त जी की भावना पर विचार करना प्रासंगिक है।

राष्ट्र की सामूहिक चेतना को मुखरित करने के लिए एक राष्ट्रभाषा की आवश्यकता का अनुभव करते हुए देश भर के प्रबुद्ध जनों, भाषाविदों ने हिन्दी को सर्वाधिक उपयुक्त माना था पन्त जी को हिन्दी एक ऐसी भाषा के रूप में दिखाई पड़ती है, जिसके माध्यम से समस्त मनुष्य जाति का अभ्युदय सम्भव है। ''हिन्दी हमारे लिए नवीन सम्भावनाओं की चेतना है, जिसे वाणी देने के लिए हमें सहस्रों स्वर, लाखों लेखनी तथा करोड़ों कंठ चाहिए। उसके अभ्युदय के रूप में हम अपने साथ समस्त मनुष्य जाति की अभ्युदय पहचान सकेंगे।''[23] पन्त जी का यह कथन अत्यन्त महत्त्वपूर्ण और उनकी भविष्य दृष्टि का परिचायक है कि ''हिन्दी को सम्पूर्ण अभिव्यक्ति देना एक नवीन मनुष्यत्व को अभिव्यक्ति देना है।''[24]

संस्कृत एवं भारतीय भाषाओं के विकास के स्वरूप से यह स्पष्ट हो गया था कि समस्त भारतीय भाषाओं का मूल संस्कृत है इसलिए भाषाविदों और राष्ट्रचेत्ता बुद्धिजीवियों, सामाजिक कार्यकर्ताओं का यह निष्कर्ष था कि प्रसार की दृष्टि से, संख्या की दृष्टि से और सर्वसुलभता की दृष्टि से हिन्दी की पहुँच सर्वाधिक है इसलिए हिन्दी की राष्ट्रभाषा के रूप में स्वीकृति में वे किसी प्रकार की बाधा नहीं मानते थे। पन्त जी की भी यही मान्यता थी, ''सौभाग्यवश हमारी सभी प्रान्तीय भाषाओं की जननी संस्कृत भाषा वही है। दक्षिणी भाषाओं में भी संस्कृत के शब्दों का प्रयोग प्रचुर मात्रा में बढ़ने लगा है। उत्तर भारत की भाषाएँ तो विशेष रूप से संस्कृत सौष्ठव, ध्वनि सौन्दर्य तथा उसकी चेतना के प्रकाश से अनुप्राणित तथा जीवित हैं। अगर हम अपनी हठधर्मी से लड़ सकें तो मुझे कोई कारण नहीं दीखता कि क्यों हम आज हिन्दी को राष्ट्रभाषा के रूप में एकमत होकर स्वीकार कर उसे वास्तविकता में परिणत नहीं कर सकते। अन्य प्रान्तीय भाषाओं की तुलना में राशि (जनसंख्या) तथा गुण (सरलता, सुबोधता, उच्चारण सुविधा आदि) की दृष्टि से भी हिन्दी का स्थान विशेष महत्त्वपूर्ण तथा प्रमुख है।''[25]

स्वतन्त्रता संघर्ष के समय देश भर के प्रसिद्ध राजनीतिज्ञों, साहित्यकारों और भाषाविदों ने भी हिन्दी का पक्ष लिया था। राहुल जी ने भी जनसंख्या का तर्क सबके समक्ष रखा और इसके लिए सोवियत संघ का उदाहरण दिया जहाँ अनेक भाषाओं के बावजूद रूसी भाषा जनसंख्या के आधार पर केन्द्रीय भाषा बनी। राहुल जी ने अन्य प्रदेशवालों के लिए सुगम भी बताया कि संघ की भाषा वही हो सकती है, जिससे देश के बहुसंख्यक लोग परिचित हों और जिसके शब्द में प्रादेशिक भाषाओं के बहुत अधिक शब्द हों। ऐसी भाषा हिन्दी

ही है। प्रादेशिक भाषाओं की तरह अपने आरम्भिक काल से ही संस्कृत से आवश्यक शब्दों के लेने के कारण यह दूसरे प्रदेशवालों के लिए सुगम है।[26] आचार्य रामचन्द्र शुक्ल ने भी हिन्दी तथा अन्य भारतीय भाषाओं के विश्लेषण के आधार पर सिद्ध किया कि इन सभी का आधार संस्कृत है।[27] आचार्य शुक्ल ने भी इस बात को रेखांकित किया कि हिन्दी, बँगला, मराठी, गुजराती आदि भाषाएँ संस्कृत के ही कुटुम्ब की हैं उसी के प्राकृत रूपों से निकली हैं। इन आर्य भाषाओं का संस्कृत के साथ घनिष्ठ सम्बन्ध है।[28]

सुमित्रानन्दन पन्त ने राष्ट्रभाषा हिन्दी की शब्द सम्पदा पर भी विचार किया। भारतेन्दु युग से ही इस सम्बन्ध में मत वैभिन्य रहा है। कुछ लोग हिन्दी में अरबी-फारसी शब्दावली के अधिकाधिक समावेश पर जोर दे रहे थे। हिन्दू-मुस्लिम-समन्वय के लिए भी इसे आवश्यक मानते थे। राजनीति कर्मी दृढ़ इच्छाशक्ति के अभाव के कारण तुष्टीकरण की नीति का अनुसरण कर रहे थे। पन्त जी के समक्ष कोई राजनीतिक विवशता नहीं थी। वे राष्ट्रहित में जो उचित अनुभव कर रहे थे, उस पर बल दे रहे थे। उन्होंने अनुभव किया कि अन्तर प्रादेशिक दृष्टि से तत्सम प्रधान शब्दावली का प्रयोग उचित है, "बड़े सौभाग्य की बात है कि उत्तरापथ की प्राय: सभी उन्नत भाषाएँ संस्कृत से शक्ति संचय करती हैं और दक्षिण की भाषाओं में संस्कृत का प्रयोग यथेष्ट मात्र में होता है। अन्तर प्रादेशिक दृष्टि से हिन्दी में संस्कृत के तत्सम शब्दों का प्रयोग ही साम्य तथा व्यापकता लाने में इस समय सहायक होगा।"[29] राहुल जी ने भी शब्द सम्पदा की दृष्टि से तत्सम शब्दों के प्रयोग पर बल दिया। इन्हें ही वे प्रगतिशील शब्द कहते हैं, "परिषद् के बाद संवाद से सभी लोगों को मालूम हुआ कि सारे देश में अधिक प्रगतिशील वे ही शब्द हैं, जो संस्कृत से आए हैं। उनके भी तद्भव रूपों का एक-सा प्रचार बहुत कम देखा जाता है और तत्सम रूप ही सर्वत्र ग्राह्य है।"[30]

भारतवर्ष में अँग्रेजी का वर्चस्व बनाए रखने की इच्छा करनेवालों ने दो विवाद उत्पन्न किए पहला, हिन्दी बनाम प्रान्तीय भाषा और दूसरा, हिन्दी बनाम उर्दू-हिन्दुस्तानी। कुछ लोगों ने आशंका व्यक्त की कि हिन्दी के प्रसार से अन्य प्रान्तीय भाषाओं का विकास अवरुद्ध हो जाएगा। पन्त जी ने इस आशंका को आधारहीन बताया, "राष्ट्रभाषा के प्रसार या अभ्युदय से प्रान्तीय भाषाओं के विकास में किसी प्रकार की क्षति या बाधा पहुँच सकती है, इस प्रकार का तर्क समझ में नहीं आता।"[31] राहुल सांकृत्यायन ने भी हिन्दी बनाम प्रादेशिक भाषाओं का विवाद उत्पन्न करनेवालों की भर्त्सना की। उन्होंने जोर देकर कहा कि, "अहिन्दी प्रान्तों की भाषाओं में एक में भी हिन्दी कोई नाजायज दखल भी नहीं देती। वहाँ के लोगों

को यह मालूम करने में देर नहीं होगी कि हिन्दी भारत की सभी भाषाओं को अँग्रेजी से छीनकर उनका उचित हक दिलाने की लड़ाई लड़ रही है।''[32]

राष्ट्रभाषा-विवाद में सबसे प्रमुख था-हिन्दी-उर्दू-हिन्दुस्तानी का द्वन्द्व। इसे साम्प्रदायिक रंग देने की कोशिश भी की गई। स्वतन्त्रता पूर्व भारत में विशेषकर उत्तर भारत में अदालतों की भाषा उर्दू थी। इस कारण कुछ लोग इसी भाषा को राष्ट्रीय रूप देने का आग्रह कर रहे थे। 'मिली-जुली तहजीब' का नारा देनेवाले भी इसी का पक्ष ले रहे थे। वस्तुतः वे भारत की प्राचीन परम्परा-शब्द और अर्थ दोनों की अनदेखी कर रहे थे। हिन्दी में तत्सम तद्भव और देशज शब्दों की विशाल परम्परा थी, जो यहाँ के भौगोलिक, सामाजिक, सांस्कृतिक परम्परा से घनिष्ठ रूप से सम्बद्ध थी। उसको छोड़कर विदेशी मूल की शब्दावली का पक्ष लेना न तो वैज्ञानिक था और न ही तार्किक। आचार्य शुक्ल ने यह गहराई से अनुभव किया था कि उर्दू या हिन्दुस्तानी से चुन-चुन कर देशी शब्दों को किस प्रकार निकाला गया था।''[33] राहुल जी ने भी अरबी फारसी शब्दों के अधिकाधिक प्रयोग को अस्वीकार किया। उनके अनुसार उर्दू पर बल देने के कारण फारसी और अरबी स्रोतों तक जाना होगा, जो दुष्कर कार्य है और फिर भारतीय भाषाओं की प्रकृति से भी यह मेल नहीं खाता।[34]

उस समय साहित्यकारों में प्रेमचन्द ने हिन्दुस्तानी का पक्ष लिया था। उनके अनुसार भारत की राष्ट्रीय भाषा न तो उर्दू ही है और न हिन्दी बल्कि हिन्दुस्तानी है, जो सारे हिन्दुस्तान में समझी जाती है और उसके बड़े भाग में बोली जाती है लेकिन फिर भी लिखी कहीं नहीं जाती।[35] प्रेमचन्द ने हिन्दी में तत्सम शब्दों के प्रयोग का विरोध किया, ''हिन्दी में एक फरीक ऐसा है, जो यह कहता है कि चूँकि हिन्दुस्तान की सभी सूबेवाली भाषाएँ संस्कृत से निकली हैं और उनमें संस्कृत के शब्द अधिक है इसलिए हिन्दी में हमें अधिक-से-अधिक संस्कृत के शब्द लाने चाहिए ताकि अन्य प्रान्तों के लोग उसे आसानी से समझें। उर्दू की मिलावट करने से हिन्दी का कोई फायदा नहीं। उन मित्रों को मैं यही जवाब देना चाहता हूँ कि ऐसा करने से दूसरे सूबों के लोग चाहे आपकी भाषा समझ लें, लेकिन खुद हिन्दी बोलनेवाले न समझेंगे।''[36] प्रेमचन्द इस सच्चाई को तो स्वीकार कर रहे थे कि अन्य प्रादेशिक भाषाओं में संस्कृत के शब्द हैं इसलिए संस्कृत के आधार पर खड़ी होनेवाली हिन्दी उन प्रान्तों में स्वीकार्य होगी पर उन्होंने हिन्दी प्रदेश की भाषा के स्वरूप पर वैज्ञानिक ढंग से विचार नहीं किया। सारे उत्तर भारत में बोलचाल में जिन बोलियों का प्रयोग हो रहा था वे संस्कृत के ही विभिन्न प्राकृत रूपों से निकली थीं। हिन्दुस्तानी या उर्दू तो केवल शहरों

में और वह भी मुट्ठी भर पुराने मुस्लिम सामन्ती अवशेषों और उनके लग्गू-भग्गुओं की भाषा थी।[37] प्रेमचन्द के ही ऊपर के उद्धरण में जिस फरीक शब्द का प्रयोग किया गया है, उसे उर्दू न जाननेवाले कितने लोग समझ सकते हैं? आचार्य शुक्ल ने उन्हीं अरबी-फारसी शब्दों के प्रयोग का समर्थन किया जिसे वे लोग भी बोलते हों, जिन्होंने कभी उर्दू नहीं पढ़ी है।[38] आचार्य शुक्ल हिन्दुस्तानी को एक कृत्रिम भाषा कहते हैं, उसे वे थोड़ी छनी हुई उर्दू के अतिरिक्त और कुछ नहीं मानते जिसकी शब्दावली अरबी-फारसी से लदी है और वाक्य रचना भी फारसी शैली से प्रभावित है।[39]

पन्त जी ने भी हिन्दुस्तानी के रूप में हिन्दी-उर्दू को मिलाने के कृत्रिम प्रयास का विरोध किया। वे यह मानते हैं कि इससे हिन्दी का सौन्दर्य और सौष्ठव नष्ट हो जाएगा। उन्होंने अपना सुझाव रखा कि हिन्दी उर्दू का मेल यहाँ की भाषा के आधार पर ही सफल हो सकता है, "आज हम बलपूर्वक हिन्दुस्तानी के रूप में दोनों को (हिन्दी उर्दू को) मिलाने का कृत्रिम और कुरूप प्रयत्न कर रहे हैं। यह हमें कहीं नहीं ले जाएगा।

क्योंकि ऐसे सचेष्ट प्रयत्न किन्हीं आन्तरिक नियमों के आधार पर ही सफल हो सकते हैं। ऐसे बाहरी प्रयत्नों से हम भाषा का व्यक्तित्व, उसका सौष्ठव तथा सौन्दर्य बनाने के बदले बिगाड़ ही देंगे। भारतवर्ष के अन्य प्रान्तों की भाषाओं के जीवन को सामने रखते हुए मैं सोचता हूँ हिन्दी-उर्दू का मेल संस्कृत के ध्वनि-सौन्दर्य, रुचि सौष्ठव तथा व्यक्तित्व के आधार पर ही सफल हो सकेगा, जिसमें अधिकाधिक मात्र में बोलचाल के लोक प्रचलित तद्भव शब्दों का समावेश किया जा सकता है।[40]

पन्त जी ने उर्दू हिन्दी सम्बन्धों को प्रगाढ़ करने में लिपि के अवरोध को प्रमुख माना। उन्होंने दृढ़तापूर्वक यह प्रतिपादित किया कि नागरी लिपि उर्दू से ही नहीं संसार की सभी लिपियों से अधिक सरल, सुबोध तथा वैज्ञानिक है। उन्होंने उर्दू भाषा को नागरी लिपि में लिखने का सुझाव दिया। इसे ही उन्होंने दोनों भाषाओं को मिलाने का वास्तविक आधार बताया, "सरकार को हिन्दी-उर्दू-भाषियों के लिए राजकाज में एक ही लिपि को स्वीकार कर उसका प्रचार करना चाहिए। यही नीति शिक्षा केन्द्रों की भी होनी चाहिए। हमें इस समय भाषा के प्रश्न को बलपूर्वक सुलझाने का प्रयत्न नहीं करना चाहिए। केवल एक लिपि के आधार पर जोर देना चाहिए।"[41] पन्त जी का यह सुझाव उर्दू के व्यापक प्रसार के हित में था। आज उर्दू केवल एक वर्ग तक सिमट कर रह गई है।

इसके अनेक कारण हैं, जिनमें एक कारण फारसी लिपि का प्रयोग भी है।

अन्य कारणों में अरबी-फारसी शब्दों की ओर झुकाव तथा प्रचलित अरबी-फारसी शब्दों को मूल रूप में लिखने का आग्रह है। राहुल जी ने भी उर्दू को नागरी लिपि में लिखने का सुझाव दिया था।[42]

हिन्दी को राष्ट्रभाषा के रूप में स्वीकार किए जाने में एक अड़चन पारिभाषिक शब्दावली के निर्माण को लेकर खड़ी की गई। शिक्षा पद्धति का माध्यम अँग्रेजी होने के कारण विज्ञान, तकनीकी, चिकित्सा, विधि आदि में पश्चिम की परिभाषिक शब्दावली ही प्रचलित थी। राहुल जी ने पाँच लाख पारिभाषिक शब्दावली के निर्माण पर बल दिया था।[43] पन्त जी भी वैज्ञानिक शब्दों को अँग्रेजी से ज्यों-का-त्यों लेने के पक्ष में नहीं हैं। उनका हिन्दीकरण करना अधिक संगत समझते हैं।[44]

इस प्रकार पन्त जी देश की सामाजिक, सांस्कृतिक, ऐतिहासिक परम्परा के अनुरूप राष्ट्रभाषा का स्वरूप खड़ा करना चाहते हैं। वे भारतीय अस्मिता को जागृत करना चाहते हैं। आज जब क्षेत्रीय भाषायी अस्मिता जैसी चीजों पर बल दिया जा रहा है, राष्ट्रभाषा के लिए किए गए संघर्ष का स्मरण कर शक्ति अर्जित करना अति आवश्यक है। यह अजीब विडम्बना है कि एक ओर विश्व हिन्दी सम्मेलन आयोजित हो रहे हैं और दूसरी ओर अपने ही घर में हिन्दी की स्थिति शोचनीय बनी हुई है।

ऐसे समय में पन्त जी जैसे राष्ट्रचेत्ता साहित्यकारों के विचारों की प्रासंगिकता समझ में आती है।

सन्दर्भ

1. डॉ. विश्वनाथ त्रिपाठी - हिन्दी आलोचना, पृ. 89
2. राष्ट्रभाषा हिन्दी, पृ. 61
3. पन्त ग्रन्थावली भाग-6, पृ. 392
4. वही, पृ. 432
5. वही, पृ. 432
6. वही
7. वही
8. वही
9. रामचन्द्र शुक्ल, पृ. 32
10. पन्त ग्रन्थावली, भाग-6, पृ. 436
11. वही, पृ. 439
12. वही, पृ. 440

13. वही
14. वही, पृ. 435
15. वही, पृ. 433
16. राष्ट्रभाषा हिन्दी, पृ. 104
17. वही, पृ. 105
18. पन्त ग्रन्थावली, भाग-6, पृ. 442
19. वही, पृ. 441
20. चिन्तामणि, भाग-2 (काव्य में प्राकृतिक दृश्य), पृ. 33
21. पन्त ग्रन्थावली, भाग-6, पृ. 442
22. वही, पृ. 435-36
23. वही, पृ. 428
24. वही
25. वही, पृ. 433
26. राष्ट्रभाषा हिन्दी, पृ. 10
27. चिन्तामणि, भाग-4, पृ. 72
28. हिन्दी साहित्य का इतिहास, पृ. 426
29. पन्त ग्रन्थावली, भाग-6, पृ. 438
30. राष्ट्रभाषा हिन्दी, पृ. 17
31. पन्त ग्रन्थावली, भाग-6, पृ. 432
32. राष्ट्रभाषा हिन्दी, पृ. 101
33. चिन्तामणि, भाग-3, पृ. 245
34. राष्ट्रभाषा हिन्दी, पृ. 17
35. साहित्य का उद्‌देश्य, पृ. 155-56
36. वही, पृ. 127-28
37. राष्ट्रभाषा हिन्दी, पृ. 365
38. चिन्तामणि, भाग-3, पृ. 71
39. वही, पृ. 248
40. पन्त ग्रन्थावली, भाग-6- पृ. 434
41. वही, पृ. 434
42. राष्ट्रभाषा हिन्दी, पृ. 11
43. वही, पृ. 61
44. पन्त ग्रन्थावली, भाग-6, पृ. 436

भाषायी अस्मिता और माधवराव सदाशिव गोलवलकर

भारतीय जनमानस में राष्ट्रीय अस्मिता का भाव जागृत करने, अपनी समृद्ध सांस्कृतिक परम्परा के प्रति गौरवबोध जगाने तथा स्वाभिमानयुक्त राष्ट्र के रूप में भारतवर्ष को खड़ा करने के लिए प्रयत्न करने में जिन स्वतन्त्र चेत्ता महापुरुषों का योगदान है उनमें माधवराव सदाशिव गोलवलकर का स्थान अन्यतम है। गुरुजी के नाम से विख्यात गोलवलकर जी राजनैतिक पराधीनता के समय और स्वतन्त्रता प्राप्ति के बाद भी अहर्निश राष्ट्रहित- चिन्ता में लगे रहे। वे एक प्रखर चिन्तक और राष्ट्र की सर्वांगीण उन्नति के लिए सतत संलग्न राष्ट्रभक्त थे। उनके चिन्तन का क्षितिज विस्तृत था, व्यष्टि और समष्टि के बारे में उनके विचार का गन्तव्य था 'इदं न मम् इदं राष्ट्राय।' राष्ट्र की महान सांस्कृतिक विरासत के प्रति उनके मन में गर्व का भाव था। राष्ट्र का स्वरूप कैसा हो, उसकी भौतिक और मानसिक उन्नति की दिशा क्या हो सकती है, कैसे हमारा राष्ट्र अपना विकास करता हुआ अपनी सीमा का अतिक्रमण कर विश्व के कल्याण में योगदान करता हुआ 'सर्वे भवन्तु सुखिनः' और 'वसुधैव कुटुम्बकम्' के भाव को चरितार्थ कर सकता है, इसकी स्पष्ट कल्पना उनके मन में थी। वे ऐसे राष्ट्रवादी चिन्तक थे, जिनके लिए राष्ट्रवाद एक संकीर्ण अवधारणा नहीं थी। वे महर्षि अरविन्द की भाँति सोचते थे कि अपने केन्द्र और निजी आधार को ढूँढ़ना ही उद्धार का एकमात्र उपाय है। पश्चिम की भौतिक प्रगति से लगभग सम्मोहित राजाराममोहन राय और उनकी परम्परा के अन्य विचारकों के उलट महर्षि अरविन्द की भाँति उनका सोचना था कि हमें यूरोपीय मानदंडों से अपने को मापने की आवश्यकता नहीं है। आत्मचेतस राष्ट्र के निर्माण में उनकी आस्था थी। वे उधार ली गई पूँजी से व्यापार करनेवाले लोगों में नहीं थे बल्कि अतीत से प्राप्त पूँजी का आधार लेकर आगे बढ़ना चाहते थे। वे अच्छी तरह समझ रहे थे कि किसी भी राष्ट्र की अस्मिता की पहचान उसकी संस्कृति से ही होती है और संस्कृति का गहरा सम्बन्ध भाषा से है। इसीलिए वे देश के लिए एक राष्ट्रभाषा की आवश्यकता का अनुभव कर रहे थे।

महादेवी वर्मा का यह कहना एकदम तर्कसंगत है कि मनोवैज्ञानिक दृष्टि से भाषा का प्रश्न संस्कृति से तथा राष्ट्र भावना से सम्बद्ध रहता है, विशेषत: भारत जैसे महान देश के लिए जो सांस्कृतिक दृष्टि से महान होने पर भी राष्ट्र की दृष्टि से पराधीन रह चुका है।[1] महादेवी जी का यह भी मानना है कि भाषा मानव की सबसे मौलिक और रहस्यमय उपलब्धि है। मनुष्य की सर्जनात्मक अभिव्यक्ति में सबसे अधिक समर्थ और अक्षर भाषा ही होती है। वही मानव के आन्तरिक तथा बाह्य जीवन के परिष्कार का आधार है।[2] अज्ञेय भी यह मानते हैं कि भाषा मानवीय संस्कृति की सबसे मूल्यवान उपलब्धि है और भाषा ही समाज जीवन का, मध्यवर्ती जीवन का सबसे मूल्यवान उपकरण है। भाषा के आविष्कार में मानवीय अस्मिता का आविष्कार होता है, उसकी सृष्टि होती है।[3]

अज्ञेय इस बात पर भी बल देते हैं कि सांस्कृतिक एकता का आधार अस्मिता बोध होता है और अस्मिता का भाषा के साथ बहुत गहरा सम्बन्ध है।[4] अज्ञेय का यह कहना भी युक्तिसंगत है कि भाषा के बिना अस्मिता की पहचान नहीं होती, भाषा संस्कृति की बुनियाद होती है।[5] विचारक निबन्धकार निर्मल वर्मा भी भाषा का सम्बन्ध जातीय चेतना से मानते हैं, ''भाषा एक जाति की अस्मिता, उसकी चारित्रिक विशिष्टता को निर्धारित करती है और उस जाति के सामूहिक अनुभव, स्मृतियाँ और संस्कार उसकी भाषा के अनूठे स्वरूप को निर्मित करते हैं।[6]

इस प्रकार किसी भी देश की अस्मिता की रक्षा के लिए उस देश की अपनी भाषा का होना आवश्यक है। भाषा केवल शिक्षा का या अभिव्यक्ति का माध्यम भर नहीं होती अपितु उस देश की संस्कृति, परम्परा एवं जातीय गरिमा को प्रत्यक्ष भी करती है। किसी भी देश का स्वाभिमान किसी विदेशी भाषा में न तो सुरक्षित रह सकता है और न ही उस देश की जातीय चेतना की अभिव्यक्ति विदेशी भाषा में सम्भव है।

यहाँ फिर अज्ञेय का कथन याद आता है कि, ''कोई समाज किसी पराई भाषा में जी नहीं सकता, जीना आरम्भ भी नहीं कर सकता। ---किसी भी समाज को, अनिवार्यत: अपनी भाषा में जीना होगा-नहीं तो उसकी अस्मिता कुंठित होगी ही और उसमें आत्मबहिष्कार या अजनबियत के विकार प्रकट होंगे ही।[7] इसलिए किसी स्वाधीन चेतना सम्पन्न देश के लिए स्वभाषा का होना अत्यन्त आवश्यक है। किसी भी देश की स्मृति उस देश की भाषा में ही सुरक्षित रहती है। इसलिए जब कोई देश किसी दूसरे देश पर आक्रमण करता है तो वह शासन का अधिकार मात्र प्राप्त कर सन्तुष्ट नहीं होता अपितु वह सांस्कृतिक विजय भी चाहता है। इस क्रम में वह भाषा पर आक्रमण करता है और विजित देश

पर अपनी भाषा थोपता है, जिससे विजित देश की स्मृति को मिटाया जा सके।

1835 में मैकाले शिक्षा पद्धति को भारतवर्ष में लागू करते समय अँग्रेजी भाषा को शिक्षा का अनिवार्य माध्यम बनाकर ब्रिटिश शासकों ने भारतीय स्मृति को नष्ट करने का जबर्दस्त षड्यन्त्र किया था। उनका उद्देश्य ही था भारत को पश्चिमी मूल्यों में दीक्षित करना। वे यह अनुभव कर रहे थे कि देशवासियों को उनकी भाषा परम्परा से अलग किए बिना भारत में पश्चिमी संस्कृति का प्रभुत्व स्थापित नहीं किया जा सकता। मैकाले का कहना था, ''हम भारत में पश्चिमी सस्कृति का प्रभुत्व तब तक स्थापित नहीं कर पाएँगे जब तक भारतीय शिक्षा पद्धति से संस्कृत भाषा को पूरी तरह निष्कासित नहीं कर देते।''[8] आचार्य शुक्ल का भी मानना है कि किसी राष्ट्र को अशक्त करने का सबसे सहज उपाय है उसकी भाषा को नष्ट करना। भाषा के माध्यम से ही कोई भी जाति अपनी स्मृति को जीवन्त रख पाने में समर्थ होती है। निर्मल वर्मा का कथन इस सन्दर्भ में ध्यातव्य है कि संस्कृति, जनमानस और वैचारिक स्वायत्तता इन तीनों के बीच गहरा सम्बन्ध है और भाषा इनके बीच एक जोड़नेवाली कड़ी का काम करती है। अँग्रेज काफी हद तक अपनी दुरभि सन्धि में सफल हो गए। पश्चिमी मूल्यों में दीक्षित भारतवासियों का एक बड़ा समुदाय स्मृतिभ्रंश का भयंकर शिकार हुआ। इसलिए जब स्वतन्त्रता के आसपास और बाद में भी केन्द्रीय शासन व्यवस्था के लिए एक भाषा के रूप में भारतीय जनता के बीच व्यापक रूप से प्रचलित हिन्दी भाषा को स्वीकार किए जाने का प्रश्न आया तो यही वर्ग सबसे बड़ा रोड़ा बना और हिन्दी को संवैधानिक दर्जा मिल जाने के बाद भी अँग्रेजी शासन की भाषा बनी रही।[9]

हालाँकि उस समय काफी प्रमुख नेताओं, बुद्धिजीवियों, चिन्तकों, विचारकों और सामाजिक कार्यकर्ताओं ने स्वभाषा की अपरिहार्यता पर बल दिया था। माधवराव सदाशिव गोलवलकर ने भी स्वभाषा की महत्ता एवं अपरिहार्यता पर समय-समय पर अपनी बातें जनता के बीच रखीं। गोलवलकर जी ने किसी भी राष्ट्र के स्वाभिमान की रक्षा में स्वभाषा की भूमिका को बड़े स्पष्ट शब्दों में प्रत्यक्ष किया, ''जिसे अपने राष्ट्र का स्वाभिमान है, वह किसी भी स्थिति में पराई भाषा का अभिमान लेकर नहीं चल सकता।''[10]

उन्हें इस बात का गहरा दु:ख है कि स्वतन्त्रता प्राप्ति के बाद भी अँग्रेजी यहाँ बनी रह गई, ''अँग्रेजों के साथ ही अँग्रेजी को चले जाना चाहिए था।''[11]

भाषा जीवन पद्धति, चिन्तन-प्रक्रिया का अनिवार्य हिस्सा होती है। किसी भी देश की अपनी भौगोलिक स्थिति होती है, उसकी ऐतिहासिक- सांस्कृतिक

परम्परा होती है, जीवन-दर्शन होता है, जिससे एक राष्ट्र की इयत्ता की पहचान होती है और यह सब उस देश की भाषा के माध्यम से ही व्यक्त होता है। इसलिए भाषा मात्र सम्प्रेषण का माध्यम नहीं होती बल्कि किसी जातीय समाज की चेतना का हिस्सा भी होती है। इसी कारण भाषा किसी भी देश के लिए भावनात्मक मुद्दा भी बन जाती है।

यही कारण है कि इजरायल ने हिब्रू को अपनाया। महादेवी वर्मा इसी भाषायी अस्मिता पर टिप्पणी करती हुई कहती हैं, ''इजरायल जैसे छोटे देश ने हिब्रू जैसी कठिन और प्राचीन भाषा को भावनात्मक दृष्टि से ही अपनी राष्ट्रभाषा स्वीकार किया है।''[12] गोलवलकर जी भाषा के इस महत्त्व को बड़ी गहराई से अनुभव करते हैं। इसीलिए वे चेतावनी के अन्दाज में कहते हैं, ''यदि आज हमने अपने भारत की किसी भाषा को अपनाने के स्थान पर किसी विदेशी भाषा को ही शासन एवं जीवन का विकास सम्पूर्ण करने का अधिकार प्रदान किया तो उस भाषा के पीछे-पीछे परकीय विचार हमारे जीवन पर छा जाएँगे।[13]

गोलवलकर जी की आशंका सही साबित हुई। आजादी के बाद अँग्रेजी भाषा के बने रहने से धीरे-धीरे परोपजीवी बुद्धिजीवियों की एक ऐसी जमात विकसित हो गई जो अपने देश से ही कट गए। गुरुजी ने इस दयनीय स्थिति से निकलने का आह्वान किया, ''स्थिति की दयनीयता यह है कि अँग्रेजी प्रमुख भाषा बन बैठी है और हमारी सब भाषाएँ गौण बनी हैं। इसे बदलना होगा। यदि हम समझते हैं कि हम स्वतन्त्र राष्ट्र हैं तो हमें अँग्रेजी के स्थान पर स्वभाषा लानी होगी।''[14] प्रसिद्ध साहित्यकार मलयज भी इस बात से सहमत हैं कि स्वतन्त्र चिन्तन पराश्रित या आरोपित भाषा में नहीं हो सकता।[15] गोलवलकर जी ने कुछ लोगों की इस प्रवृत्ति की भर्त्सना की जो अँग्रेजी को बनाए रखने के पक्ष में थे। वे बार-बार इस बात पर बल देते हैं कि भाषा जीवन के प्रतिमान से अनिवार्य रूप से सम्बद्ध होती है। इसलिए जीवन में स्वभाषा का अवलम्बन अनिवार्य है। उन्होंने अँग्रेजी भाषा के स्वीकार की दासता के स्वीकार के रूप में व्याख्या की, ''कुछ लोग चाहते हैं कि अँग्रेजी सदैव के लिए हमारे देश की भाषा बनी रहे। मनुष्य के पारस्परिक व्यवहार के लिए भाषा एक सजीव माध्यम होती है। विदेशी भाषा अँग्रेजी अपने साथ-साथ अँग्रेजी संस्कृति एवं जीवन के अँग्रेजी प्रतिमान भी अवश्य लाएगी। विदेशी जीवन प्रतिमानों की जड़ यहाँ जमने देना अपने निज की संस्कृति एवं धर्म की जड़ें खोदना होगा।''[16] स्वभाषा के महत्त्व को रेखांकित करते हुए गुरु जी इस तथ्य की ओर ध्यान आकृष्ट करते हैं कि शताब्दियों के विदेशी शासन के बावजूद भारतवर्ष ने अपनी

भाषा से अपने सांस्कृतिक उत्तराधिकार को सुरक्षित रखा। विदेशी शासन हमारे महान राष्ट्र को नष्ट करने में इसी कारण असफल रहा क्योंकि हमने अपने सांस्कृतिक उत्तराधिकार को अपनी भाषाओं के माध्यम से सुरक्षित रखा। अँग्रेजी को स्वीकार करने का अर्थ अपनी जीवनी शक्ति के मुख्य स्रोतों को क्षीण करना होगा।''[17] गुरुजी इस तथ्य से भी भली-भाँति परिचित थे कि मनुष्य अपनी भाषा को जीवन के साथ ही ग्रहण कर लेता है। सारे देश के लिए विदेशी भाषा सीख पाना कभी सम्भव नहीं होगा। स्वतन्त्रता-संघर्ष के दौरान ही संघ भाषा के रूप में किसी एक भाषा के चयन का प्रश्न राष्ट्रीय स्तर पर आया। अँग्रेजों ने 'बाँटो और राज करो' की नीति के अन्तर्गत ही भारतीय भाषाओं के बीच विवाद की स्थिति उत्पन्न करने में सर्वाधिक सक्रिय भूमिका निभायी और पश्चिमी मूल्यों में दीक्षित बुद्धिजीवी उस दुरभिसन्धि के भागीदार बने। हिन्दी-अँग्रेजी, हिन्दी-उर्दू हिन्दी तथा अन्य प्रादेशिक भाषाओं में द्वन्द्व उत्पन्न किया गया पर जनमत के दबाव में देश की अधिसंख्य जनता द्वारा बोली एवं समझी जानेवाली हिन्दी भाषा को स्वतन्त्रता प्राप्ति के बाद केन्द्र की राजभाषा के रूप में स्वीकार किया गया। दुर्भाग्य की बात यह है कि व्यावहारिक रूप में आज तक अँग्रेजी भाषा का वर्चस्व बना हुआ है। वह शासन, न्याय, उच्च अध्ययन, अनुसन्धान और उद्योग तथा व्यवसाय की प्रमुख भाषा बनी हुई है। गोलवलकर जी ने बराबर इस विडम्बना से निकलने की आवश्यकता पर बल दिया और कहा कि एकमात्र हिन्दी ही राष्ट्रभाषा का स्थान ग्रहण करने योग्य है, ''देश की समस्त समस्याओं की ओर सांस्कृतिक दृष्टि से देखते हुए वह समस्या जो आज हमारे सम्मुख उपस्थित है तथा जिस पर इतना बल दिया जा रहा है, राष्ट्रभाषा सम्बन्धी है। सम्पूर्ण समस्या के हल की दृष्टि से हमें आज हिन्दी को ही प्रधानता देना उचित होगा। क्योंकि वही सुविधाजनक है। जहाँ तक मेरा स्वयं का सम्बन्ध है, मैं हिन्दी के पक्ष में हूँ, विशेषकर उस हिन्दी के पक्ष में जो सर्वसाधारण सभी भारतीय भाषाओं के समान ही संस्कृतनिष्ठ एवं संस्कृतिजन्य है। ---- अन्य भाषाओं की अपेक्षा सीखने की दृष्टि से हिन्दी सर्वाधिक सरल है।[18] गुरुजी का यह कथन तर्क एवं प्रमाण से

पुष्ट है। राहुल सांकृत्यायन भी इस बात से सहमति प्रकट करते हैं, ''संघ भाषा वही हो सकती है, जिससे देश के बहुसंख्यक लोग परिचित हों और जिसके शब्द में प्रादेशिक भाषाओं के बहुत अधिक शब्द हों। ऐसी भाषा हिन्दी ही है—-- प्रादेशिक भाषाओं की तरह अपने आरम्भिक काल से ही संस्कृत से आवश्यक शब्दों के लेने के कारण यह दूसरे प्रदेशवालों के लिए सुगम है।''[19]

महादेवी वर्मा ने भी हिन्दी के व्यापक आधार की ओर संकेत किया है, "आज भी गंगा-यमुना के संगम तीर्थ पर, रामेश्वरम्, कन्याकुमारी, पुरी आदि के सागर तटों पर प्राय: एक छोटा भारत ही बस जाता है, जिसके समस्त आदान-प्रदान के लिए हिन्दी ही माध्यम का कार्य करती है।"[20] आचार्य शुक्ल ने भी प्रमाण सहित इस तथ्य का उद्घाटन किया कि हिन्दी को राष्ट्रभाषा का रूप पहले से ही प्राप्त है।[21] गोलवलकर जी भी हिन्दी के सर्वव्यापक स्वरूप के प्रति आश्वस्त हैं—

"प्राचीन काल से अपने लोग टूटी-फूटी हिन्दी में अपने विचारों को व्यक्त करते हुए तीर्थ यात्रएँ करते आ रहे हैं। काशी में, प्रयाग में हम देखते हैं कि सम्पूर्ण देश से आनेवाले लोग टूटी-फूटी हिन्दी में अपना काम चलाते हैं गुजरात, पंजाब, बंगाल, असम आदि प्रदेशों में लोग हिन्दी समझते हैं।[22]

गोलवलकर जी ने हिन्दी को देशप्रेम और जातीय चेतना से सम्बद्ध करके देखा। वे यह मानते हैं कि यदि किसी के मन में किंचित् मात्र भी देशप्रेम है, भारतीयता की लगन है। राष्ट्रीय अस्मिता को बनाए रखने की चाह है तो हमें परकीय भाषा का अभिमान छोड़कर अन्तर-प्रान्तीय व्यवहार के लिए तथा समग्र देश को एक कड़ी में बाँधनेवाली भाषा के नाते हिन्दी को ग्रहण करना चाहिए।[23] गुरु जी का यह मानना बिलकुल सही था कि हिन्दी का अध्ययन अपने धर्म और संस्कृति की परम्परा का ही अध्ययन है। हिन्दी का विस्तार अपने जीवन का ही विस्तार है।[24]

यह भाषा और जीवन तथा परिवेश के अन्तरंग सम्बन्ध को गहराई से अनुभव करने का प्रमाण है। अपनी भाषा से कटना अपनी जड़ों से उखड़ जाना है, अपने लिए ही अजनबी हो जाना है। आचार्य शुक्ल ने भी इस रहस्य को समझा था, इसीलिए कहा था कि जिन लोगों ने हिन्दी (स्वभाषा) छोड़ी है, उनका पारिवारिक जीवन शिथिल है, गार्हस्थ्य बन्धन ढीला है।[25]

किसी भी देश में सार्वदेशिक व्यवहार के लिए एक ही भाषा का व्यवहार किया जाता है। पूर्व सोवियत संघ में अनेक भाषाएँ बोली जाती थीं, पर रूसी भाषा को केन्द्रीय भाषा का दर्जा प्राप्त था। महादेवी जी का ध्यान इस ओर गया था। उन्होंने अनेक अवसरों पर इस तथ्य की ओर लोगों का ध्यान आकृष्ट किया था "बहुभाषाभाषी महादेशों ने भी अपने राष्ट्र-व्यक्तित्व की अभिव्यक्ति के लिए अपनी ही किसी सहज व्यापक भाषा को चुना है। उदाहरण के लिए हम सैन्तालीस भाषाओं को सँभालनेवाले रूस और उसकी राष्ट्रभाषा रूसी को देख सकते हैं।[26] महादेवी जी ने हिन्दी की राष्ट्रीय शक्ति की ओर भी संकेत किया।

उन्होंने ध्यान दिलाया कि यद्यपि भारत बहुभाषाभाषी राष्ट्र है और उसकी सभी भाषाएँ समृद्ध हैं, परन्तु उसकी पराधीन स्थिति में भी जनमानस को सांस्कृतिक दृष्टि से संश्लिष्ट रखने में हिन्दी की महत्त्वपूर्ण भूमिका रही है।[27]

गोलवलकर जी भी सम्पूर्ण देश के लिए एक केन्द्रीय भाषा का पक्ष लेते हुए हिन्दी की सर्वग्राह्यता को प्रत्यक्ष करते हैं 'सर्व प्रान्तीय भाषाएँ यद्यपि समान हैं तो भी सार्वजनीन, सार्वदेशिक व राजकीय व्यवहार के लिए एक ही भाषा रहना आवश्यक है। यह भाषा सर्वाधिक विस्तृत, सहज और सर्वाधिक लोगों को समझ में आनेवाली 'हिन्दी' ही हो सकती है।[28] उनके मन में हिन्दी की सर्व व्यापकता को लेकर किसी प्रकार की दुविधा नहीं थी। वे निर्भ्रान्त ढंग से दो टूक शब्दों में अपने विचार रखते हैं, ''मैं मानता हूँ कि अपनी सभी भाषाएँ राष्ट्रीय हैं। वे हमारी राष्ट्रीय धरोहर हैं, हिन्दी भी उन्हीं में से एक है, परन्तु उसके बोलनेवालों की संख्या अधिक होने से उसे राजभाषा के रूप में स्वीकार किया गया है।''[29]

अँग्रेजी राज्य में हिन्दी की सर्वव्यापकता को लेकर कोई विवाद नहीं था। लेकिन स्वतन्त्रता प्राप्ति के बाद राष्ट्रभाषा के पद पर हिन्दी के अभिषिक्त होते ही विरोधियों की संख्या बढ़ने लगी। इसके राजनीतिक कारण थे। आचार्य शिवपूजन सहाय ने बड़ी पीड़ा के साथ लिखा है कि, ''अँगरेजी राज्य के भारत में हिन्दी का ऐसा विरोध कहीं देखा-सुना नहीं गया था। उस समय हिन्दी ही राष्ट्रीय एकता की आधारशिला समझी जाती रही। उन दिनों अहिन्दी भाषी लोग भी हिन्दी की व्यापकता और सुबोधता के कायल थे। किन्तु भारत के स्वतन्त्र होने पर संविधान में हिन्दी जब राष्ट्रभाषा मानी गई तब भिन्न भाषा-भाषियों में विरोध भाव बढ़ने लगा। बहुत से बड़े-बड़े विद्वान भी जो पहले हिन्दी के समर्थक थे, अपने मस्तिष्क का सन्तुलन खो बैठे।[30] हिन्दी का विरोध करने के

लिए नए तर्क गढ़े गए और नए नारे दिए गए। उन्हीं में से एक तर्क था अन्य भाषाओं का विकास अवरुद्ध हो जाने का खतरा और नारा था 'हिन्दी साम्राज्यवाद' के विरोध का। यद्यपि यह अँग्रेजी के साम्राज्य को बनाए रखने की चाल थी तथापि लोगों ने इस व्यर्थ की शंका को दूर करने का प्रयत्न किया। आचार्य शिवपूजन सहाय ने कड़ा प्रतिवाद किया, ''राष्ट्र भाषा विरोधियों में यह झूठी आशंका फैल गई है कि उनकी मातृभाषा अथवा प्रान्तीय भाषा को हिन्दी हानि पहुँचायेगी-उसका विकास न होने देगी। यह धारणा सर्वथा निराधार है।''[31] उन्होंने हिन्दी साम्राज्यवाद के झूठे प्रचार के प्रति भी सावधान किया ''अहिन्दी भाषी भाइयों की यह नितान्त भ्रान्त धारणा है कि हिन्दीवाले उन पर अपनी भाषा

का साम्राज्य लादना चाहते हैं।''[32] गोलवलकर जी ने भी हिन्दी और हिन्दीतर भाषाओं के बीच के द्वन्द्व को खारिज किया, ''अन्य भाषाओं का हिन्दी से कलह होने का कोई प्रश्न ही उद्‌भूत नहीं होता। अभी अस्तित्व में सभी प्रान्तीय भाषाएँ (उस एक) संस्कृत की कन्या होने के कारण सबमें परम्पर समानता है।''[33] उन्होंने बल्कि आशा व्यक्त की कि हिन्दी की प्रगति से प्रान्तीय भाषाएँ और भी अधिक फूलेंगी फलेंगी और साथ ही हिन्दी को भी समृद्ध करेंगी।[34] गुरुजी हिन्दी और अन्य भारतीय भाषाओं के बीच संघर्ष की स्थिति को स्वार्थी राजनीतिज्ञों की कल्पना मानते थे।

उन्होंने राजनीतिज्ञों द्वारा लगाए जानेवाले नारों में बहने से सर्वसाधारण को सावधान किया , ''हिन्दी हमारे बहुत बड़े जन समुदाय की बोलने की भाषा बन चुकी है तथा सीखने एवं बोलने में हमारी अन्य सभी भाषाओं की अपेक्षा सरल है। अतएव राष्ट्रीय एकता एवं आत्मसम्मान के लिए हमें हिन्दी को स्वीकार करना चाहिए तथा 'हिन्दी साम्राज्यवाद' या उत्तर का शासन आदि उद्‌घोषों में नहीं बहना चाहिए। ---अन्य भाषाओं के क्षेत्र में हिन्दी द्वारा अतिक्रमण तथा आधिपत्य जमाने की आशंका स्वार्थी राजनीतिज्ञों के द्वारा रचित एक कल्पना मात्र है।''[35]

हिन्दी-उर्दू-विवाद भी भाषा विवाद की एक दुखती रग रही है। प्राय: सभी भाषा विज्ञानी इस बात पर एकमत हैं और भाषा के विकासक्रम में सिद्ध कर चुके हैं कि उर्दू हिन्दी भाषा की ही एक शैली है। फारसी लिपि और अरबी-फारसी शब्दावली की ओर झुकाव ने ही उसे हिन्दी से अलग किया है। आचार्य शिवपूजन सहाय का भी मानना है कि, ''केवल फारसी लिपि ने हिन्दी को उर्दू नाम से साम्प्रदायिक भाषा बना दिया है। अरबी, फारसी और तुर्की के अनेक शब्द हिन्दी में प्रचलित हैं। ऐसी हिन्दी को फारसी लिपि में लिखकर उसे उर्दू नाम से पुकारना और क्षेत्रीय भाषा कहना एक नया झगड़ा खड़ा करना है।''[36] यही कारण है कि राहुल सांकृत्यायन ने उर्दू भाषा को नागरी लिपि में लिखने का सुझाव दिया था। गोलवलकर जी भी यह मानते हैं कि उर्दू कोई अलग भाषा नहीं है। उनके अनुसार जिसकी अपनी लिपि हो, अपने क्रियापद हों, जिनके द्वारा मन के विचारों को वाक्य के रूप में प्रकट किया जा सके, उसे भाषा कहते हैं। परन्तु उर्दू की लिपि तो फारसी है व क्रियापद हिन्दी से लिए गए हैं। अरबी फारसी का सम्मिश्रण कर संकर बोली के रूप में ही वह है। स्वतन्त्र भाषा के रूप में उसका विकास नहीं हुआ।[37]

वस्तुत: उर्दू हिन्दी-विवाद भारत विभाजन से भी जुड़ा हुआ है। देश के विभाजन की माँग उर्दू से ही प्रारम्भ हुई थी। इसीलिए गुरुजी मानते हैं कि उर्दू के

पीछे पृथकता का भाव छिपा है। आजादी के बाद उर्दू के समर्थन में चलाये गए आन्दोलन को गोलवलकर जी स्वस्थ मानसिकता का परिचायक नहीं मानते। वे यह अनुभव करते हैं कि उर्दू के प्रति मुस्लिम समुदाय के आग्रह का कारण यह है कि वे इस भाषा के सहारे अपने को राजनीतिक शक्ति के रूप में संगठित करना चाहते हैं।[38]

हिन्दी की शब्दावली को लेकर बहस भारतेन्दु के समय से ही चल रही है। पारम्परिक तत्सम एवं जनपदीय तथा विदेशी शब्दों का मुद्दा विद्वानों, साहित्यकारों एवं भाषा वैज्ञानिकों के बीच छाया रहा है। गोलवलकर जी ने सभी भारतीय भाषाओं के स्वरूप को ध्यान में रखते हुए हिन्दी की शब्द सम्पदा का संस्कृत के आधार पर विकास का समर्थन किया। सुमित्रानन्दन पन्त का भी दृष्टिकोण यही था, ''बड़े सौभाग्य की बात है कि उत्तरापथ की प्राय: सभी उन्नत भाषाएँ संस्कृत से शक्ति संचय करती हैं और दक्षिण की भाषाओं में संस्कृत का प्रयोग यथेष्ट मात्र में होता है। अन्तर प्रादेशिक दृष्टि से हिन्दी में संस्कृत के तत्सम शब्दों का प्रयोग ही साम्य तथा व्यापकता लाने में इस समय सहायक होगा।''[39]

गोलवलकर जी राष्ट्रीय स्वयंसेवक संघ के राष्ट्रीय प्रमुख होने के कारण सम्पूर्ण भारतवर्ष का भ्रमण एकाधिक बार कर चुके थे। उन्होंने यह भली-भाँति परखा था कि संस्कृत प्रधान शब्दावली से सम्पन्न हिन्दी सभी को सहज और सरल होगी। वे स्पष्ट शब्दों में कहते हैं कि अरबी-फारसी मिश्रित भाषा विन्ध्याचल के नीचे कोई नहीं समझेगा।[40] यह आश्चर्यजनक बात नहीं है कि राहुल जी ने हिन्दी में विद्यमान तत्सम शब्दावली को प्रगतिशील शब्द की संज्ञा दी है क्योंकि उन्होंने अनुभव किया कि तत्सम और उनके जनपदीय रूप ही सम्पूर्ण भारतवर्ष में समान रूप से प्रचलित हैं। गुरु जी भी हिन्दी में संस्कृत से नि:सृत शब्दों की प्रधानता का पक्ष लेते हैं। उनकी यह धारणा तर्कसंगत है कि विज्ञान तथा शिल्प विषयक परिभाषाओं के ज्ञान के क्षेत्रें में अपने भावी विकास के लिए हिन्दी संस्कृत पर निर्भर है।[41] पर गुरुजी की इस मान्यता से यह निष्कर्ष नहीं निकालना चाहिए कि वे कोई शुद्धतावादी आन्दोलन चलाने के पक्ष में हैं। वे स्वाभाविक रूप से लोक में प्रचलित शब्दों को अपनाए जाने के पक्ष में हैं। उनकी आपत्ति स्वाभाविक रूप से रूढ़ हुए शब्दों के प्रति नहीं है अपितु सुनियोजित रूप में परकीय शब्दों को लादने के प्रति है।[42] वस्तुत: गोलवलकर जी अँग्रेजी की दासता से मुक्ति का आह्वान करते हुए हिन्दी को राष्ट्रभाषा का वास्तविक स्थान दिलाने के पक्ष में हैं। वे भाषा के बारे में सरकार के दोचितेपन

के प्रति क्षोभ प्रकट करते हैं। वे देशवासियों से अपनी मातृभाषा के अतिरिक्त अन्य भाषा भी सीखने का आग्रह करते हैं। लिपि के अतिरिक्त देश की एक विषय में अपने स्पष्ट विचार रखते हुए नागरी लिपि को राष्ट्रलिपि के रूप में अपनाने का आग्रह करते हैं।[43] गोलवलकर जी सब प्रकार की हीन भावना से मुक्त होकर हिन्दी के प्रति स्वाभिमान का भाव जागृत कर उसे सम्पन्न बनाने की दिशा में प्रयत्न करने का आग्रह करते हैं। ''हमें हिन्दी को सच्चे अर्थ में सम्पन्न बनाना है। हिन्दी के विषय में प्रखर स्वाभिमान की भावना जागृत करनी चाहिए।''[44] गुरुजी की आकांक्षा है कि हिन्दी विश्व भाषा बने। ''हम निश्चय करें कि हिन्दी को केवल भारतवर्ष की ही नहीं, सम्पूर्ण जगत की भाषा बनाकर रहेंगे। अपने प्रयत्नों से हिन्दी को ऐसी उर्जितावस्था प्राप्त करा देंगे कि जिससे अपने देश के ही नहीं सारे जगत के विद्वान हिन्दी का अध्ययन गौरवास्पद मानेंगे।''[45]

इस प्रकार गोलवलकर जी भाषा के विषय में अपने मत एवं अवधारणा को पूरी स्पष्टता के साथ पाठकों के समक्ष रखते हैं। यद्यपि वे न तो भाषाविद् के रूप में विख्यात हैं और न ही साहित्यकार के रूप में उनकी ख्याति है। वे वस्तुतः संवेदनशील भावुक राष्ट्रभक्त एवं सामाजिक सांस्कृतिक क्षेत्र में संलग्न स्वाभिमानी जातीय चेतना सम्पन्न कार्यकर्ता हैं, जिन्हें 'स्व' का एहसास है। वस्तुतः यही वह तत्त्व है जिसे भारतेन्दु ने 'स्वत्त्व' और आचार्य शुक्ल ने 'स्वरूप की स्वतन्त्र सत्ता' कहा है। खेद है कि स्वतन्त्रता के बाद हमारे भीतर स्वत्त्वबोध का अभाव दिखाई देता है। बिडम्बना यह भी है कि हिन्दी भाषी क्षेत्र में भाषा के प्रति घोर लापरवाही व्याप्त है। हिन्दी भाषी क्षेत्रों में आम तौर पर हिन्दी भाषा ही विश्वविद्यालय स्तर तक शिक्षा का माध्यम है पर उसके प्रति लापरवाही का रूप यह है कि वर्तनी, वाक्य-रचना और शब्द-अर्थ-सम्बन्ध के प्रति लोग असावधान हैं। यह सामान्य जनता की स्थिति नहीं है, उच्च शिक्षा प्राप्त लोगों की दशा है। यह वस्तुतः हमारे भीतर गहरे प्रविष्ट हीनता की ग्रन्थि का ही परिणाम है। आवश्यकता इसी हीनता की ग्रन्थि से बाहर निकलने की है। हीनता के इस कंटक को दूर किए बिना न तो हिन्दी भाषा का उद्धार होगा और न ही जातीय चेतना का सही रूप में प्रकटीकरण होगा। जिस दिन हम भाषायी अस्मिता को जागृत करने में सफल हो जाएँगे उसी दिन हम सही अर्थ में 'स्वाधीन' हो पाएँगे और गोलवलकर जी के शब्दों में राष्ट्र को परम वैभव तक पहुँचाने में समर्थ होंगे !

सन्दर्भ

1. महादेवी की गद्य रचनाएँ (सम्पा. रामस्वरूप चतुर्वेदी), पृ. 230
2. वही, पृ. 205
3. सर्जना और सन्दर्भ, पृ. 342
4. केन्द्र और परिधि, पृ. 4
5. वही, पृ. 136, 138
6. दूसरे शब्दों में, पृ. 34
7. सर्जना और सन्दर्भ, पृ. 337
8. उद्धृत दूसरे शब्दों में, पृ. 31
9. दूसरे शब्दों में, पृ. 110
10. श्रीगुरु जी समग्र खंड 3, पृ. 253
11. वही
12. महादेवी की गद्य रचनाएँ, पृ. 230
13. श्रीगुरु जी समग्र, खंड 3, पृ. 253
14. वही, खंड 9, पृ. 76
15. रामचन्द्र शुक्ल, पृ. 32
16. श्रीगुरु जी समग्र, खंड 11, पृ. 120
17. वही
18. वही, खंड 9, पृ. 212
19. राष्ट्रभाषा हिन्दी, पृ. 10
20. महादेवी की गद्य रचनाएँ, पृ. 231
21. चिन्तामणि, भाग-4, पृ. 111
22. श्रीगुरु जी समग्र, खंड 9, पृ. 76
23. वही, खंड 3, पृ. 254
24. वही
25. चिन्तामणि, भाग-4, पृ. 191
26. महादेवी की गद्य रचनाएँ, पृ. 230
27. वही, पृ. 231
28. श्रीगुरु जी समग्र, खंड 5, पृ0 12
29. वही, खंड 9, पृ. 70
30. हिन्दी भाषा और साहित्य, पृ. 31
31. वही, पृ. 32
32. वही, पृ. 46
33. श्रीगुरुजी समग्र, खंड 5, पृ. 11
34. वही, खंड 9, पृ. 71

35. वही, खंड 11, पृ. 121
36. हिन्दी भाषा और साहित्य, पृ. 39
37. श्रीगुरुजी समग्र, खंड 5, पृ. 246
38. वही, खंड 9, पृ. 187
39. पन्त ग्रन्थावली, भाग-6, पृ. 438
40. श्रीगुरुजी समग्र, खंड 9, पृ. 69
41. वही, खंड 11, पृ. 121
42. वही, खंड 9, पृ. 71
43. वही, पृ. 214
44. वही, खंड 5, पृ. 12
45. वही, पृ. 13

हिन्दी समग्रता बोध की भाषा : अज्ञेय

स्वातन्त्र्योत्तर लेखकों में भाषा के स्वरूप, उसके महत्त्व, भाषा और संस्कृति में सम्बन्ध, भाषायी अस्मिता, भारतीय भाषाओं में हिन्दी, स्वातंत्र्य संघर्ष में हिन्दी की भूमिका, राष्ट्रभाषा के रूप में हिन्दी की स्थिति आदि विषयों पर जिन लोगों ने गम्भीरता के साथ विचार किया है, उनमें सच्चिदानन्द वात्स्यायन अज्ञेय की अग्रणी भूमिका रही है। यह कहना अतिशयोक्तिपूर्ण नहीं होगा कि अज्ञेय जीवन भर भाषा और संस्कृति पर विचार करते रहे और इस बात पर बल देते रहे कि भाषायी सांस्कृतिक अस्मिता की रक्षा आवश्यक है।

भाषा का मनुष्य जीवन में आत्यन्तिक महत्त्व है। अज्ञेय भाषा के स्वरूप पर विचार करते हुए उसे सबसे पहले सम्प्रेषण और सम्पर्क का माध्यम मानते हैं। अज्ञेय के अनुसार भाषा के सहारे ही हम अपने को पहचानते हुए दूसरों तक पहुँचते हैं। दूसरों को पहचानते हैं और उन्हें अपनी पहचान कराते हैं (हिन्दी : भारत के हृदय की कुंजी, केन्द्र और परिधि, पृ. 90, नेशनल पब्लिशिंग हाउस, नई दिल्ली, संस्करण 1984)। अज्ञेय की दृष्टि में भाषा एक मनुष्य को दूसरे मनुष्य के निकट लाने का सबसे प्रभावशाली माध्यम है (वही, पृ. 94)। भाषा का संस्कृति से गहरा सम्बन्ध है। अज्ञेय मानते हैं कि भाषा के माध्यम से हम अपने समाज की जड़ों तक पहुँचते हैं (वही, पृ. 90)। भाषा का आविष्कार एक अद्भुत घटना है। भाषाहीन समाज कैसा रहा होगा, इसकी कल्पना भी अत्यन्त भयावह जान पड़ती है। यह मानने में भी कठिनाई होती है कि कोई भी समाज भाषा के बिना रहा होगा। मनुष्य के मस्तिष्क के साथ भाषा का आत्यन्तिक सम्बन्ध है। इसीलिए अज्ञेय भाषा को मनुष्य के पहचान का साधन मानते हैं, ''भाषा के बिना मनुष्य मनुष्य नहीं होता। पशु से मनुष्य के विकास में भाषा ही वह सीढ़ी है जिसको पार करके वह मनुष्यत्व को प्राप्त करता है।'' (भाषा और समाज, वही, पृ. 136)। भाषा का व्यक्ति की अस्मिता के साथ गहरा सम्बन्ध है। कोई भी समाज अपनी पहचान अपने समाज की भाषा में ही करता है

क्योंकि उसके अनुभव, उसकी स्मृतियाँ, उसके कार्य-व्यवहार सब कुछ समाज की भाषा में ही सम्भव हैं। अपने अस्तित्व की पहचान भी अपनी भाषा में ही सम्भव है। इसीलिए अज्ञेय का कहना सही है कि भाषा अपने आपको पहचानने का साधन है। भाषा के बिना अस्मिता की पहचान नहीं होती और भाषा उसके साथ अनिवार्य रूप से जुड़ी हुई है (वही)। किसी भी समाज का अस्तित्व भाषा पर निर्भर है। अज्ञेय इस ओर संकेत करते हैं कि यदि किसी समाज को उसकी भाषा से काट दिया जाए तो इतना ही नहीं है कि उससे एक भाषा छीन कर हम उसको कोई दूसरी भाषा देते हैं— हम उसकी अस्मिता को भी खंडित कर देते हैं (वही)। वस्तुतः भाषा का जातीय अस्मिता के साथ गहरा सम्बन्ध होता है। अज्ञेय इसी कारण इस बात की ओर हमारा ध्यान दिलाते हैं कि साहित्य में भी सांस्कृतिक अस्मिता की अभिव्यक्ति होनी चाहिए। उनका मत है कि उस साहित्य की कोई विशेष प्रतिष्ठा नहीं हो सकती जिसमें कोई सांस्कृतिक अस्मिता नहीं बोलती। जिस भारतीय साहित्य में भारत नहीं बोलेगा उस साहित्य की संसार में कोई प्रतिष्ठा नहीं होगी। (हिन्दी का वर्तमान और भविष्य, केन्द्र और परिधि, पृ. 11, नेशनल पब्लिशिंग हाउस, नई दिल्ली, संस्करण 1984)।

भाषा ही किसी भी समाज की सभ्यता और संस्कृति को अभिव्यक्त करती है—भाषा में ही मनुष्य के संस्कार निर्मित होते हैं। इसीलिए अज्ञेय मानते हैं कि कोई भी भाषा जीने का-संस्कृत जीवन जीने का अत्यन्त महत्त्वपूर्ण उपकरण होती है। लेकिन इसके लिए स्वभावतः सभी लोग सबसे पहले वही भाषा अपनाते हैं जो उनके समाज और परिवेश की भाषा होती है (हिन्दी भारत के हृदय की कुंजी, वही, पृ. 90)।

अज्ञेय जब भाषा के स्वरूप, उसके दार्शनिक और सांस्कृतिक आधार पर चर्चा करते हैं तो बड़े सूक्ष्म धरातल तक पैठते हैं। अज्ञेय यह अनुभव करते हैं कि जीवन के समस्त चिन्तन की धुरी भाषा के आसपास ही घूमती है। हम मूल्यों की सृष्टि भी भाषा में ही करते हैं। इस सन्दर्भ में अज्ञेय का एक महत्त्वपूर्ण कथन है, ''भाषा का महत्त्व इस बात में है कि वह हमारे मूल्यबोध का एक आधार हमें देती है। हम मनुष्य होने पर भाषा पाकर ऐसे मूल्यों की सृष्टि करते हैं जिन्हें हम अपने से बड़ा मान लेते हैं जिनके लिए प्राण देना भी अनुचित नहीं मानते (भाषा और समाज, वही, पृ. 137)। चूँकि भाषा मूल्यबोध जागृत करती है इसलिए यह कहना अधिक युक्तिसंगत होगा कि भाषा संस्कृति की बुनियाद होती है (वही, पृ. 138)। अज्ञेय यह भी मानते हैं कि भाषा एक समग्र संस्कृति की आत्माभिव्यक्ति का साधन है तथा वह किसी भी समाज की स्वरूप रक्षा का भी

एक साधन है (वही, पृ. 145)। अज्ञेय बार-बार भाषा और संस्कृति के सम्बन्ध पर विचार करते हैं। वस्तुतः कोई भी समाज अपनी समग्र चेतना, अपनी पूरी परम्परा, अपनी सभ्यता और संस्कृति को अपने परिवेश में निर्मित अपनी धरती और संपूर्ण प्रकृति को शब्द देनेवाली भाषा में अभिव्यक्त करता है। इसीलिए अज्ञेय भाषा और संस्कृति के अन्तःसम्बन्धों पर अनेकशः बल देते हैं। उनका यह कथन ध्यातव्य है, ''हर भाषा संस्कृति की अभिव्यक्ति करती है आत्म साक्षात्कार का भी साधन होती है और हर संस्कृति के लिए अपने को सबसे अलग करके वेष्टित करके छिपाकर रखने का भी साधन है।'' (वही, पृ. 145)।

यही कारण है कि किसी भी समाज के स्वत्त्व की रक्षा, उस स्वत्त्व को बनाए और संजोये रखने, उस समाज की मूल्यवत्ता की पहचान का आधार है भाषा (वही)। अज्ञेय का यह मानना युक्तिसंगत है कि हर संस्कृति की भाषा में कुछ अंश ऐसा होता है जिस तक कोई दूसरी भाषा नहीं पहुँच सकती (वही)। अज्ञेय भाषा और संस्कृति के सनातन सम्बन्ध को बहुत महत्त्व देते हैं, इसी कारण वे भाषा को संस्कृति की आत्मरक्षा का साधन मानते हैं।

अज्ञेय जी का यह कहना भी सही है कि प्रत्येक भाषा में बहुत से शब्द ऐसे होते हैं जिस तक दूसरी भाषा नहीं पहुँच सकती (वही, पृ. 146)। अज्ञेय जी का यह कथन बिलकुल सही है। संस्कृत भाषा में प्रयुक्त 'ब्रह्म', 'ऋत', 'सत्य', 'धर्म', 'ईश्वर', 'जीव', 'माया' का सटीक अनुवाद किसी दूसरे परिवेश की भाषा में सम्भव ही नहीं है। इसीलिए भाषा को परिवेश से अलग नहीं किया जा सकता। अलग करने का प्रयत्न उसकी शक्ति को नष्ट करने का प्रयत्न होगा। वस्तुतः भाषा आत्मबोध का पहला और सबसे समर्थ माध्यम है। (बाल जगत की देहरी पर, केन्द्र और परिधि, पृ. 231) अज्ञेय ने भाषायी अस्मिता पर गहराई से विचार किया है। उनका मानना है कि हर समाज की अस्मिता की अभिव्यक्ति उसकी भाषा में ही सम्भव है बल्कि अज्ञेय तो यहाँ तक कहते हैं कि कोई भी समाज पराई भाषा में जी नहीं सकता, जीना आरम्भ भी नहीं कर सकता। किसी समाज को अनिवार्यतः अपनी भाषा में जीना होगा नहीं तो उसकी अस्मिता कुंठित होगी ही होगी और उसमें आत्म बहिष्कार या अजनबियत के विकार प्रकट होंगे ही (भाषा और अस्मिता, सर्जना और सन्दर्भ, पृ. 337)। इसलिए अज्ञेय इसे दुराशा मात्र मानते हैं कि एक पराई भाषा व्यक्ति को आत्मभिव्यक्ति का साधन दे सकती है (वही)।

भाषा की सोद्देश्यता की चर्चा करते हुए अज्ञेय उसके सामाजिक प्रयोजन पर बल देते हुए उसे सामाजिक प्रयोजन की वाहिका बताते हैं। सामाजिक

प्रयोजन के लिए भाषा आवश्यक है। (वही, पृ. 344)। वस्तुतः हमारे समस्त सामाजिक अवसर का आधार भाषा है (भाषा और समाज, केन्द्र और परिधि, पृ. 139)।

अज्ञेय की चिन्ता भाषा के अवमूल्यन को लेकर भी है। वे उसे संस्कृति के अवमूल्यन से जोड़ते हैं (वही, पृ. 142)। अज्ञेय ने भाषा और समाज के अन्तःसम्बन्धों पर बहुत बल दिया है। वे समाज की रचनाशीलता में भाषा के महत्त्व को रेखांकित करते हुए कहते हैं, "पूरा समाज जिस भाषा के साथ जीता है, उसमें और उसके साथ जीते हुए अगर हम उस जीवन सन्दर्भ को पहचानते हैं और उस भाषा में रचना करते हैं तो हमारा समाज भी रचनाशील हो सकता है (भाषा और समाज, केन्द्र और परिधि, पृ. 148)।

भाषा किसी भी व्यक्ति के व्यक्तित्व को समृद्ध बनाती है, पर यह तभी सार्थक हो सकता है जब व्यक्ति की निष्ठा भाषा के प्रति हो, उपयोग से भाषा को समृद्ध बनाना तभी सार्थक होता है। अज्ञेय रेखांकित करते हैं, "किसी भी भाषा का उपयोग जितना ही व्यापक और गहरा होता है, उतनी ही भाषा समृद्धतर होती है और अपने व्यवहृता को समृद्धतर बनाती है। भाषा का व्यवहार समृद्धि देनेवाला तभी होता है जब उसके साथ लगाव (कमिटमेंट) उसी भाषा के माध्यम से अनुभव के प्रति लगाव होता है। ऐसी ही भाषा ऐसे ही प्रयुक्त भाषा-अनुभव की भाषा-संस्कृति का अस्मिता का उपकरण होती है।" (भाषा और अस्मिता, सर्जना और सन्दर्भ, पृ. 330)।

अज्ञेय समाज से यह अपेक्षा करते हैं कि वह भाषा के प्रति संवेदनशील और सचेत हो। भाषा सीखने से ही आती है, कोई भी भाषा बिना सीखे नहीं आती है। इसलिए हमें अपनी भाषा सीखने का संस्कार पैदा करना चाहिए। वस्तुतः हिन्दी भाषा के प्रति हिन्दी समाज की उदासीनता बल्कि उत्तरदायित्व हीन व्यवहार को देखकर अज्ञेय को पीड़ा होती है। हिन्दी भाषा-भाषी की इस समझ को अज्ञेय गलत मानते हैं कि हिन्दी क्योंकि मातृभाषा है इसलिए उसे सीखने की आवश्यकता नहीं है, वह अपने आप आ जाएगी। अज्ञेय इस बात पर बल देते हैं कि कोई भाषा अपने आप नहीं आती, यत्नपूर्वक सीखी जाती है (आत्मपरक, परम्परा, प्रभाव और प्रक्रिया, पृ. 102 / नेशनल पब्लिशिंग हाउस, नई दिल्ली, संस्करण 1983)।

अज्ञेय की यह दृढ़ मान्यता है और सही है कि हम अपने को अपनी भाषा में ही पहचान सकते हैं, दूसरों की भाषा में अपने को पहचान नहीं सकते। इतना ही नहीं अपनी भाषा दूसरों से सीख नहीं सकते। हमें अपनी भाषा सीख और

अपने को पहचान कर फिर दूसरों की भाषाएँ भी सीखनी चाहिए। उनका ज्ञान भी ग्रहण करना चाहिए, उसके सहारे अपना शोध भी करना चाहिए (भवन्ती, पृ. 29, राजपाल एंड सन्स, नई दिल्ली, संस्करण 1989)। अज्ञेय अपनी भाषा पर इसलिए बल देते हैं कि प्रत्येक भाषा एक विशेष भौगोलिक प्रदेश से भी बँधी हुई होती है (सांस्कृतिक समग्रता : भाषिक वैविध्य, केन्द्र और परिधि, पृ. 6)।

अज्ञेय ने भारतीय भाषा विशेषतया हिन्दी भाषा की शक्ति, स्वतन्त्रतापूर्व उसकी स्थिति, अँग्रेजी के प्रति भयंकर व्यामोह के वशीभूत होने के कारण हिन्दी के प्रति भारतीयों के भीतर गहरे पैठी हीनता की ग्रन्थि के कारण उत्पन्न स्थिति पर गम्भीरता से विचार किया है। अज्ञेय हिन्दी की शक्ति और जिजीविषा से अच्छी तरह परिचित हैं। कुछ लोगों ने हिन्दी को कानपुर, मुरादाबाद, सहारनपुर, मेरठ आदि स्थानों पर बोली जानेवाली खड़ीबोली का विकसित रूप कहा है। अज्ञेय संकेत करते हैं कि कोई भाषा किसी प्रदेश की बोली या बोलियों पर आधारित होकर भी भारतीय हो सकती है इसका ज्वलन्त उदाहरण हिन्दी है। हिन्दी भारतीय चेतना की संवाहिका थी, भारतीय संस्कृति की समग्रता की वाणी थी और उसकी चेतना भी। भाषा नाम से अभिहित हिन्दी भारतीय चेतना के प्रसार में योग देती थी, भारतीय प्रतिभा की उपलब्धियों को सारे देश से संग्रह करके सारे देश में वितरित करती थी (सांस्कृतिक समग्रता: भाषिक वैविध्य, केन्द्र और परिधि, पृ. 3)। अज्ञेय की दृष्टि में भारत की आधुनिक भाषाओं में हिन्दी ही सच्चे अर्थों में सदैव भारतीय भाषा रही है क्योंकि वह निरन्तर भारत की एक समग्र चेतना को वाणी देने का सचेतन प्रयास करती रही है (हिन्दी का वर्तमान और भविष्य, वही, पृ. 8)। अज्ञेय हिन्दी तथा अन्य भारतीय भाषाओं में एक और भी अन्तर पाते हैं। अन्य भारतीय भाषाओं में प्रादेशिक भावना मुखरित हुई हैं। कभी-कभी उग्र रूप में मुखरित हुई हैं पर हिन्दी आरम्भ से ही सम्पूर्ण देश की चेतना को अभिव्यक्त करती रही है—एक वृहत्तर आदर्श उसके सामने रहा है और उसे वह निरन्तर मूर्त करती रही है (वही, पृ. 5)। अज्ञेय इस भ्रान्ति का भी खंडन करते हैं कि हिन्दी का अर्थ केवल वह खड़ी बोली है, जो दिल्ली-मेरठ अंचल में बोली जाती है। अज्ञेय इस बात पर बल देते हैं कि हिन्दी किसी प्रदेश के जीवन से एकात्म प्रादेशिक बोली नहीं है, बल्कि वह समग्र संस्कृति की संवाहिका है (वही, पृ. 9)। हिन्दी की महत्त्वपूर्ण ऐतिहासिक भूमिका पर प्रकाश डालते हुए अज्ञेय इस तथ्य से स्वातन्त्र्योत्तर पीढ़ी को परिचित कराते हैं कि स्वतन्त्रता-संग्राम में हिन्दी समग्र भारतीयता की वाणी रही (वही, पृ. 10)।

हिन्दी और दूसरी भाषाओं में टकराव की बात की जाती है। भाषा विज्ञानियों तथा हिन्दीसेवियों ने इसे झूठा और भ्रामक बताया है। अज्ञेय का भी मानना है कि हिन्दी और दूसरी भाषाओं में अतीत में कोई टकराव नहीं हुआ (वही, पृ. 9)।

हिन्दी के साथ एक विडम्बना सदैव लगी रही कि हिन्दी को कभी सत्ता का संरक्षण नहीं मिला। अज्ञेय लिखते हैं कि हिन्दी आरम्भ से ही प्रतिष्ठान के विरोध की भाषा रही है न कभी प्रतिष्ठान ने उसको अपनाया न उसे कभी यह सोचने का कोई कारण या आधार मिला कि वह प्रतिष्ठान के साथ सम्पृक्त है या हो सकती है (हिन्दी : भारत के हृदय की कुंजी, वही, पृ. 92)। अज्ञेय प्रतिष्ठान विरोध से उत्पन्न हिन्दी की विलक्षण शक्ति की ओर भी हमारा ध्यान आकृष्ट करते हैं इस विरोध की भावना ने उसे एक विलक्षण आत्म विश्वास दिया। हिन्दी का यह प्रतिष्ठान विरोधी स्वायत्त सत्ता का भाव देश के आजाद होने तक स्पष्ट बना रहा (वही)। अज्ञेय हिन्दी के प्रतिष्ठान विरोधी चरित्र के साथ उसके परम्परा-निर्वहण की ताकत का भी उद्घाटन करते हैं—हिन्दी परम्परा संवहन करनेवाली भाषा भी रही (वही)। मध्यकालीन हिन्दी भक्ति साहित्य का मूल्यांकन करने से उसके प्रतिष्ठान विरोधी प्रवृत्ति और विलक्षण आत्मविश्वास का पता चलता है। हिन्दी की यह प्रवृत्ति भारतेन्दु युग से छायावाद युग और उसके बाद तक बराबर प्रकट होती रही। अज्ञेय की दृष्टि हिन्दी की उस विलक्षण शक्ति की ओर भी जाती है जिस ओर अन्य भाषाविदों या साहित्य चिन्तकों का ध्यान नहीं जाता। अज्ञेय हिन्दी की इस विलक्षण विशेषता को उनकी सांस्कृतिक केन्द्रोन्मुखता कहते हैं। अपने स्वभाव और अपनी प्रादेशिक स्थिति के कारण भारत भर में होनेवाले सांस्कृतिक विकास को और चिन्तन की नई प्रवृत्तियों को उसने ग्रहण किया और फिर समस्त देश में वितरित किया। दक्षिण भारत के और महाराष्ट्र के प्रभाव हिन्दी ने ब्रजमंडल में ग्रहण किए और फिर सुदूर असम तक वितरित कर दिये। इसी प्रकार बंगाल और नेपाल से सांस्कृतिक प्रवृत्तियों को ग्रहण करके उसने सुदूर दक्षिण तक पहुँचाया। सही अर्थों में हिन्दी एक सांस्कृतिक क्लियरिंग हाउस का काम करती रही (हिन्दी : भारत के हृदय की कुंजी, वही, पृ. 93)। 'सांस्कृतिक क्लियरिंग हाउस' एक महत्त्वपूर्ण पद है। हिन्दी वस्तुतः दो भाषाओं के बीच सांस्कृतिक सम्बन्ध स्थापित करनेवाली भाषा रही है। इस दायित्व का निर्वहण केवल हिन्दी ही करने में सक्षम है। इसी कारण अज्ञेय अनुभव करते हैं कि हिन्दी केवल भाषा नहीं है, वह भारत के हृदय की कुंजी है। हिन्दी को अज्ञेय जीवन मूल्यों की पहचान की भाषा के रूप में याद करते हैं (वही, पृ. 94)।

अज्ञेय हिन्दी के प्रति अपने गहरे लगाव का अनुभव करते हैं। उसके मूल में वे एक चीज मानते हैं कि, ''मैं केवल अपने मनुष्य होने को नहीं, भारत के आज के मनुष्य के रूप में अपने आप को पहचानने के लिए हिन्दी को अपनी पहली और मूल भाषा मानता हूँ। हिन्दी के बिना मैं, मैं नहीं रहता इसलिए हिन्दी की साधना करता हूँ'' (भाषा और समाज, वही, पृ. 136)। हिन्दी में लिखना अज्ञेय अपने लिए सौभाग्य की बात मानते हैं, ''मैं हमेशा भारत की एक भाषा में लिखता हूँ, एक भारतीय भाषा में लिखता हूँ। यह संयोग भी और मेरे सौभाग्य की बात है कि उस भाषा में हमेशा एक समग्र भारतीय चेतना व्याप्त रही है और उसने हमेशा समग्र भारत का आदर्श अपने और दूसरों के सामने रखा।'' (सांस्कृतिक समग्रता : भाषिक वैविध्य, केन्द्र और परिधि, पृ. 7)। अज्ञेय हिन्दी के इस वैशिष्ट्य को अत्यन्त महत्त्वपूर्ण मानते हैं इसलिए बार-बार इसको रेखांकित करते हैं। यह सही है कि हिन्दी अपने प्रारम्भिक काल से ही सम्पूर्ण भारतीय चेतना को अभिव्यक्त करती रही है, संस्कृत का पूरा उत्तराधिकार वहन करने की क्षमता हिन्दी ने विकसित की है, प्रादेशिकता उसकी चेतना को आक्रान्त नहीं कर सकी। यही कारण है कि अज्ञेय मानते हैं हिन्दी किसी क्षेत्र की साम्प्रदायिक भाषा नहीं रही है। कभी आगरा-मथुरा को कभी कलकत्ता-बम्बई को और कभी दिल्ली को केन्द्र बनाकर वह सारे देश के संस्कारों और परिवर्तनों का नेतृत्व करती रही है। आधुनिकता का संस्कार सदा इसके साथ रहा है। हिन्दी राष्ट्रीयता के स्वर की मुख्य वाहिका बनी, यह देशव्यापी आन्दोलन की भाषा बनी। खड़ी बोली के रूप में अभिहित की जानेवाली भाषा संस्कारी भाषा बनने के लिए निरन्तर सचेष्ट रही (परम्परा, प्रभाव और प्रक्रिया, आत्मपरक, पृ. 99)। अज्ञेय हिन्दी के इस विलक्षण वैशिष्ट्य की ओर संकेत करते हैं कि हिन्दी सदा से आधुनिक भाषा रही है। सिन्धु से ब्रह्मपुत्र तक सारा क्षेत्र हिन्दी का है चाहे उसके दोनों छोर आज देश से बाहर चले गए हैं। अज्ञेय भारत को भाषाओं और संस्कृतियों के संगमों का देश कहते हैं। हिन्दी उन संगमों से ही विकसित हुई है। इसी भाषा ने सारे देश में भारतीय संस्कृति को बनाए रखा, भारतीय बोध को जीवित रखा। 19वीं सदी से पहले हम हिन्दी के माध्यम से ही भारतीयता को पहचानते थे, आजादी की आकांक्षा इसी भाषा के माध्यम से विकसित हुई (वही, पृ. 98)। अज्ञेय हिन्दी की शक्ति को पहचानते हैं, उसकी ऐतिहासिक भूमिका से परिचित हैं इसीलिए उन्होंने हिन्दी के महत्त्व को इतनी स्पष्टता के साथ सामने रखा है। हिन्दी ही वह भाषा है जो समग्र भारतीय चेतना को अभिव्यक्त करने में समर्थ है।

हमारे देश की एक बड़ी विडम्बना रही है—पराधीनता से ग्रस्त हमारी चेतना और इसका विकास तुर्कों और मुगलों के शासन में उतना नहीं हुआ जितना अँग्रेजी शासन काल में। तुर्कों और मुगलों ने भयंकर अत्याचार किए पर वे भारतीय समाज की आन्तरिक चेतना की शक्ति को नष्ट नहीं कर पाए। पर अँग्रेजों ने हमारी चेतना पर ही प्रहार किया। उन्होंने सबसे पहले हमारी भाषा पर प्रहार किया और उसे शिक्षा पद्धति से ही अलग कर दिया। मुगलों के समय पूरे भारत में संस्कृत भाषा ही ज्ञान की भाषा थी। इस कारण परम्परागत ज्ञान सम्पदा से भारतीय समाज का अविच्छिन्न सम्बन्ध बना रहा। अँग्रेजों ने हमें अपनी भाषा से ही काट दिया। भाषा से सम्बन्ध विच्छेद सांस्कृतिक क्षरण का कारण बना। अँग्रेजी शिक्षा के माध्यम से उन्होंने भारत में साक्षर गुलामों की पूरी पीढ़ी तैयार की। सांस्कृतिक गुलामी भाषायी गुलामी से ही आरम्भ हुई और वहीं से हीनता की ग्रन्थि का विकास हुआ। यह गुलामी स्वतन्त्रता आन्दोलन में कुछ धीमी अवश्य हुई पर जवाहरलाल नेहरू के सत्तासीन होते ही वह और गहरी हो गई। नेहरू पश्चिमी संस्कृति के गुलाम थे इसलिए वे भारतीय संस्कृति और भाषायी भाषा से घृणा करते थे। यही कारण है कि स्वतन्त्रता प्राप्ति के बाद भी अपनी भाषा के प्रति हीनता की भावना बनी रही। अज्ञेय ने अपने निबन्ध 'असन्तोष की पहली पीढ़ी' में इस प्रवृत्ति पर गहरा क्षोभ व्यक्त किया है, ''मुझे सभी कुछ मिला, पर सब बेपेन्दी का। शिक्षा मिली, पर उसकी नींव भाषा नहीं मिली, आजादी मिली, पर उसकी नींव आत्मगौरव नहीं मिला। राष्ट्रीयता मिली, पर उसकी नींव ऐतिहासिक पहचान नहीं मिली।'' (केन्द्र और परिधि, पृ. 33)। इसीलिए अज्ञेय को स्वतन्त्रता प्राप्ति के बाद अँग्रेजी के प्रति भयंकर व्यामोह और अपनी भाषा के प्रति हीन भावना को देखकर क्षोभ होता है। अँग्रेजी के प्रति व्यामोह से भारतीय साहित्य की उपेक्षा हुई है, साथ ही उन भाषाओं की भी जिनमें देश की साहित्यिक प्रतिभा अपने को अभिव्यक्त करती रही है। अज्ञेय यह मानते हैं कि हमारा सार्वजनिक जीवन एक व्यापक दूषण में दूषित है जिसे 'अँग्रेजी का आभिजात्य' कहा जा सकता है। क्या यह बात सच नहीं है कि अँग्रेजी के प्रति इस मोह के और सत्ता की राजनीति के बीच एक घनिष्ठ सम्बन्ध है? यदि हमें इस परिस्थिति को बदलना है, सुधारना है, राजनीति का मानवीयकरण करना है, यदि हमें इस देश में मानव के व्यापकतर कल्याण की ओर ध्यान देना है तो हमें अँग्रेजी का यह व्यामोह, आभिजात्य का अन्धापन छोड़ना ही होगा और भारतीय भाषाओं को अपना कर उन्हीं को अपने सार्वजनिक जीवन और राजनीति का आधार बनाना होगा। यदि हम भारतीय जीवन में भारतीय भाषाओं को उनका उपयुक्त स्थान नहीं देते तो विकेन्द्रीकरण का या सांस्कृतिक वैविध्य का कोई अर्थ नहीं रह जाता (समग्र परिवेश की

राजनीति, केन्द्र और परिधि, पृ. 153)।

अज्ञेय बराबर इस बात पर बल देते हैं कि भाषा सांस्कृतिक अभिव्यक्ति का सबसे अधिक समर्थ माध्यम है। अँग्रेजी सांस्कृतिक अभिव्यक्ति को व्यक्त नहीं कर सकती और कभी नहीं कर सकेगी। (साहित्य की भारतीय कसौटी, सर्जना और सन्दर्भ, पृ. 216)। अज्ञेय चाहते हैं कि कोई भी भारतीय भाषा अँग्रेजी का स्थान ले ले। वे आगे प्रश्न उठाते हैं कि कौन-सी भारतीय भाषा के लिए इसकी सम्भावना सबसे अधिक है? किसको यह स्थान देने में देश को, प्रदेशों को इतर भाषाएँ बोलनेवालों को सबसे कम परिश्रम करना पड़ेगा? वे कहते हैं कि इन प्रश्नों के उत्तर जो संकेत करते हैं उनसे वे सन्तुष्ट हैं। अर्थात् संकेत हिन्दी की ओर है (वही, पृ. 216)।

अँग्रेजी के प्रति व्यामोह या कि गुलामी का एक भयंकर परिणाम यह हुआ कि हिन्दी के साहित्यकारों के मन में अपनी भाषा के प्रति हीनता की ग्रन्थि विकसित हुई। अज्ञेय ऐसे लोगों पर व्यंग्य करते हैं कि ये लेखक हिन्दी की केवल वाचिक अभ्यर्थना करते हैं। अँग्रेजी के प्रति मोह ने भारत में फूहड़ अनुकरण वृत्ति को भी जन्म दिया है, मौलिक चिन्तन की वृत्ति को कुन्द किया है। अज्ञेय पीड़ा व्यक्त करते हैं कि, ''हम दूसरों की ओर देखने में रास्ता देखना भी भूल गए हैं। विदेशी भाषाओं में चिन्तन का अँग्रेजी में अनुचिन्तन और फिर घटिया अँग्रेजी में अनुलेखन और फिर उस अनुलेखन का अनुवाद करते रहने से मौलिक चिन्तन की सम्भावना कम से कमतर होती जा रही है।'' (जनतन्त्र में बुद्धिजीवी की भूमिका, केन्द्र और परिधि, पृ. 21)।

अँग्रेजी के प्रति व्यामोह ने भारतीय भाषाओं के लेखक की स्थिति को भी हीन बनाया है। यह अत्यन्त लज्जाजनक स्थिति है। अज्ञेय का एक महत्त्वपूर्ण निबन्ध है 'लेखक की स्थिति'। इस निबन्ध में अज्ञेय ने हिन्दी तथा अन्य भारतीय भाषाओं के लेखक की विषम स्थिति पर विचार किया है। अज्ञेय को यह पीड़ा है कि संसार में कोई ऐसा दूसरा देश न होगा जिसमें देशी भाषा के लेखक की स्थिति इतनी विषम हो— सभ्य और संस्कृति गर्वी संसार में शायद आज ऐसा दूसरा देश नहीं है जिसका साहित्यकार इतनी विषम परिस्थिति में लिखता हो, जिसका स्रष्टा अपने ही भाषा समाज में इतना हीन, अपदस्थ हो जितना भारत में (सर्जना और सन्दर्भ, पृ. 210, संस्करण 1985)। यह एक कटु यथार्थ है कि देश में केवल अँग्रेजीदाँ ही नहीं, अन्य भारतीय भाषा-भाषी लोग हिन्दी रचनाकारों को दोयम दर्जे का समझते रहे हैं। इसीलिए अज्ञेय बहुत ही दर्द के साथ अपनी पीड़ा व्यक्त करते हैं, ''किसी भाषा के लेखक को केवल अपनी भाषा के कारण विरोध ही नहीं घृणा और अपमान के वैसे उग्र वातावरण में नहीं जीना और काम करना पड़ता जैसे में हिन्दी के लेखक को। (वही, पृ. 210)।

अज्ञेय ने अँग्रेजी के प्रति जिस व्यामोह का वर्णन किया है, अपनी भाषा विशेषतया हिन्दी भाषी लेखकों में व्याप्त हीनता की ग्रन्थि का उल्लेख किया है उसकी जड़ें अँग्रेजी काल में है। प्रसिद्ध गाँधीवादी विचारक धर्मपाल ने लिखा है, सन् 1803 ई. तक हमारा प्रभावशाली वर्ग मानसिक पराजय स्वीकार कर चुका था। इस वर्ग का एक महत्त्वपूर्ण अंश उत्साहपूर्वक ब्रिटिश जीवन-पद्धति, ब्रिटिश विचार-पद्धति, एवं अभिव्यक्ति-पद्धति को ऐसे अपना रहा था, मानो वह बौद्धिक दारिद्रय से ग्रस्त हो। उसके पास न प्रभा हो, न प्रतिभा, न प्रतिमान। (भारतीय चित्त, मानस एवं काल, पृ. 53) धर्मपाल इसके प्रमाण में राजा राममोहन राय का नाम लेते हैं। राजा राममोहन राय अँग्रेजी शिक्षा के प्रसार में आजीवन लगे रहे। साथ ही मूर्तिपूजा पर तीव्रतम प्रहार किया। राजा राममोहन राय ने संस्कृत तथा भारतीय भाषाओं के माध्यम से ज्ञान-विज्ञान की पढ़ाई का विरोध किया। यह एक अनोखी मान्यता थी कि स्वयं पश्चिम तो भारत का और पूर्व का ज्ञान अपनी ही भाषा में प्राप्त करे, परन्तु भारत को पश्चिम का ज्ञान पश्चिम की ही भाषा में सीखना होगा। इस आग्रह के पीछे निश्चय ही भारतीय भाषा बुद्धि, भारतीय जन के प्रति एक हीनता का भाव रहा (वही, पृ. 59)।

अपनी भाषा के प्रति हीनता की ग्रन्थि के पीछे राजनेताओं का भी योगदान रहा है। भारत के प्रथम प्रधानमन्त्री और शिक्षा मन्त्री जवाहरलाल नेहरू और मौलाना अबुल कलाम आजाद हिन्दी भाषा के विरोधी थे। जवाहरलाल नेहरू के लिए राहुल जी ने कहा है कि उनकी कोई भाषा नीति नहीं थी, वे अँग्रेजी में ही ज्ञान-विज्ञान की पढ़ाई के समर्थक थे। अज्ञेय राजनेताओं की भाषा के सम्बन्ध में उदासीनता से दुखी थे। उन्होंने राजनेताओं पर भाषा की विशेषकर हिन्दी भाषा की अनदेखी का आरोप लगाया है। अज्ञेय व्यंग्य करते हैं कि राजनेता न हिन्दी पढ़ते हैं न लिखते हैं केवल हिन्दी के बारे में बोलते हैं (हिन्दी का वर्तमान और भविष्य, केन्द्र और परिधि, पृ. 8)।

अज्ञेय ने हिन्दी के प्रति साहित्य अकादेमी की भेदभावपूर्ण दृष्टि पर भी व्यंग्यात्मक प्रहार किया है, ''अकादेमी सब भाषाओं को 'समान दृष्टि' से देखना चाहती है। लेकिन जो माँ अपनी सभी सन्तान को समान दृष्टि से देखती है वह विकासशील किशोर और वयस्क युवक को एक-सी मात्रा में भोजन देने में आग्रह नहीं करती। 'समान दृष्टि' से देखना ही असमान व्यवहार को अनिवार्य बना देता है।'' (लेखक की स्थिति, सर्जना और सन्दर्भ, पृ. 217)।

अज्ञेय भाषा को लेकर एक महत्त्वपूर्ण प्रश्न उठाते हैं कि यदि हम प्रादेशिक भाषाओं को भारतीय भाषा कहते हैं तो यह देखना भी हमारा दायित्व होना चाहिए कि कौन-सी भाषा समग्र भारतीयता के विकास में अपने को समर्थ बना पायी (सांस्कृतिक समग्रता : भाषिक वैविध्य, केन्द्र और परिधि, पृ. 5)। अज्ञेय

भाषा के मामले में प्रत्येक भारतवासी से यह अपेक्षा करते हैं कि वह एकाधिक भारतीय भाषा से परिचित हो, ''प्रत्येक भाषा को बोलनेवाला कम-से-कम दो अन्य भारतीय भाषाओं से परिचित हो।'' (वही, पृ. 5)।

भारत में अनेक भाषाएँ हैं, इससे भाषाओं के बीच द्वन्द्व की बात की जाती है। पर अज्ञेय अनेक भाषाओं के होने को चिन्ता की बात नहीं मानते और न ही लज्जा की और न ही यह तुलनात्मक अध्ययन में कोई दुर्लंघ्य बाधा उपस्थित करती है। कई भाषाओं के रहते हुए हमारे पास एक समग्र दृष्टि है। इसे हमें गौरव का विषय मानना चाहिए। (भारतीय साहित्य : तुलनात्मक दृष्टि, सर्जना और सन्दर्भ, पृ. 383)।

राष्ट्रभाषा के रूप में हिन्दी की स्थिति पर भाषाविदों और साहित्यकारों द्वारा लगातार विचार किया गया है। कुछ निहित स्वार्थी तत्त्वों द्वारा हिन्दी तथा अन्य भारतीय भाषाओं के बीच द्वन्द्व उत्पन्न करने की चेष्टा की गई ताकि अँग्रेजी का वर्चस्व बना रहे। अज्ञेय अपना अभिमत व्यक्त करते हैं कि हिन्दी किसी प्रान्तीय भाषा का स्थान नहीं लेगी, वह राष्ट्रभाषा के रूप में अँग्रेजी का स्थान लेगी। अज्ञेय इस बात को स्वीकार करते हैं कि साहित्यिक अभिव्यक्ति के लिए हर लेखक को अपनी मातृभाषा का व्यवहार करना चाहिए। (बोली, भाषा, राष्ट्रभाषा/ सर्जना और सन्दर्भ, पृ. 325)।

अज्ञेय हिन्दी को राष्ट्रभाषा बनाने के लिए कानून का आश्रय लेना अनिवार्य नहीं मानते। उनका स्पष्ट कहना है कि हिन्दी कानून से आगे नहीं बढ़ेगी। अज्ञेय को दृढ़ विश्वास है कि हिन्दी में आधुनिकता और भारतीयता के जो संस्कार हैं वे ही इसे आगे बढ़ाएँगे (परम्परा, प्रभाव और प्रक्रिया, आत्मपरक, पृ. 99)। अज्ञेय इस बात पर अडिग हैं कि हिन्दी ही राष्ट्रभाषा होने के योग्य है। अज्ञेय का कथन ध्यातव्य है, ''मेरी हिन्दी राष्ट्रभाषा हो या न हो, राष्ट्र के जीवन में संयोगकारक कड़ी का पद उसे कानूनन दिया जाए या न दिया जाये, वह सबसे पहले और अनिवार्यत: एक विकासमान भाषा है, विकासमान है इसलिए वह निरन्तर बदल भी रही है और साथ ही उसका एकाधिकार, प्रामाणिक और मानक रूप भी है। ऐसी ही भाषा राष्ट्रभाषा हो सकती है।'' (भवन्ती, पृ. 62, राजपाल एंड सन्स, नई दिल्ली, संस्करण 1989)। अज्ञेय राष्ट्रभाषा के स्थान पर राष्ट्रलिपि पर जोर दिए जाने की बात करते हैं। अज्ञेय यह मानते हैं कि यदि आज देवनागरी लिपि को सारा देश स्वीकार कर ले तो हिन्दी की व्यापकता स्वत: स्वीकार कर ली जाएगी (परम्परा प्रभाव और प्रक्रिया, आत्मपरक, पृ. 99)।

वस्तुत: अज्ञेय ऐसे चिन्तक रचनाकार हैं जिन्होंने भाषा साहित्य और संस्कृति के अन्त:सम्बन्धों पर गहनता तथा व्यापकता के साथ विचार किया है।

अपनी भाषा के महत्त्व और अपने परिवेश के साथ गहरी संलग्नता पर उनके विचार अकाट्य हैं। इस सन्दर्भ में अज्ञेय की निम्नांकित टिप्पणी अत्यन्त महत्त्व की है, ''बिना एक भाषा की संस्कृति में पूरी तरह डूबे हुए, बिना उस भाषा को आत्मसात किए हुए कोई बड़ा साहित्य रचा नहीं जा सकता। यह जान लेना हमारे लिए बड़ा जरूरी है कि कोई एक परीक्षा पास कर लेने पर अपने को भाषा का अधिकारी समझने लगते हैं, या कभी ऐसा भी करते हैं कि किसी भी भारतीय भाषा पर अधिकार न होने के कारण अपने को बड़े अँग्रेजी-दाँ ही मान बैठते हैं। दूसरी भाषाएँ जानना बुरा नहीं है और हम लोग दूसरों की अपेक्षा जल्दी ही दूसरी भाषा सीख लेते हैं पर भाषा पर वह अधिकार जो सृष्टि का साधन बन सके-वह और चीज होती है। वैसा अधिकार एक ही भाषा में मिल सकता है अधिकतर अपनी ही भाषा में मिल सकता है। 'जिन डूबा तिन पाइयाँ गहरे पानी पैठ' भाषा के सागर के लिए भी उतना ही सच है जितना ज्ञान के। ज्ञान द्वारा हम सत्य की वास्तविकता को पहचानते हैं तो भाषा के द्वारा उसकी सुन्दरता को।'' (एक बूँद सहसा उछली, पृ. 26, भारतीय ज्ञानपीठ प्रकाशन, नई दिल्ली, संस्करण 1988)। आज इक्कीसवीं शताब्दी के तीसरे दशक में जब हिन्दी को उसका उचित स्थान नहीं मिल पाया है, अँग्रेजी के आभिजात्य से भारतीय समाज नहीं उबर पाया है, देश की संवैधानिक संस्थाएँ अँग्रेजी की जकड़न से मुक्त नहीं हो पाई हैं, शिक्षा अपने देश की भाषा में सुलभ नहीं है, अज्ञेय जी के भाषा सम्बन्धी विचार भारतीय भाषाओं के लिए किए गए उनके प्रयत्न, उनके अस्मिता बोध की स्मृति बड़ी तीव्र हो रही है। भारतीय भाषाओं और विशेषकर राष्ट्रभाषा के रूप में हिन्दी के लिए किए गए अज्ञेय सहित उन सभी साहित्यकारों के प्रयत्नों, संघर्षों की फलश्रुति यही होगी कि राष्ट्रचेत्ता हिन्दी सेवी हिन्दी को उसका उचित स्थान दिलाने के लिए एकजुट प्रयास करें जिससे भारतेन्दु हरिश्चन्द्र का यह स्वप्न पूरा हो सके निज भाषा उन्नत अहै सब उन्नति को मूल। हमें प्रख्यात चिन्तक डॉ. राममनोहर लोहिया के कथन को याद रखना होगा कि भारत में अँग्रेजी के रहते लोकतन्त्र तो क्या ईमानदारी भी नहीं आ सकती।

भाषा आत्मबोध का साधन : निर्मल वर्मा

अज्ञेय और निर्मल वर्मा स्वतन्त्र्योत्तर भारतीय साहित्य के ऐसे चिन्तक रचनाकार हैं जिन्होंने हिन्दी साहित्य को रचनात्मक और वैचारिक दृष्टि से बहुत सम्पन्न किया है। सृजन और चिन्तन के पठारीपन के दौर में अज्ञेय और निर्मल वर्मा जैसे कृती व्यक्तित्व के होने का क्या अर्थ था यह उनके जीते जी जितना स्पष्ट था उससे अधिक उनके तिरोधान के बाद उजागर हो रहा है। निर्मल वर्मा ने अपने विलक्षण गद्य के माध्यम से अनुभूति और अभिव्यक्ति के एक नए संसार का अन्वेषण किया है, अपने अनुभवसम्पन्न और विचारसम्पन्न गद्य से हिन्दी साहित्य को अविस्मरणीय रूप से समृद्ध किया है। उनके निबन्ध, संस्मरण, यात्रावृत्त, उपन्यास, कहानियाँ, डायरी, रिपोर्ताज, साक्षात्कार जैसी विधाएँ अपने क्षेत्र के प्रतिमान हैं। जहाँ उनके उपन्यासों, कहानियों आदि में रचनात्मक सौन्दर्य की उत्कृष्ट रूप में अभिव्यक्ति है, वहीं निबन्धों में विचारात्मकता अपने उत्कर्ष को प्राप्त है। इन निबन्धों में अनेक सामाजिक ज्वलन्त प्रश्नों पर निर्मल वर्मा ने बड़ी गम्भीरता से विचार किया है। इन प्रश्नों में भाषा का प्रश्न बड़ी प्रमुखता से उभरा है। निर्मल वर्मा ने भाषा पर विचार करते हुए उसे जातीय पहचान के साथ सम्बद्ध किया है। निर्मल वर्मा के लिए भाषा का राष्ट्रीय अस्मिता के साथ गहरा सम्बन्ध है। भाषा पर विचार करते हुए वे उसके स्वरूप, संस्कृति के साथ उसका सम्बन्ध, भारतीय भाषाओं का संस्कृत के साथ अन्तःसम्बन्ध, स्वभाषा का महत्त्व, अँग्रेजी भाषा के वर्चस्व के दुष्परिणाम, स्वाधीनता आन्दोलन और हिन्दी भाषा, स्वतन्त्रता प्राप्ति के बाद हिन्दी भाषा की उपेक्षा के कारण और उसके दुष्परिणाम, भारतीय भाषाओं की अन्तर्निहित एकता आदि विषयों पर बहुत ही स्पष्टता और निर्भीकता के साथ विचार किया है। भाषा की अद्वितीय स्थिति को रूपायित करते हुए भाषा की रहस्यमयता की ओर संकेत निर्मल करते हैं। भाषा के बारे में कुछ भी कहना अपनी छाया को पकड़ना है। यह कहना ज्यादा ठीक होगा कि हम उसकी छाया हैं, अपना यथार्थ गढ़ते हैं, अपने को उसमें और उसके द्वारा परिभाषित करते हैं (भाषा और राष्ट्रीय अस्मिता,

साहित्य का आत्मसत्य, पृ. 11, वाणी प्रकाशन, नई दिल्ली, संस्करण 2017)। सामान्यतया यह माना जाता है कि भाषा विचारों, भावनाओं, ऐन्द्रिय बोध को सम्प्रेषित करने का माध्यम है। पर निर्मल वर्मा इससे आगे की प्रक्रिया की ओर यह कहकर हमारा ध्यान आकृष्ट करते हैं कि, ''आत्म अन्वेषण का सबसे सक्षम आयुध भाषा है। भाषा मनुष्य की देह का अदृश्य अंग है जो उसे आत्मदृष्टि देता है। भाषा और आत्मबोध का यह सम्बन्ध मनुष्य को समस्त जीव जन्तुओं से अलग अद्वितीय श्रेणी में ला खड़ा कर देता है।'' (वही, पृ. 12)। भाषा का आत्मबोध के साथ इतना गहन सम्बन्ध है कि अपने अतीत और स्मृति की रक्षा में भाषा ही समर्थ होती है। इसलिए निर्मल वर्मा का स्पष्ट मानना है कि यदि हमारे अतीत का सब कुछ मर मिट जाए किन्तु भाषा बची रहती है जिसके द्वारा एक समाज के सदस्य आपस में संवाद कर पाते हैं तो वर्तमान में रहते हुए भी वे अचेतन रूप में अतीत से जुड़े रहते हैं और अतीत अदृश्य रूप में उनके वर्तमान में प्रवाहित होता रहता है (वही, पृ. 12-13)। इसीलिए मनुष्य को नष्ट करने से पहले उसकी भाषा को नष्ट किया जाता है, किन्तु उसे नष्ट करने की जरूरत ही नहीं। आदमी जीवित ही नहीं रहता यदि उसकी भाषा मृत हो जाती है। यदि भाषा जीवित नहीं रहती तो हम अपने समय में कला और मानवीय गरिमा को भी नहीं बचा सकते (कहानी : एक शुद्ध विधा, ढलान से उतरते हुए, पृ. 36, राजकमल प्रकाशन, नई दिल्ली, संस्करण 1988)। इसीलिए यह कहना अधिक संगत है कि भाषा किसी जाति के भावात्मक संवेगों का सबसे प्रामाणिक मानदंड है। यदि किसी जाति का भूगोल उसकी देह को चित्रित करता है तो उसकी भाषा उसकी आत्मा अन्तरतम आकांक्षाओं को वाणी देती है (भारतीय भाषाएँ : अन्तर्निहित एकता-आदि, अन्त और आरम्भ, पृ. 65, राजकमल प्रकाशन, नई दिल्ली, संस्करण 2001)। स्वतन्त्रता प्राप्ति के बाद मार्क्सवादियों द्वारा कथ्य बनाम शिल्प का विवाद खड़ा किया गया और इस बात पर बल दिया गया कि कथ्य मुख्य है और शिल्प की बात करना एक प्रकार का विलास है। इसीलिए मार्क्सवादी विचारधारा का विरोध करनेवालों को रूपवादी कहकर उनका उपहास उड़ाया गया। इसके विपरीत निर्मल वर्मा ने दृढ़तापूर्वक कहा कि क्योंकि सृजन का समूचा व्यापार भाषा के भीतर ही होता है इसलिए भाषा पर बात करना एक रूपवादी या कलावादी शगल नहीं है (साहित्य के प्रासंगिक प्रश्न, वही, पृ. 125)।

भाषा की यह महत्त्वपूर्ण प्रकृति है कि मनुष्य भाषा के माध्यम से ही दुनिया को देखता और समझता है। निर्मल वर्मा स्पष्ट करते हैं, ''भाषा के द्वारा मनुष्य

पहली बार दुनिया के प्रति उन्मुख होता है, खुलता है, उससे जुड़ता है। वह किसी समाज के बाहरी कार्य-कलाप, उसके सुपर स्ट्रक्चर का ही अंग नहीं होती, बल्कि उसके अन्दरूनी स्वभाव और अन्त:प्रेरणाओं के संवेदन तन्त्र को भी निर्धारित करती है, उसके विशिष्ट आध्यात्मिक चरित्र को उद्घाटित करती है।'' (भाषा और राष्ट्रीय अस्मिता, साहित्य का आत्मसत्य, पृ. 17)।

भाषा का सम्बन्ध उस भाषा का व्यवहार करनेवाले समाज के अस्तित्व और चरित्र से होता है। इसलिए निर्मल वर्मा इस बात को रेखांकित करते हैं कि भाषा एक जाति की अस्मिता, उसकी चारित्रिक विशिष्टता को निर्धारित करती है और उस जाति के सामूहिक अनुभव, समृतियाँ और संस्कार उसकी भाषा के अनूठे स्वरूप को निर्मित करते हैं (वही, पृ. 17)। किसी भी राष्ट्र की भाषा उसकी संस्कृति की रक्षा करती है और उसमें वैचारिक स्वायत्तता का बोध भी कराती है। यही कारण है निर्मल वर्मा स्पष्ट रूप से कहते हैं कि संस्कृति, जनमानस और वैचारिक स्वायत्तता इन तीनों के बीच गहरा सम्बन्ध है और भाषा इनके बीच एक जोड़नेवाली कड़ी का काम करती है। इसीलिए निर्मल वर्मा ने अपने को अभिव्यक्त करने के लिए अपनी मातृभाषा हिन्दी को चुना क्योंकि उनका कहना है कि अगर उन्हें अपनी मातृभाषा के अलावा किसी और भाषा में लिखने के लिए कहा जाता तो वे मना कर देते क्योंकि उनकी कहानियाँ और उपन्यास उनके भावनात्मक संसार की उपज हैं और उनके आन्तरिक संसार की भाषा हिन्दी है (सुकान्त दीपक से बातचीत, संसार में निर्मल वर्मा, रे माधव पब्लिकेशंस, जी-94, सेक्टर 83, नोएडा, संस्करण 2006, पृ. 57)।

निर्मल वर्मा इसे स्वीकार करते हैं कि उनके लिए उस भाषा में लिखना ही सहज था जिसमें वे अपने परिवारवालों से बात करते थे। उनकी परवरिश भी इस तरह हुई थी कि तमाम महत्त्वपूर्ण प्रभाव, वे महत्त्वपूर्ण उत्सव जिनमें वे भाग लेते थे सभी की जड़ें उस भाषा के परिवेश में गहरी गड़ी थीं जिसने उनके भावनात्मक संसार को प्रभावित किया था। और वे यह कहने में कोई संकोच नहीं करते कि वह भाषा हिन्दी थी (वही, पृ. 125, गीता सहगल के प्रश्न के उत्तर में कही गई बात)। निर्मल वर्मा ने हिन्दी भाषा में लिखने के कारण को स्पष्ट करते हुए कहा है कि उन्होंने हिन्दी को नहीं चुना बल्कि हिन्दी ने उन्हें चुना। वे स्पष्ट करते हैं कि, ''मैं घर में हिन्दी बोलता था, हिन्दी पढ़ता था-रूसी लेखकों के अनुवाद तक। हिन्दी उस वातावरण का अभिन्न अंग थी जिसमें मैं पला-बढ़ा, जिसमें मेरे विचार और भावनाओं का परिपाक हुआ। इस तरह मेरे भावनात्मक ढाँचे की जड़ें मेरी मातृभाषा में थीं।'' (तवलीन सिंह से साक्षात्कार, वही, पृ. 163)।

भाषा केवल विचारों के सम्प्रेषण का माध्यम ही नहीं है अपितु भाषा अपने साथ पूरी परम्परा का वहन करती है। निर्मल रेखांकित करते हैं कि भाषा केवल अपनी भावनाओं को दूसरे तक प्रकट करने का साधन ही नहीं है, भाषा एक ऐसा अस्त्र है जो हमें जीवन को, समूचे इतिहास को, जो कुछ भी नया गुजरा है जो बीता है उसे जोड़ने में सहयोग देती है (वही, पृ. 170)। इसी कारण निर्मल इस बात पर बल देते हैं कि अतीत को वर्तमान से जोड़नेवाली सबसे सशक्त और जीवन्त कड़ी हमारी भाषा है। यह स्वभाषा का सबसे बड़ा वैशिष्ट्य है। इसीलिए निर्मल वर्मा चेतावनी देते हैं कि भारत का शिक्षित वर्ग अँग्रेजी को छोड़कर जब तक अपनी जातीय भाषाओं को नहीं अपनाता तब तक हम न केवल अपने वर्तमान से संवाद नहीं कर पाएँगे बल्कि अतीत्त से किसी प्रकार का सृजनात्मक नाता नहीं जोड़ पाएँगे (संवाद की मर्यादाएँ, कला का जोखिम, राजकमल प्रकाशन, नई दिल्ली, संस्करण 1984, पृ. 53)।

संसार के सभी भाषाविदों तथा चिन्तकों ने स्वीकार किया है कि भाषा का संस्कृति के साथ अविच्छिन्न सम्बन्ध है। भाषा में प्रयुक्त होनेवाला प्रत्येक शब्द अपनी पूरी अर्थवत्ता के साथ उस भाषा-समाज की संस्कृति को अभिव्यक्त करता है। प्रसिद्ध गाँधीवादी चिन्तक धर्मपाल का यह कहना बिलकुल सही है कि प्रत्येक भाषा एक विशद अर्थ परम्परा, दर्शन परम्परा और विचार परम्परा की अभिव्यक्ति होती है। जब हम विदेशी भाषा को अपनाते हैं तो प्रायः स्वयं को और विश्व को व्यक्ति, समाज, संस्थाओं, मान्यताओं तथा लक्ष्यों, रुचियों, आदर्शों आदि को भी हम उसी भाषा परम्परा और संस्कृति परम्परा से देखने लगते हैं। (भारत की पहचान, पृ. 98)।

निर्मल वर्मा भी रेखांकित करते हैं कि भाषा संस्कृति सापेक्ष होती है (भाषा और राष्ट्रीय अस्मिता, साहित्य का आत्म सत्य, पृ. 20)। धर्मपाल के स्वर में अपना स्वर मिलाते हुए निर्मल वर्मा भी इस बात की ओर ध्यान दिलाते हैं कि जब हम अपने विचारों को दूसरी भाषा में व्यक्त करते हैं तो एक हद तक स्वयं हमारे विचार उस भाषा के प्रत्ययों द्वारा अनुशासित होने लगते हैं। भाषा सिर्फ माध्यम नहीं रहती, वह एक स्वायत्त शक्ति का साधन बन जाती है (वही, पृ. 27)। निर्मल वर्मा भारतीय राजनीति और समाज-जीवन में प्रचलित 'धर्म निरपेक्षता' शब्द के उदाहरण से स्पष्ट करते हैं कि कैसे अँग्रेजी का 'सेकुलरिज़्म' शब्द, जिसका गहरा सम्बन्ध यूरोप की संस्कृति और इतिहास से रहा है, अनूदित होकर विकृत हो गया है। यूरोपीय भाषाओं के प्रभुत्व से कैसे एक एशियाई देश के नागरिक स्वयं अपने समान के मूल चरित्र को ही

बदल डालने का प्रयास करते हैं, यह इसका एक अद्भुत उदाहरण है (वही, पृ. 20)। निर्मल वर्मा का उपर्युक्त कथन एकदम सही है। किसी भी भाषा में प्रयुक्त शब्द के अर्थ को पूरी तरह दूसरी भाषा में व्यक्त नहीं किया जा सकता। 'धर्म', 'ब्रह्म', 'ईश्वर', 'ऋत', 'सत्य' ऐसे ही शब्द हैं। जब-जब हमने पश्चिमी भाषा विशेषत: अँग्रेजी के शब्दों से इनके अर्थ को व्यक्त करने का प्रयास किया तब तब भयंकर गलतफहमियाँ उत्पन्न हुईं जिन्होंने भारतीय संस्कृति और समाज की बड़ी हानि की। निर्मल वर्मा इस ओर भी ध्यान दिलाते हैं कि भाषा संस्कृति की रक्षा कैसे करती है। उनका निम्नांकित कथन ध्यान देने योग्य है, ''भाषा चाहे कोई भी हो उसका दुहरा चरित्र होता है। वह सम्प्रेषण का माध्यम होने के साथ-साथ संस्कृति का वाहक भी होती है। किसी देश की संस्कृति ऐतिहासिक झंझावातों द्वारा क्षत-विक्षत भले ही हो जाए उसका सत्य और सातत्य उसी भाषा में बचा रहता है (वही, पृ. 13)।

निर्मल वर्मा सामान्य व्यवहार की भाषा से लेखक की भाषा को अलग करते हैं। उनकी दृष्टि में एक लेखक की भाषा बाकी लोगों से अलग इसलिए है क्योंकि बाकी लोगों की तरह भाषा उसके लिए सिर्फ माध्यम नहीं है। भाषा उसके लिए सिर्फ साधन नहीं है। भाषा उसका साध्य भी है (संसार में निर्मल वर्मा, पृ. 147)। निर्मल वर्मा भाषा के बारे में सोचने को कलावादी विलास नहीं मानते इसलिए समकालीन लेखकों में व्याप्त भाषा के प्रति गैर जिम्मेदाराना रवैये से वे खिन्न होते हैं। ''समकालीन लेखन में शिल्प की सुघड़ता का अभाव और भाषा के प्रति गैर जिम्मेदाराना रवैया बहुत खटकता है। भाषा की ताजगी, नए शब्दों की चमक और विषय के मुताबिक नई भाषा का प्रयोग कर पाने की क्षमता इस पर हम ज्यादा ध्यान नहीं देते। भाषा केवल अभिव्यक्ति का माध्यम नहीं है वह अपने में एक तरह की अनुभूति और भावना को सम्प्रेषित करती है (शंकर शरण से बातचीत, संसार में निर्मल वर्मा, पृ. 69)। निर्मल वर्मा भाषा के प्रति सजग दृष्टि रखते हैं। वे यह मानते हैं कि एक रचनाकार को भाषा के विषय में अत्यधिक सावधान रहने की आवश्यकता है। भाषा को वे लेखक के प्रयोजन को पूरा करनेवाला माध्यम मानते हैं। निर्मल जी का यह विश्वास है कि भाषा में जितनी अधिक सादगी रहेगी उतनी ही अधिक मार्मिक रूपों में वह भावों को शब्दों में व्यक्त कर पाएगी। जिस सीमा तक वह लेखक के प्रयोजन को पूरा करती है उसका प्रयोग सार्थक होता है (भाषा और राष्ट्रीय अस्मिता, साहित्य का आत्मसत्य, पृ. 136)। मार्क्सवादी विचारधारा ने रचना में केवल कथ्य को इतना अधिक महत्त्व दिया कि शिल्प गौण हो गया। निर्मल वर्मा इस पर दु:ख व्यक्त

करते हैं, ''यह कहते हुए दुःख होता है कि जिस भाषा में हमारे साहित्य का सृजन होता है, जिसके माध्यम से एक साहित्यिक कृति अपना वैशिष्ट्य प्राप्त करती है, हममें से अधिकांश अपनी उसी हिन्दी भाषा के प्रति उदासीन और असावधान रहते हैं और सोचते हैं कि भाषा के बारे में सोचना एक कलावादी विलास है।'' (साहित्य का आत्मसत्य, पृ. 126)।

प्रत्येक भाषा का अपना वैशिष्ट्य होता है एक भाषा दूसरी भाषा से कई अर्थों में भिन्न होती है। निर्मल वर्मा इसे स्पष्ट करते हुए रेखांकित करते हैं कि एक भाषा दूसरी भाषा से अपने संकेतों और शब्दार्थों के कारण ही भिन्न नहीं होती, बल्कि अपनी विश्व दृष्टि के कारण भी अलग होती है। ----मानवीय भाषाएँ एक ही दुनिया में अलग होती हैं। जब हम एक भाषा से दूसरी भाषा में अनुवाद करते हैं तो वह सिर्फ शब्दों का अनुवाद नहीं है, शब्दों द्वारा भाषा की एक समूची सृष्टि अपने पूरे माल असबाब के साथ दूसरी भाषा में अवतरित होती है (साहित्य का आत्मसत्य, पृ. 18)।

निर्मल वर्मा भारतीय भाषाओं, उनकी समृद्ध परम्परा उनके बीच अन्तर्निहित एकता, भारतीय भाषाओं के उत्स संस्कृत की अर्थवत्ता पर गहराई से विचार करते हैं। निर्मल जी का कथन है कि भारतीय भाषाएँ एक-दूसरे से भिन्न होते हुए भी एक समान सांस्कृतिक स्मृति और परम्परा के कारण अपने अन्तर्निहित स्वभाव में समान रूपा हैं। (आदि, अन्त और आरम्भ, पृ. 65, संस्करण 2001) भारतीय भाषाओं के बीच विद्यमान एकता के कारण ही भारत सांस्कृतिक एकता के सूत्र में आबद्ध हो सका। निर्मल संकेत कहते हैं कि भारत की विभिन्न बोलियों और भाषाओं में विभिन्नता होने के बावजूद अन्तर्निहित एक सूत्रता के तत्त्व विद्यमान थे जिनके कारण वे भारत के राष्ट्रीय एकीकरण के रास्ते में कभी भी बाधा बनकर प्रस्तुत नहीं हुई (साहित्य का आत्मसत्य, पृ. 27-28)। आज भी संस्कृत से अनुप्राणित भारतीय भाषाओं के बीच एकता के सूत्र विद्यमान हैं। वस्तुतः संस्कृत और भारतीय भाषाओं के भीतर जातीय स्मृतियों की एक ऐसी समृद्ध और विपुल संपदा सुरक्षित थी, जो एक संजीवनी शक्ति की धारा की तरह अतीत से बहकर भारत की वर्तमान चेतना को आप्लावित करती थी। राष्ट्रीयता के बीज इसी चेतना में निहित थे (भाषा और राष्ट्रीय अस्मिता, साहित्य का आत्मसत्य, पृ. 13)। संस्कृत और भारतीय भाषाओं के बीच विद्यमान इस सम्बन्ध से विदेशी आक्रान्ता परिचित थे। यही कारण है कि मैक्समूलर ने कहा था कि जब तक भारत में संस्कृत और उससे उद्भूत भाषाएँ परस्पर संवाद और आत्म चिन्तन के लिए जीवित रहती हैं तब तक उनकी सांस्कृतिक अस्मिता

बची रहेगी। उसके रहते भारतीय सभ्यता को ग्रीक या मिश्र की सभ्यताओं की तरह म्यूजियम के गौरवमय किन्तु मृत स्मारकों की तरह नहीं देखा जा सकता। (उद्धृत, वही, पृ. 13)। निर्मल वर्मा की दृष्टि में भारतीय दृष्टि विकसित करने में, देश के मूल सांस्कृतिक संस्कारों के परिष्कार में भारतीय भाषाओं के भीतर उसके मूल सांस्कृतिक संस्कारों को सुगठित करने में संस्कृत का योगदान उतना ही केन्द्रीय महत्त्व रखता है जितना एक समय में लैटिन और ग्रीक भाषाओं ने यूरोपीय देशों के जातीय संस्कारों को निर्मित करने में सक्रिय भूमिका अदा की थी। संस्कृत के कारण से विभिन्न भाषाओं के भीतर एक ही सांस्कृतिक धारा प्रवहमान होती रही। इसी कारण भारत में सैकड़ों भाषाएँ और बोलियाँ होते हुए भी उनके परस्पर सम्बन्ध और सौहार्द का स्नेह बन्धन कभी ढीला और कमजोर नहीं पड़ा (वर्तमान समय में भाषा और साहित्य की स्थिति, साहित्य का आत्मसत्य, पृ. 81)। संस्कृत के इसी महत्त्व के कारण अँग्रेजों ने सबसे पहला प्रहार संस्कृत भाषा पर ही किया। मैकाले ने जो शिक्षा नीति बनाई उसमें संस्कृत के लिए कहीं स्थान नहीं था। निर्मल वर्मा लिखते हैं कि संस्कृत को जो भारतीय भाषाओं के बीच सेतु का काम करती थी। भारतीय मानस से अपदस्थ करने का मतलब सिर्फ भारतीय एकता और अस्मिता को नष्ट करना ही न था बल्कि विचार और चिन्तन के उन बुनियादी प्रत्ययों और संकेतों को ही विस्मृति के अँधेरे में फेंक देना था जिनसे एक भारतीय जीवन, प्रकृति, जाति, धर्म और ईश्वर से अपना सम्बन्ध जोड़ता था। (मानसिक गुलामी का शब्दकोश, दूसरे शब्दों में, राजकमल प्रकाशन, नई दिल्ली, संस्करण 1997, पृ. 110)।

अँग्रेजों ने अँग्रेजी भाषा में पश्चिमी शिक्षा को भारतीयों के लिए अनिवार्य कर दिया। इसके बड़े दुष्परिणाम हुए। अँग्रेजी भाषा ने भारतीयों को आत्म उन्मूलित व्यक्ति बना दिया। निर्मल वर्मा इस विडम्बनापूर्ण स्थिति का वर्णन करते हैं, ''अँग्रेजी भाषा और पश्चिमी शिक्षा पद्धति ने धीरे-धीरे उन समस्त स्रोतों को सुखा दिया, जिनके द्वारा एक भारतीय अपनी आत्मा, अपनी अस्मिता, अपने अस्तित्व को सँजोता सँभालता था। वह दो फाँकों में बँटा हुआ एक आत्म उन्मूलित व्यक्ति बन गया, जिसका एक भाग परम्परा से जुड़ा था, दूसरा भाग पश्चिमी आधुनिक जीवन शैली, चिन्तन पद्धति और यूरोपीय संस्कृति के प्रति अनुरक्त था और चूँकि दोनों भागों में किसी तरह का सन्तुलन नहीं था, इसलिए इसका परम्परा पक्ष उतना ही खोखला बन गया जितना कि उसका आधुनिक पक्ष कृत्रिम और दिखावटी।'' (परम्परा का भारतीय सन्दर्भ, दूसरे शब्दों में, पृ.

83)। निर्मल वर्मा जब भारतीय व्यक्तित्व के मूल तत्त्वों का अन्वेषण करते हैं तो उनका ध्यान संस्कृत पर ही जाता है, ''संस्कृत भाषा, भारतीय शिक्षण पद्धति, परम्परागत शास्त्रों का अध्ययन आदि ऐसी चीजें हैं जिनसे एक आदमी का जातीय व्यक्तित्व बनता है। जब हम उनसे छूट जाते हैं तो एक झूठी आधुनिकता जो यूरोप से आयातित की गई है के प्रति आकर्षित होते हैं।'' (लेखक को किसी विचारधारा का गुलाम नहीं होना चाहिए, दूसरे शब्दों में, पृ. 193)।

संस्कृत भाषा को योजनाबद्ध ढंग से भारत के जीवन और व्यवहार तथा चिन्तन से अलग किया गया। इसका प्रभाव भारतीय भाषाओं के विकास पर भी पड़ा। संस्कृत का स्थान अँग्रेजी ने ले लिया। इसके गम्भीर परिणाम हुए- एक हम अपनी परम्परा से कट गए और दूसरे अँग्रेजी के माध्यम से पश्चिम के सांस्कृतिक गुलाम हो गए। प्रसिद्ध दर्शन तत्त्ववेत्ता कृष्णचन्द्र भट्टाचार्य ने अपने प्रसिद्ध निबन्ध 'स्वराज इन आइडियाज' में बहुत सही कहा है कि असली पराधीनता सांस्कृतिक पराधीनता होती है और यह भाषायी पराधीनता से आरम्भ होती है। निर्मल वर्मा वर्तमान परिदृश्य की चर्चा करते हुए कहते हैं कि, ''अँग्रेजी भाषा ने संस्कृत का सर्वाधिकार छीन लिया है। आज भारतीय विद्याओं की जैसी विवेचना और विचार अँग्रेजी भाषा में है उसकी आधी चर्चा का भी दावा कोई भारतीय भाषा नहीं कर सकती। यह हमारी सबसे बड़ी पराजय है। राजनीतिक सत्ता के छिन जाने से हम उतने नतमस्तक नहीं हैं जितने अपने विचार की, तर्क की, दर्शन की, अध्यात्म की अपनी सर्वस्व भाषा छिन जाने से। अन्तरराष्ट्रीय क्षेत्र में हम अपनी ही विद्या को अपनी बोली में न कह सकने के उपहासास्पद अपराधी हैं। यह लज्जा हमारी जातीय है।'' (वर्तमान समय में भाषा और साहित्य की स्थिति, साहित्य का आत्मसत्य, पृ. 95)। निर्मल वर्मा भारत की शिक्षा पद्धति पर अँग्रेजी के आरोपण को केवल भाषायी संकट न मानकर समूची सांस्कृतिक परम्परा का संहार मानते हैं। स्वतन्त्रता के पहले अँग्रेजों ने योजनाबद्ध ढंग से जातीय जीवन में प्रयुक्त होनेवाली हिन्दी की खड़ी बोली को शासकीय ढाँचे से अलग कर दिया था। सरकारी कार्य के लिए अँग्रेजी या उर्दू-फारसी का व्यवहार होता था फिर उर्दू में भी जो भारतीय संस्कार थे उन्हें नष्ट करके उसे फारसी के रंग में ढालने का प्रयास किया जा रहा था। निर्मल वर्मा इसे बड़ी सांस्कृतिक दुर्घटना मानते हैं (वही, पृ. 85)।

निर्मल वर्मा ने स्वतन्त्रता पूर्व और स्वतन्त्रता के बाद की भाषायी स्थिति पर बड़ी ही संवेदनशीलता के साथ विचार किया है। प्रेम कुमार के साथ संवाद करते हुए निर्मल जी इस ओर ध्यान आकृष्ट करते हैं कि भारतवर्ष में एक समय

में समूची संस्कृति के सार्वभौम सत्य को संस्कृत भाषा में व्यक्त किया जाता था। उन्नीसवीं शताब्दी में जब यह प्रश्न अँग्रेज शासकों के समक्ष आया कि कौन भाषा शासकीय हो तो उनमें से कुछ लोग संस्कृत को शासकीय भाषा बनाना चाहते थे। पर फिर औपनिवेशिक शासकों ने कुछ स्वार्थों के कारण अँग्रेजी को ही शासकीय भाषा बनाना सही समझा क्योंकि वे भारत के शिक्षित वर्ग को अपनी परम्परा से उन्मूलित करके पश्चिम की वैचारिक दासता के भीतर लाना चाहते थे (संसार में निर्मल वर्मा, पृ. 206)।

निर्मल वर्मा इसे अत्यन्त दुखद मानते हैं कि स्वतन्त्रता प्राप्ति के बाद भी हम लोगों को पश्चिम की वैचारिक दासता से मुक्त नहीं करवा सके है (वही)। निर्मल वर्मा अपनी भाषा में सोचने सृजन की सामर्थ्य नहीं जुटा पाने के कारण राजनीतिक स्वतन्त्रता को अर्थहीन मानते हैं (वही)।

निर्मल वर्मा स्वतन्त्रता आन्दोलन में हिन्दी की गौरवशाली भूमिका का स्मरण करते हैं। उनके अनुसार एक समय हिन्दी भारत की स्वाधीन चेतना का प्रतिनिधित्व करती थी (हिन्दी का आत्म संघर्ष/ आदि, अन्त और आरम्भ, पृ. 200)। भाषा की स्वायत्त सत्ता के कारण ही पराधीन भारत में हमारी चेतना अधिक स्वतन्त्र थी। अपनी भाषा में हमारा विश्वास अधिक गहरा था। इसी कारण हमारी सांस्कृतिक संस्थाएँ अधिक आत्मनिर्भर थीं (वही, पृ. 201)। पत्रकार तवलीन सिंह के साथ साक्षात्कार में निर्मल वर्मा स्वतन्त्रता आन्दोलन के समय हिन्दी की शक्ति और सामर्थ्य का निरूपण करते हैं, ''हिन्दी केवल हिन्दी भाषियों की बोली ही नहीं थी, वह राष्ट्रीय एकता की प्रतीक थी।'' (संसार में निर्मल वर्मा, पृ. 164)। निर्मल वर्मा बार-बार इस बात को रेखांकित करते हैं कि हिन्दी भाषा केवल विचारों का माध्यम नहीं थी बल्कि स्वाधीन चेतना का प्रतीक थी और उस अर्थ में हमारे उन समस्त अनुभवों का प्रतिनिधित्व करती है जिसे हम व्यापक रूप से भारतीय संस्कृति का नाम देते हैं (साहित्य का आत्मसत्य, पृ. 80)। निर्मल वर्मा आगे कहते हैं कि हिन्दी भारतीय संस्कृति का प्रतिनिधित्व करने का सामर्थ्य इस कारण उत्पन्न कर सकी क्योंकि भारतीय सभ्यता और संस्कृति की विपुल और समृद्ध धरोहर ने हिन्दी के बहुमुखी चरित्र को बनाने में ऐसा योगदान दिया था (वही, पृ. 84)। भारतेन्दु हरिश्चन्द्र ने 'निज भाषा उन्नति अहै सब उन्नति को मूल' और 'हिन्दी नई चाल में ढली' कहकर खड़ी बोली हिन्दी के स्वायत्त चरित्र को उजागर किया था। निर्मल वर्मा की दृष्टि में यह हिन्दी के आत्मबोध का विकास था (वही, पृ. 86)। आचार्य रामचन्द्र शुक्ल ने बहुत पहले ही कहा था कि किसी देश के साहित्य का सम्बन्ध

उस देश की सांस्कृतिक परमपरा से होता है। अतः साहित्य की भाषा उस संस्कृति का त्याग करके नहीं चल सकती।

निर्मल वर्मा भारतीय भाषाओं विशेषकर हिन्दी की वर्तमान स्थिति पर चिन्ता प्रकट करते हैं और उसके लिए उत्तरदायी कारणों पर विचार करते हुए सबसे पहले देश के प्रथम प्रधानमन्त्री कहे जानेवाले जवाहरलाल नेहरू को कठघरे में खड़ा करते हैं उनके पश्चिम शिक्षित मस्तिष्क को जिम्मेदार मानते हैं जिस कारण नेहरू यह नहीं मानते थे कि हिन्दी अँग्रेजी का स्थान ले पाएगी। वह अँग्रेजी शिक्षा पाए व्यक्ति थे, हिन्दी के साहित्य से उनका परिचय तक नहीं था (तवलीन सिंह से साक्षात्कार, संसार में निर्मल वर्मा, पृ. 164)। निर्मल वर्मा भारतीय भाषाओं के अवरुद्ध विकास के लिए बुद्धिजीवी वर्ग को भी उत्तरदायी मानते हैं तथा यह स्पष्ट रूप से कहते हैं कि हमारे देश के बुद्धिजीवियों के भीतर औपनिवेशिक मनोवृत्ति काम कर रही है जिस कारण हमारा बुद्धिजीवी वर्ग अपनी जनता से अलग रहा है (संवाद की मर्यादाएँ, कला का जोखिम, पृ. 54, राजकमल प्रकाशन, नई दिल्ली, संस्करण 1984)। निर्मल वर्मा हिन्दी के साथ सत्ताधारी शक्तियों के द्वारा किए गए छल को भी उजागर करते हैं। उनका यह कथन ध्यातव्य है कि, ''यह एक ऐतिहासिक विडम्बना ही मानी जाएगी कि स्वतन्त्रता आन्दोलन के ज्वार में हिन्दी को जो राष्ट्रीय महत्त्व प्राप्त हुआ था, वह स्वतन्त्रता प्राप्त करने के बाद धूमिल पड़ता गया।'' (वर्तमान समय में भाषा और साहित्य की स्थिति/ साहित्य का आत्मसत्य, पृ. 94)। निर्मल वर्मा इसे हिन्दी का दुर्भाग्य ही नहीं समूची भारतीय संस्कृति की त्रासदी मानते हैं (वही)। स्वतन्त्रता प्राप्ति के बाद भी अँग्रेजी भाषा पर निर्भरता की स्थिति को निर्मल जी अत्यन्त दुखदायी मानते हैं। प्रेम कुमार को दिए गए साक्षात्कार में निर्मल वर्मा इस विडम्बनापूर्ण स्थिति पर क्षोभ प्रकट करते हैं, ''पचास-पचपन वर्ष बाद भी हम भारतीय भाषाओं के भीतर उतनी स्वावलम्बी चेतना पैदा क्यों नहीं कर सके कि सृजन, चिन्तन, संचार, दफ़्तर आदि के कार्यों के लिए सीधे-सीधे अँग्रेजी पर निर्भर न करके वह सब सम्पन्न कर पा सकने की स्थिति में होते।

यह सबसे बड़ा संकट है भारतीय संस्कृति के लिए और लज्जाजनक बात हैं जहाँ चीन, जापान, वियतनाम जैसे देश भी अपनी भाषाओं के साथ संवाद कर पाते हैं वहाँ आज भी हम अपने को अँग्रेजी पर निर्भर पाते हैं।'' (संसार में निर्मल वर्मा, पृ. 205)।

निर्मल वर्मा भाषा की गुलामी को राजनीतिक गुलामी से अधिक घातक मानते हैं। स्वतन्त्रता प्राप्ति के बाद अँग्रेजी का प्रभुत्व हमारी शिक्षा पद्धति और

जीवन व्यवहार पर बना रहा। इसे निर्मल जी शुभ नहीं मानते, ''पिछले वर्षों में जिस बड़े पैमाने पर अँग्रेजी भाषा का प्रभुत्व हमारी शिक्षा पद्धति, हमारे प्रकाशन गृहों, हमारे जीवन-व्यवहार पर फैला है, उसे देखकर लगता है कि राजनीतिक स्वतन्त्रता मिल जाने से ही स्वत: मानसिक गुलामी से मुक्ति नहीं मिल जाती।'' (हिन्दी का आत्म संघर्ष, साहित्य का आत्मसत्य, पृ. 201)।

आज भारत का बुद्धिजीवी वर्ग अँग्रेजी को विश्व भाषा मानकर अँग्रेजी की खिड़की से ही विश्व को देखता है, इसे निर्मल वर्मा अच्छी बात नहीं मानते और यह परामर्श देते हैं कि हमें अँग्रेजी के द्वारा ही विश्व साहित्य को जानने से बचना चाहिए। हमें फ्रेंच, रूसी, चेक, स्पेनिश, जर्मन, स्वीडिश भाषाओं से भी सीधा सम्बन्ध रखना चाहिए ताकि अनुवाद के सन्दर्भ में हम अपने विवेक से काम लेते हुए ऐसे लेखकों और कथ्यों का चुनाव कर सकें जो भारतीय पाठकों की रुचि के अनुरूप हों। अच्छे विश्व साहित्य का चुनाव करते हुए अँग्रेजी पर निर्भरता अनर्थकारी है। हम जितना शीघ्र विश्व साहित्य को अँग्रेजी के झरोखे से देखने का प्रयास छोड़ दें उतना ही अच्छा होगा। (तमिल लेखक पी. कृष्णन से बातचीत, संसार में निर्मल वर्मा, पृ. 210-22)।

निर्मल वर्मा भारतीय समाज में आत्म विश्वास उत्पन्न करने और भारतीय परम्परागत विधा के प्रति रागात्मक सम्बन्ध बनाने के लिए अपनी भाषा में चिन्तन पद्धति के विस्तार पर बल देते हैं। उनका कहना है कि, ''अपनी-अपनी भाषाओं में हमें चिन्तन क्षेत्र को विस्तृत और परिष्कृत जरूर करना चाहिए। दर्शन या समाजशास्त्र की पुस्तकें उसकी सभी सूक्ष्मताओं के साथ हिन्दी में लिखी जा सकती हैं। यह अभिशाप होगा यदि हम अपनी चिन्तन पद्धति पर अँग्रेजी के आधिपत्य को आने दें। क्योंकि तब हम धीरे-धीरे अपने जातिगत अनुभवों की सत्यता को झुठलाकर एक ऐसी भाषा के अनुभवों को स्वीकार करने लगेंगे जो वह अपने साथ लाती है। भाषा से केवल हम शब्दों को नहीं सीखते, धीरे-धीरे उस भाषा का संसार भी अपने भीतर समाहित करने लगते हैं और यह बहुत खतरनाक चीज है।'' ('सच्चा लेखक विचारधारा का दास नहीं होता', साहित्य का आत्मसत्य, पृ. 75)। निर्मल वर्मा भारतीय भाषाओं के विकास के लिए शिक्षा पद्धति में उसके सम्पूर्ण समावेश पर बल देते हैं और इसे वे असम्भव नहीं मानते। वे चीन और जापान का उदाहरण देते हुए इसे स्पष्ट करते हैं कि जब चीनी और जापानी अपनी भाषा में ही साहित्य की तरह समाजशास्त्रीय, दार्शनिक और अन्य अनुशासनों के भीतर सोचने की क्षमता रखते हैं तो हम क्यों नहीं कर सकते? (वही, पृ. 76)।

अनुवाद के माध्यम से भाषा के सहारे किसी तथ्य को विकृत करने का प्रमाण है शास्त्रों का अँग्रेजी अनुवाद। निर्मल वर्मा का विचार है कि हमारे शास्त्रों का अँग्रेजी अनुवाद इतने गलत ढंग से किया गया है कि यदि हम उनको सही अर्थों में समझना चाहते हैं तो उन अनूदित चीजों को बिलकुल अस्वीकार करना होगा। हमारी ज्ञानानुभूति के जितने शाब्दिक प्रत्यय हैं उनको अँग्रेजी अपने में समाहित नहीं कर पाती। इन केन्द्रीय प्रत्ययों के बारे में उनके अनुवादों से लोगों के मन में गलत निष्कर्ष आते हैं (वही, पृ. 75)। निर्मल वर्मा बिलकुल सही कह रहे हैं। प्रत्येक देश की अपनी सांस्कृतिक विशेषता होती है, धार्मिक नैतिक मूल्यों के अपने प्रत्यय होते हैं जिनका दूसरी भाषा में अनुवाद सम्भव नहीं है। भारतीय संस्कृति के 'धर्म', 'ऋत', 'सत्य', 'ब्रह्म', 'ईश्वर', 'सम्प्रदाय' ऐसे ही प्रत्यय हैं। 'धर्म' को हमने जब से 'रिलीजन' के रूप में देखना आरम्भ किया है तब से समाज जीवन में इसके कितने गम्भीर परिणाम हुए हैं इसके हम सब साक्षी हैं।

निर्मल वर्मा राष्ट्रभाषा के रूप में हिन्दी को प्रतिष्ठित नहीं किए जाने के अत्यन्त खिन्न हैं, पर इसके लिए हिन्दी भाषियों की आत्मविश्वासहीनता को सबसे अधिक उत्तरदायी मानते हैं। निर्मल जी का कथन ध्यातव्य है, ''यदि हिन्दी के भारत की राष्ट्रभाषा बनने की सम्भावना हमारे जीवनकाल में कम दिखाई देती है तो इसलिए नहीं कि अँग्रेजी का वर्चस्व बढ़ गया है बल्कि इसलिए कि हमने हिन्दी को उसके केन्द्रीय स्थान से थोड़ा अलग कर दिया है। हमें खुद ही अपनी भाषा पर इतना विश्वास नहीं रहा कि हमारे सर्वांगीण जीवन के अनुभव को हमारी भाषा व्यक्त कर पाने में समर्थ है।'' (वही, पृ. 75)। यह सत्य है कि अपनी भाषा के प्रति विश्वास दृढ़ हुए बिना उसकी उन्नति नहीं हो सकती। आत्मविश्वास ही आत्माभिमान और उन्नयन का आधार है। भारतेन्दु हरिश्चन्द्र, मैथिलीशरण गुप्त, रामचन्द्र शुक्ल, राहुल सांकृत्यायन जैसे चिन्तक रचनाकारों ने अपनी भाषा के प्रति आत्मविश्वास उत्पन्न करने की चेष्ट की पर स्वतन्त्रता प्राप्ति के बाद नेहरू ने इसे नष्ट करने का भरपूर प्रयत्न किया और इसमें वे काफी सीमा तक सफल भी रहे। अब नई शिक्षा नीति 2020 में हिन्दी तथा अन्य क्षेत्रीय भाषाओं के विकास पर बल दिया गया है यदि निष्ठा के साथ समाज आगे बढ़ता रहा तो हिन्दी तथा अन्य क्षेत्रीय भाषाएँ अपने-अपने क्षेत्रों में उत्कर्ष को प्राप्त कर सकेंगी।

इस प्रकार निर्मल वर्मा ने भाषा के स्वरूप, उसकी प्रकृति, स्वभाषा का महत्त्व, संस्कृत तथा अन्य भारतीय भाषाओं के अन्त:सम्बन्ध, स्वतन्त्रता

आन्दोलन में हिन्दी तथा अन्य क्षेत्रीय भाषाओं की भूमिका स्वतन्त्रतापूर्व तथा स्वतन्त्रता प्राप्ति के बाद हिन्दी की स्थिति, राष्ट्रभाषा के रूप में हिन्दी को प्रतिष्ठित नहीं किए जाने के कारण और परिणाम इन सब बातों पर गहराई से विचार किया है। निर्मल वर्मा भाषा को मात्र सम्प्रेषण की प्रक्रिया तक सीमित नहीं रखते अपितु उसे आत्मबोध का साधन मानते हैं। अब हम सबका दायित्व है कि हम अँग्रेजी की गुलामी के जुए को उतार फेंकें तथा स्वभाषा की प्रतिष्ठा करें। तभी हम बुद्धिजीवी की वास्तविक भूमिका को चरितार्थ कर सकेंगे।